Bruce Baillie
Somewhere from Here to Heaven
Garbiñe Ortega (ed.)

AZKUNA ZENTROA
ALHÓNDIGA BILBAO
LA FABRICA

Bruce Baillie

Somewhere from Here to Heaven

A divine power works in this mind and body and it is the same that works in All men, minds, plants, thing—the whole world as an equal instrument of a divine Action and gradual self-expression.

Bruce Baillie's Notebooks, June-July, 1970

Somewhere from Here to Heaven: a look at a beautiful, beautiful world

The programming of Azkuna Zentroa – Alhóndiga Bilbao transcends spaces and formats with the aim of turning contemporary culture into a network of everyday experiences, creating bridges that cross and connect forms of artistic production, presentation, and exhibition.

Somewhere from Here to Heaven is a fine example. With this project, we open our Exhibition Gallery to the moving image, exploring the possibilities of the cinematic medium in the exhibition space.

Garbiñe Ortega, the curator of the exhibition, has worked for nearly a decade on the figure of Bruce Baillie (1931–2020), an "essential" film director of the 1960s, one of the most influential American avant-garde filmmakers, and a great promoter of experimental cinema. And the fact that she has done so alongside the artist himself makes this exhibition a unique opportunity to explore his cinematic universe, an inspiration for so many generations of artists. It is an extraordinary document from, not on, an artist. With, not on, an oeuvre.

The project is pure experience that becomes transparent in our space.

Remote from conventional narrative and generic categories, Baillie's 16mm films are at the same time visual poems and instruments of thought with a markedly creative focus, the product of an imagination that is always alive and active. His fundamental role in the creation of spaces and systems for the support and distribution of experimental cinema, such as the San Francisco Cinematheque and the Canyon Cinema cooperative, is also a good motive to revisit his legacy.

The poetic and social cinema of Bruce Baillie has inspired major names in contemporary experimental creation and the moving image such as Apichatpong Weerasethakul, Ben Rivers, Ana Vaz, and Eduardo Williams, whose works, produced by Azkuna Zentroa, form part of the exhibition *Somewhere from Here to Heaven*. These audiovisual installations will travel afterwards to the world's most prestigious festivals. The exhibition also presents a work created for this project by the filmmaker J.P. Sniadecki, a film full of intimate moments shared with Baillie over his last years, which includes previously unseen images from an unfinished film by the artist.

Somewhere from Here to Heaven continues in Azkuna Zentroa Zinemateka, where contemporary and historic experimental films situated between visual and cinematographic experience will be screened.

The project also extends into the editorial field with this publication, where film directors and writers express their admiration and recognition for Baillie. Here we find historic and previously unpublished texts, specially commissioned articles, and an important collection of visual materials that take the aesthetic universe of the pieces produced for the exhibition and transfer it to the printed page.

Somewhere from Here to Heaven connects the work of a twentieth-century artist with the current generation of filmmakers in search of the spiritual essence beyond surfaces. Baillie's works invite us to concentrate on the small details of everyday life, to remember—as he himself used to say—that every day is unique, and to discover the way in which he saw the world: simple and beautiful. In short, to take notice of somewhere from here to heaven.

Fernando Pérez
Director of Azkuna Zentroa – Alhóndiga Bilbao

Somewhere from Here to Heaven: mundu eder eta polit bati begira

Azkuna Zentroa – Alhóndiga Bilbaoren programazioak espazioak eta formatuak gainditzen ditu, garaikidea dena eguneroko esperientzien zerrenda bihurtzeko asmoz, ekoizpen, aurkezpen eta erakusketa artistikoaren ohiko moldeak zeharkatzen eta lotzen dituzten zubiak sortuz.

Somewhere from Here to Heaven horren adibide ona da. Proiektu honekin, Erakusketa Aretoa irekiko diogu mugimenduan dagoen irudiari, eta baliabide zinematografikoak erakusketa-gunean dituen aukerak aztertuko ditugu.

Garbiñe Ortega, erakusketaren komisarioa, ia hamarkada batez aritu da Bruce Baille (1931-2020) aztertzen, 1960ko hamarkadako funtsezko zinemagilea, Ipar Amerikako abangoardia zinematografikoaren eragin handienetakoa eta zinema esperimentalaren sustatzaile handia. Eta bere ondoan egin duenez, erakusketa hau gertakari paregabea da hainbeste artista-belaunaldiren inspirazio izan den Bruce Baillieren unibertso filmikora hurbiltzeko. Dokumentu aparta da, artista baten begiradatik egina eta ez artista bati buruzkoa. Obra batekin egina eta ez obra batez.

Proiektua gure espazioan ikusgai den esperientzia hutsa da.

Narratiba konbentzionaletik eta genero-kategorizazioetatik aldenduta, Baillieren 16 mm-ko filmak, poema bisualak eta gogoetarako tresnak dira aldi berean, eta ikuspegi sortzaile nabarmena dute, beti bizirik, beti jardunean dagoen irudimen baten emaitza. Bailliek funtsezko eginkizuna izan zuen zinema esperimentalerako espazioak eta laguntza eta banaketarako sistemak sortzeko, besteak beste, San Francisco Cinematheque eta Canyon Cinema kooperatiba, eta hori pizgarri bat da bere ondarea berrikusteko.

Bruce Baillieren zinema poetiko eta soziala inspirazioa izan da sorkuntza esperimental garaikideko eta mugimenduan dagoen irudiko erreferente askorentzat, esaterako, Apichatpong Weerasethakul, Ben Rivers, Ana Vaz eta Eduardo Williams-entzat. Egile horien lanak Azkuna Zentroak ekoitzi ditu eta *Somewhere from Here to Heaven* erakusketaren parte dira. Gero, ikus-entzunezko instalazio horiek munduko zinemaldirik ospetsuenetara joango dira. Bestalde, erakusketak J.P. Sniadecki zinemagileak proiektu honetarako egin duen sorkuntza erakusten du: Baillieren bizitzako azken urteetan, harekin bizi izandako une intimoek eta artistaren amaitu gabeko film baten irudi argitaragabeek osatzen dute filma.

Somewhere from Here to Heaven proiektuak zinema-aretoan du jarraipena, Azkuna Zentroaren Zinematekaren bidez, esperientzia bisualaren eta zinematografikoaren artean mugitzen diren bi ziklorekin: zinema garaikidekoa eta historiko esperimentala.

Era berean, proiektua argitalpen-arlora hedatzen da, Bruce Baillie miresteko eta aintzatesteko eta zinemagileen eta zinema-idazleen arteko solasaldirako gunea den argitalpen batekin. Bertan, testu historiko argitaragabeak, berariaz enkargatutako testuak eta erakusketarako sortutako piezen unibertso estetikoa paper inprimatuan islatzen duten material bisualen bilduma garrantzitsu bat aurkituko ditugu.

Somewhere from Here to Heaven proiektuak XX. mendeko artista baten lana egungo zinemagileen belaunaldi batekin lotzen du, azaletik harantz muin espiritualaren bila dabiltzan horiekin. Lan horiek gonbit egiten digute eguneroko bizitzako xehetasun txikiak ardatz gisa hartzera; gogoan izatera, Bailliek berak zioen bezala, egun bakoitza paperik gabea dela; berak mundua ikusteko zuen modua —sinplea eta ederra— aurkitzera; eta, azken batean, hemendik zerura arteko tokiren bati erreparatzera.

Fernando Pérez
Azkuna Zentroa – Alhóndiga Bilbaoko zuzendaria

Somewhere from Here to Heaven: la mirada a un mundo bello y hermoso

La programación de Azkuna Zentroa – Alhóndiga Bilbao transciende espacios y formatos con el propósito de convertir lo contemporáneo en una relación de experiencias cotidianas, creando puentes que atraviesan y conectan las formas habituales de producción, presentación y exhibición artística.

Somewhere from Here to Heaven es un buen ejemplo de ello. Con este proyecto abrimos la sala de exposiciones a la imagen en movimiento, explorando las posibilidades del medio cinematográfico en el espacio expositivo.

Garbiñe Ortega, comisaria de la exposición, ha trabajado durante casi una década sobre la figura de Bruce Baillie (1931-2020), cineasta «esencial» de los años sesenta, uno de los más influyentes de la vanguardia cinematográfica norteamericana y gran promotor del cine experimental. Y lo ha hecho junto a él, por lo que esta exposición se convierte en un acontecimiento único para acercarnos al universo fílmico de Bruce Baillie, inspiración de tantas generaciones de artistas. Es un documento extraordinario desde y no sobre un artista. Con y no sobre una obra.

El proyecto es pura experiencia que se transparenta en nuestro espacio.

Alejado de la narrativa convencional y de categorizaciones de género, sus películas en 16 mm son a la vez poemas visuales e instrumentos de pensamiento con un marcado enfoque creativo, producto de una imaginación siempre viva, siempre en activo. Su papel fundamental en la creación de espacios y sistemas de apoyo y distribución de cine experimental, como la San Francisco Cinematheque y la cooperativa Canyon Cinema, son también un estímulo para revisitar su legado.

El cine poético y social de Bruce Baillie ha inspirado a referentes de la creación experimental contemporánea y de la imagen en movimiento como Apichatpong Weerasethakul, Ben Rivers, Ana Vaz y Eduardo Williams, cuyas obras, producidas por Azkuna Zentroa, conforman una parte de la exposición *Somewhere from Here to Heaven*. Estas instalaciones audiovisuales viajarán después a los festivales más prestigiosos del mundo. La exposición muestra también la creación del cineasta J. P. Sniadecki para este proyecto: una película llena de momentos íntimos compartidos con Baillie a lo largo de sus últimos años y que incluye imágenes inéditas de un filme inacabado del artista.

Somewhere from Here to Heaven continúa en la sala de cine a través de la Zinemateka de Azkuna Zentroa, con sendos ciclos de cine contemporáneo e histórico experimental, situados entre la experiencia visual y la cinematográfica.

Asimismo, el proyecto se prolonga en el ámbito editorial con una publicación convertida en espacio de admiración y reconocimiento a Bruce Baillie, de diálogo entre cineastas y escritores de cine. En ella encontramos textos históricos inéditos, textos encargados *ad hoc* y una importante colección de materiales visuales que plasman, en el papel impreso, el universo estético de las piezas producidas para la exposición.

Somewhere from Here to Heaven conecta el trabajo de un artista del siglo XX con la generación actual de cineastas en la búsqueda de la esencia espiritual, más allá de las superficies. Sus trabajos nos invitan a centrarnos en los pequeños detalles de la vida cotidiana; a recordar, como decía el propio Baillie, que cada día es único; a descubrir la forma en la que él veía el mundo, simple y hermoso; en definitiva, a fijarnos en algún lugar de aquí al cielo.

Fernando Pérez
Director of Azkuna Zentroa – Alhóndiga Bilbao

...Cinema is
a translucent mystery
a devotional agony
a quest for ecstasy
a new creation of the world
a society of explorers
a fellowship of inner radiance

James Broughton

Dear Dr. Bish,[1]

It's been some time now since we began this correspondence. What at first were just formalities to arrange a screening in Mexico for a double bill of your film *Valentin de las Sierras* and Chick Strand's *Fake Fruit Factory* led on to other conversations about everyday things of life, like light, poetry or corn.

From my first visit to Camano Island in 2015, I knew it was an experience out of the ordinary. On the second day, we were already cooking chicken with *mole* and holding long conversations sitting on the floor while you did yoga. That trip enabled me to glimpse all the people you are, *Uncle Frank*:[2] the film-maker, the Brando-style actor, the chicken keeper, the doctor who prescribes remedies, or *l'imposteur*, what you would call a true "fictionalist", the man who does not distinguish ordinary activity from pure invention.

This book is intended as a humble tribute to all those people you are and have been, especially the filmmaker and promoter who, together with his beloved Chick Strand and other great movie makers, created a community around the Canyon Cinema cooperative and disseminated a philosophy of cinema that has influenced many generations up to the present day.

This publication has been built up out of the admiration of many friends and contributors who have generously agreed to take part in the project. In the first part, Steve Anker, an expert on the Californian context of avant-garde film, writes the main critical essay on your cinema. Scott MacDonald contributes a long interview he held with you in the 1980s that is included in one of his fundamental books, *A Critical Cinema*. In the second part, we find the texts dedicated to the exhibition *Somewhere from Here to Heaven*, produced by Azkuna Zentroa in Bilbao, in which Ben Rivers, Ana Vaz, Apichatpong Weerasethakul and Eduardo Williams were invited to create an original audiovisual work inspired by your cinema. Erika Balsom reflects on these new pieces and their relation to your films. Max Goldberg writes about the materials generated by Canyon Cinema, which acted as a spur for avant-garde film. In the third part, we find a collection of reminiscences and impressions of people influenced by your films who have wanted to express it in this publication, and to whom we are very grateful for their participation: the film-makers Peter Hutton, Jonas Mekas, and your friend J.P. Sniadecki. I am also deeply grateful to the Baillie family, and especially Lorie, for their trust and support for the project. I would further like to express my thanks to Fernando Pérez and his team at Azkuna Zentroa, and to La Fábrica for the support and care it has put into this cherished project.

In one of your letters, you wrote to me:

You ask about actually "doing" something re the world and her foibles: I found making art, which is Love, an important contribution to effort against war and death. Must rest. Carry on, querida. bb.

That quixotic spiritual quest, the sense of discovery and amazement, the commitment to art – which is life, which is love – are just some of the great teachings I take away with me. Along with several adventures on the road on stormy nights. But that's another story. This book is an invitation to plunge into your most personal universe, creating echoes among other film-makers of different generations that follow in your wake. It is a correspondence with "believers in cinema" that does not end here.

With admiration and affection,
Garbiñe Ortega

1 Dr. Bish was Bruce Baillie's alter ego.
2 Chick Strand used to call Bruce Baillie *Uncle Frank* in a series of letters they exchanged in the 1970s.

Dr. Bish maitea[1],

Aspaldi hasi ginen gutun-truke hau egiten. Hasiera batean, gestio hutsak izan ziren, zure *Valentín de las Sierras* eta Chick Stranden *Fake Fruit Factory* filmen programa bikoitza Mexikon proiektatzeko; baina horrek bide eman zien beste solasaldi batzuei, bizitzako eta eguneroko gaiak lantzeko, esate baterako, argia, poesia edo artoa.

2015ean Camano Island-era lehen aldiz joan nintzenetik, ondotxo jakin nuen hura ohiz kanpoko esperientzia bat zela: bigarren egunerako, oilaskoa molearekin prestatzen ari ginen, eta solasaldi luzeak izan genituen lurrean eserita, yoga egiten zenuen bitartean. Bidaia horri esker ikusi nuen zenbat pertsona zaren, *Uncle Frank*[2]: zinemagilea, Brando estiloko aktorea, oilo-zaintzailea, sendagaiak errezetatzen dituen doktorea edo *l'imposteur*, benetako «fikzionalista» deituko zenukeena, eguneroko jarduera eta asmakuntza hutsa bereizten ez dituen gizona.

Liburu honek omenaldi xumea egin nahi dio zu zaren eta izan zaren pertsona horiei guztiei, bereziki Chick Strand maitearekin eta beste zinemagile handi batzuekin batera Canyon Cinema kooperatibaren inguruan komunitate bat sortu zuen zinemagile eta sustatzaileari, gaurdaino belaunaldi askorengan eragina izan duen zinemaren inguruko filosofia bat zabaldu baitzuen.

Argitalpen honek kolaboratzaile eta lagun askoren mirespena izan du abiaburu, eta horiek eskuzabaltasunez parte hartu nahi izan dute proiektuan. Lehen zatian, Kaliforniako abangoardiako zinemaren testuingurua ondo ezagutzen duen Steve Anker-ek zure zinemari buruzko saiakera kritiko nagusia idatzi du; Scott MacDonaldek laurogeiko hamarkadan egin zizun elkarrizketa zabal bat utzi digu, *A Critical Cinema* izeneko bere oinarrizko liburuetako batean jasotakoa. Bigarren zatian, Azkuna Zentroa – Alhóndiga Bilbaok ekoitzitako *Somewhere from Here to Heaven* erakusketari eskainitako testuak aurkituko ditugu. Bertan, Ben Rivers, Ana Vaz, Apichatpong Weerasethakul eta Eduardo Williams gonbidatu dituzte zure zineman oinarritutako ikus-entzunezko lan original bat egitera. Erika Balsomek gogoeta egiten du pieza berri horiei buruz eta zure filmekin duten harremanari buruz. Max Goldbergek abangoardiako zinema bultzatu zuen Canyon Cinema-n sortutako materialez idatzi du. Hirugarren zatian, zure filmen eragina jaso duten pertsonen oroitzapen eta iritzien bilduma bat dugu. Argitalpen honetan eman nahi izan dute aditzera eta oso eskertuta gaude haiekin parte hartzeagatik: Peter Hutton eta Jonas Mekas zinemagileak eta zure lagun J.P. Sniadecki. Era berean, eskerrak eman nahi dizkiot Baillie familiari, bereziki Lorieri, proiektu honekin izandako konfiantza eta emandako babesagatik. Bestalde, eskerrak eman nahi dizkiet Fernando Pérezi eta Azkuna Zentroa - Alhóndiga Bilbaoko bere taldeari, bai eta La Fábricari ere, hain maitatua den proiektu honi emandako laguntzagatik eta harekin izandako arretagatik.

Zure gutun batean honela idatzi zenidan:

You ask about actually "doing" something re the world and her foibles: I found making art, which is Love, an important contribution to effort against war and death. Must rest. Carry on, querida. bb.

Bilaketa espiritual kixotesko hori, aurkikuntzaren eta harriduraren zentzua, artearekiko konpromisoa —zeina bizitza baita, maitasuna baita—, horiek dira, besteak beste, jaso ditudan irakaspen handietako bakan batzuk. Eta, gainera, hainbat abentura errepidean ekaitz-gauetan. Baina hori beste kontu bat da. Liburu hau gonbidapen bat da zure unibertsorik pertsonalenean barneratzeko, zure arrastoari jarraitzen dioten belaunaldi askotako zinemagileen artean oihartzunak sortuz, «zinemaren fededunekiko» korrespondentzia bat da, hemen amaituko ez dena.

Mirespenez eta maitasunez,
Garbiñe Ortega

1 Dr. Bish Bruce Baillieren *alter egoa* zen.
2 Chick Strand-ek *Uncle Frank* deitu zion Bruce Baillieri, hirurogeita hamarreko hamarkadan haien artean izandako posta-trukeko gutun-sorta batean.

Querido Dr. Bish[1],

Hace ya tiempo que comenzamos esta correspondencia. Lo que en un principio fueron meras gestiones para la proyección en México del programa doble de tu película *Valentín de las Sierras* y *Fake Fruit Factory*, de Chick Strand, dio paso a otras conversaciones en torno a cuestiones vitales y cotidianas como la luz, la poesía o el maíz.

Desde mi primera visita a Camano Island en 2015 supe que era una experiencia fuera de lo común: al segundo día ya cocinábamos pollo con mole y manteníamos largas charlas sentados en el suelo mientras hacías yoga. Ese viaje me sirvió para entrever todas las personas que eres, *Uncle Frank*[2]: el cineasta, el actor a lo Brando, el cuidador de gallinas, el doctor que receta remedios o *l'imposteur*, lo que llamarías un verdadero «ficcionalista», el hombre que no diferencia la actividad diaria de la invención pura.

Este libro pretende ser un humilde homenaje a todas esas personas que eres y has sido, en especial al cineasta y promotor que creó, junto con su querida Chick Strand y otros grandes cineastas, una comunidad alrededor de la cooperativa Canyon Cinema y divulgó una filosofía en torno al cine que influyó a muchas generaciones hasta el día de hoy.

Esta publicación se ha construido desde la admiración de muchos colaboradores y amigos que han querido participar generosamente en el proyecto. En la primera parte, Steve Anker, gran conocedor del contexto californiano del cine de vanguardia, escribe el ensayo crítico central sobre tu cine; Scott MacDonald nos cede una amplia entrevista que te hizo en los años ochenta, incluida en uno de sus libros fundamentales, *A Critical Cinema*. En la segunda parte, encontramos los textos dedicados a la exposición *Somewhere from Here to Heaven*, producida por Azkuna Zentroa en Bilbao, en la cual Ben Rivers, Ana Vaz, Apichatpong Weerasethakul y Eduardo Williams han sido invitados a realizar una obra audiovisual original inspirada en tu cine. Erika Balsom reflexiona sobre estas piezas nuevas y sobre la relación con tus películas. Max Goldberg escribe sobre los materiales generados desde Canyon Cinema, que impulsó el cine de vanguardia. En una tercera parte, encontramos una colección de recuerdos e impresiones de personas influidas por tus películas, quienes han querido expresarlo en esta publicación y a quienes estamos muy agradecidos por su participación: los cineastas Peter Hutton, Jonas Mekas o tu amigo J.P. Sniadecki. Quiero también agradecer profundamente a la familia Baillie, en especial a Lorie, por la confianza y el apoyo a este proyecto. También querría agradecer a Fernando Pérez y su equipo del Azkuna Zentroa así como a La Fábrica por el trabajo y el cuidado puesto en este proyecto tan querido.

En una de tus cartas me escribiste:

You ask about actually "doing" something re the world and her foibles: I found making art, which is Love, an important contribution to effort against war and death. Must rest. Carry on, querida. bb.

Esa búsqueda espiritual quijotesca, el sentido del descubrimiento y el asombro, el compromiso con el arte —que es vida, que es amor— son solo algunas de las grandes enseñanzas que me llevo. Además de varias aventuras en la carretera durante noches de tormenta. Pero esa es otra historia. Este libro es una invitación para adentrarnos en tu universo más personal, generando ecos entre cineastas de distintas generaciones que siguen tu estela, una correspondencia con los «creyentes del cine» que no acaba aquí.

Con admiración y cariño,
Garbiñe Ortega

1 Dr. Bish era el *alter ego* de Bruce Baillie.
2 Chick Strand se refería a Bruce Baillie como *Uncle Frank* en una serie de cartas escritas entre ellos en los años setenta.

CONTENTS

AURKIBIDEA / ÍNDICE

I

II

III

There were ages of faith, when men made connections between themselves and the place in which they lived, the plants they cultivated, the fuel they used for warmth, their beasts, and their ancestors. My work will be discovering in American life those natural and ancient contacts through contemporary form, the motion picture

Bruce Baillie

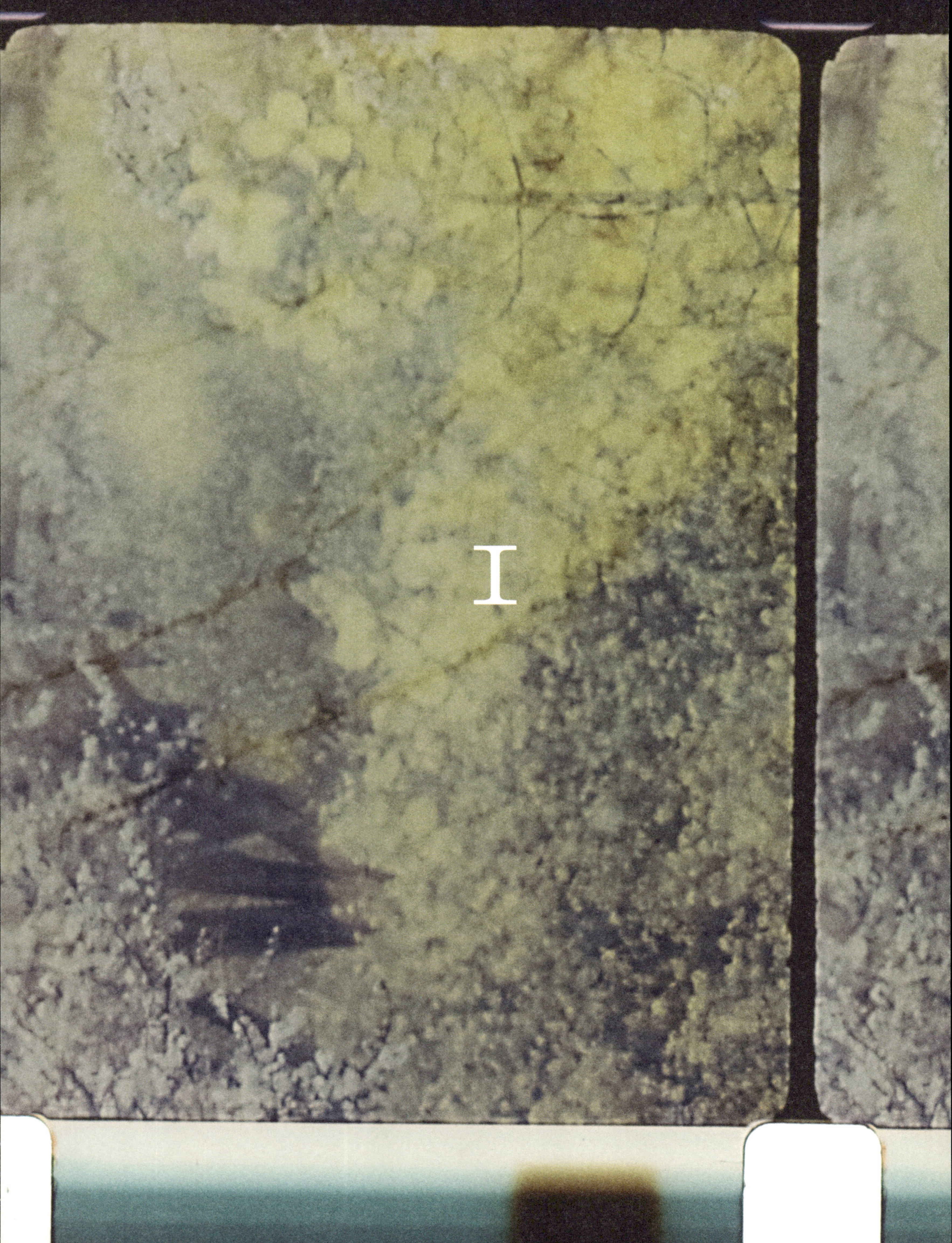

I

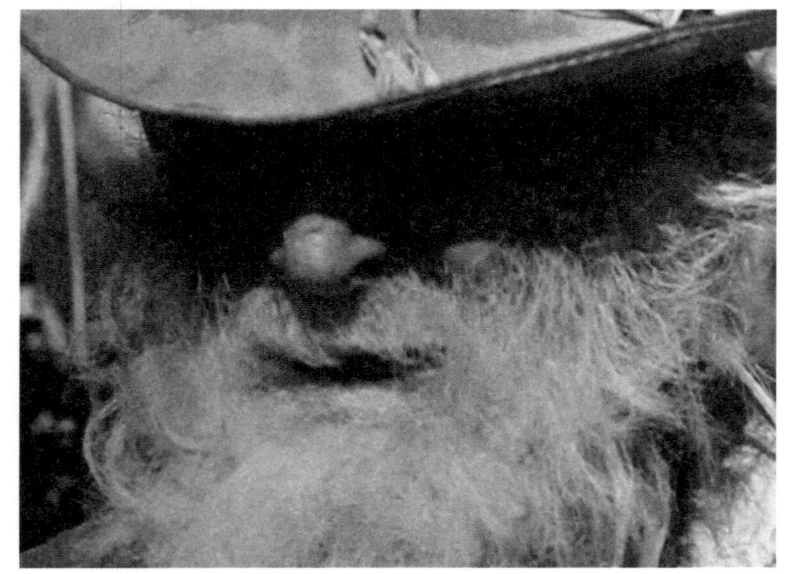

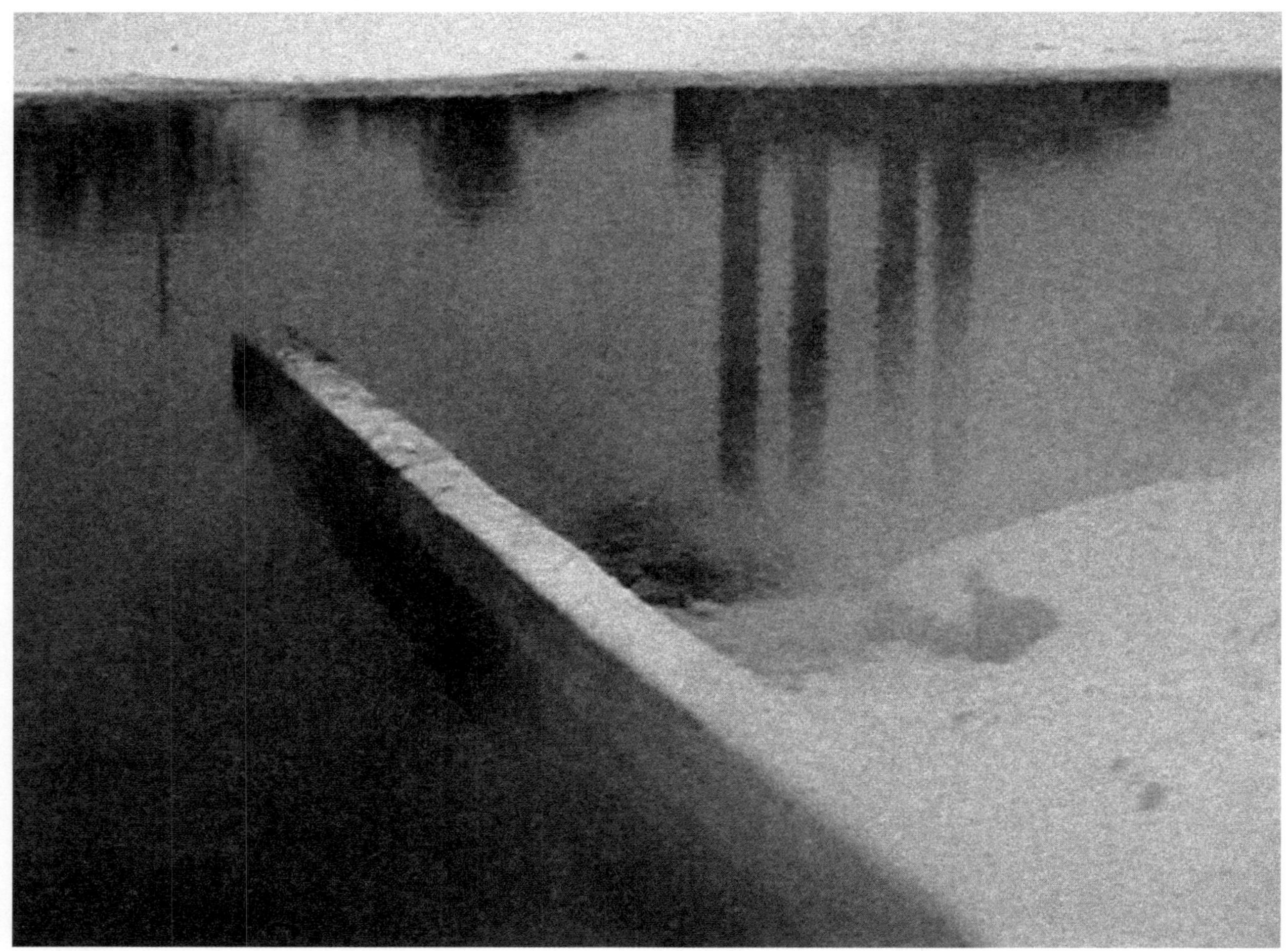

Quixote, 1965

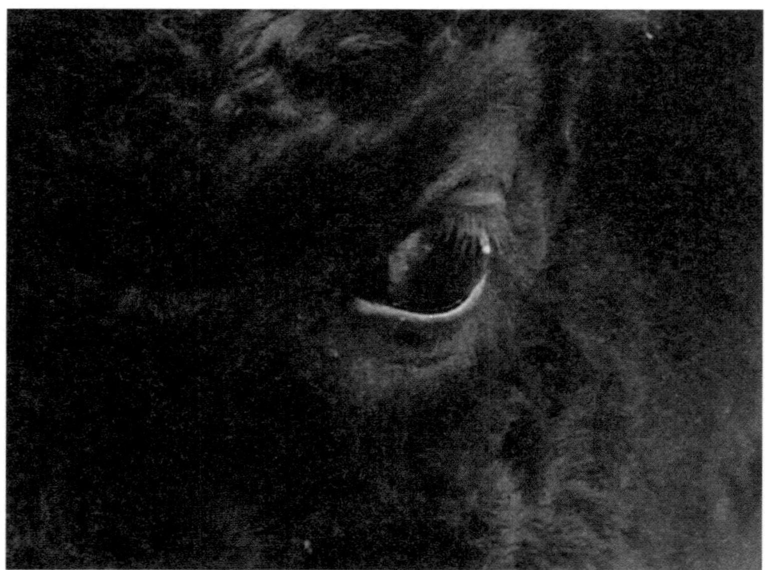

Living Form in the 16mm Films of Bruce Baillie

Steve Anker

I

Artists can help us learn to see and hear by removing webs of expectation that stand in the way of full engagement and direct contact. Bruce Baillie (1931–2020) was one of cinema's great observers, an artist critically attuned to the meanings underlying surface phenomena. Baillie's films both reflect their time and remain relevant in the ways they deal with social and aesthetic issues still vital to cinema. Here is work that astutely documents cultural and physical landscapes—people and activities that are usually overlooked, and visual details difficult to perceive without the aid of a camera. In balancing social critique with subjective exploration, Baillie's films imbue the world with mystery, ambiguity, and rich sensory encounter. They create poetic syntheses that invite multiple interpretations.

Baillie began making films in the early 1960s, when 16mm (half the size of "professional" 35mm) became the gauge of choice for young people first trying their hand at working with the medium. Taking a radical stance, these filmmakers strove to develop individual artistic voices and to defy the hegemony of the corporate entertainment industry. The small 16mm format encouraged hands-on filmmaking that included direct manipulation of the film emulsion, image superimposition, expressive handheld camera movement, quick shifts in focus or light exposure, and intricate frame-by-frame editing. 16mm led to a new kind of cinema that was immediate and subjective.

Between 1961 and 1974, Baillie made twenty films that are in distribution today. The ease and versatility of 16mm allowed him to explore light and to create compositions of rare sensuality: close-ups of mesmerizing textures, ravishing colors, and visceral rhythms connect physically with the viewer. Repeating motifs gain meaning on metaphorical and polemical levels: an observing eye, the unbounded sea, birds in flight, the freedom of animals, the spontaneity of children playing, flowers and grass, the American flag, rays of light piercing the frame. Finally, Baillie was a master of compression, and dense visual montages interweave with equally dense sound tracks.

II

Baillie grew up during the Great Depression and World War II; scarcity underlay his values and artistic sensibility. He had tried unsatisfactorily to learn filmmaking in London, and in 1959 moved to San Francisco, where poets, filmmakers, and painters were forging an alternative art culture in small galleries and underground clubs. Among Baillie's early projects were quickly made black-and-white shorts that he called "newsreels," portraits of neighbors and events in Canyon, California. *Mr. Hayashi* (1961), the only newsreel still in circulation, is a crudely made but imaginative ad for a laborer who needed work. Two notable black-and-white films were released in 1962 that showed considerable growth in Baillie's filmmaking: *Have You Thought of Talking to the Director?* (1962) and *Here I Am* (1962) display arresting cinematography and assured cinematic structures.

Beginning in 1963 and continuing through 1974, Baillie enlarged his scope to include a wide range of techniques that work on both symbolic and literal levels, realizing his potential as a singular film artist. In the following sections I will briefly discuss Baillie's major achievements, although every film he made during these years is worthy of study and consideration.

III

Baillie's first major color effort, *To Parsifal* (1963), envisions the American West as a site of collision and coexistence between nature and human intervention. In it, Baillie compares the fragility and sensations of the organic world with the inevitability of the "iron horse," the railroad.

The first sections establish the world as a finely detailed place of mystery and contradiction. Its opening image presents a portal of light reflecting a misty early morning landscape of water, bobbing motions, and shadowy objects that gradually reveal the camera's location on a boat. Sun flashes through a mountain range. The camera pans from the boat's misty wake into the ocean and the whitish water magically turns into deep blue. Images recorded from the boat show fishermen cleaning their catch, a dead fish's staring eye, and the Golden Gate Bridge foundations.

Prolonged blackness leads to a new location in mountain woods. Men loading railroad service vehicles, close-ups of tracks, and railroad cars punctuate this landscape. A montage of natural objects—a spider, ants on a branch, a mountain brook—functions in counterpoint to the now relentless movement of the train, at a distance and in onrushing close-ups.

The soundtrack is a rhythmic collage of sounds from nautical radio chatter, to the boat's pulsing engine, foghorns, gulls, wheels on tracks, and, hauntingly, a section of Richard Wagner's opera *Parsifal*. Interestingly, Baillie didn't know *Parsifal* or the legend until the music was repeatedly played during his time on the boat, but its use and meaning became integral to his conception of the film.

The film's theme, the contrast between the natural, sensory world and the alienation of contemporary society, would echo in his future work.

IV

Mass for the Dakota Sioux (1964) was the first of Baillie's two large-scale works that responded to the country's tragic mood following John F. Kennedy's assassination, and its growing disillusionment as civil rights and the Vietnam war divided the nation. Primarily filmed in San Francisco and in black and white, it is a bitter and often ironic critique of an alienated culture unfolding against a backdrop of chilling quotes by Native American leaders attesting to their lost way of life. Baillie's ability to suggest contrast and contradiction reaches a new level through his nuanced uses of camera and editing.

The film uses the structure of a Catholic Mass, and begins with an anguished cry by Hunkpapa Sioux Chief Sitting Bull: "No chance for me to live, Mother, you might as well mourn." A ghostly "city symphony" early in the film introduces its themes and methods. Hallucinatory, abstracted visual superimpositions, intercut with regular single images, depict the American flag, imposing factories, veils of smoke from chimneys, antennae on rooftops, industrial and commuter trains, elegant close-ups of Native American men, Caucasian men and women in restaurants, images of a motorcyclist, people walking and in cars at night.

Baillie filmed these elaborate superimpositions (sometimes several layers) in-camera; rather than just a feat of visual bravura, this melding of forms allows for critical comparisons, visual rhyming, and a process of abstraction that lends familiar objects a strange and eerie presence. Hugely influential when it was made, *Mass* was a breakthrough combination of political and personal response.

V

Quixote (1965) is Baillie's most expansive portrayal of American culture and further develops his use of montage in dealing with numerous motifs. A road movie in which he journeyed for a year through many parts of the United States (Nevada, Montana, South Dakota, Michigan, and New York) and Canada (Alberta), it culminates in a vivid account of the March 1965 civil rights march in Selma, Alabama. The resulting film is an uncompromising depiction of dominant mid-century values. "*Quixote* is a kind of summary and conclusion of a number of themes . . . depicting Western orientation as essentially one of conquest," Baillie said. It is also an appreciation of rural landscapes, urban routines, and ancient cultures, and an exposé of myth versus actuality. The spectrum of personalities encountered includes laborers, Indigenous people, immigrants, athletes, cheerleaders, businessmen, and circus performers.

Motifs and symbols reappear throughout the film that allow Baillie to weave a critique of expansion and domination—crop dusters and war planes controlling from above; police maintaining order; men seated at a business meeting; cars and trucks moving through the landscape; cultural activities that emphasize ethnic differences, and the watchful eyes of various people and animals. In a shift from black and white to color, Apaches are seen performing in ceremonial dress superimposed over hut interiors and local landscapes, and the film cuts to the weathered faces of two Native American men seated in a diner. As they smoke and talk casually, one occasionally glances at the camera.

Baillie uses techniques from earlier work with increasing depth: metaphorical editing and multiple layering; close-ups rich with visual rhythm, texture, color, and light; handheld fluidity; and intricate sound construction. *Quixote*'s unbroken stream of quick details demands sustained concentration and perception, a far cry from normally passive movie watching. The film's intricate language retains an immediacy and urgency to this day.

VI

> "I had seen . . . what I wanted to do with cinema. I wanted to make something like an Indian rug."

Baillie's next three films are pinnacles of his art, expanding on his previous work in their visual precision and aural textures.

Castro Street (1966) is one of the most admired of avant-garde films. It was a breakthrough of concision and control using techniques that Baillie had developed earlier. Returning to the territory of *To Parsifal*, he finds beauty in the details of a gritty industrial landscape of railroad cars, factories, and men working on Castro Street in Richmond, California. Like *To Parsifal*, it critiques and

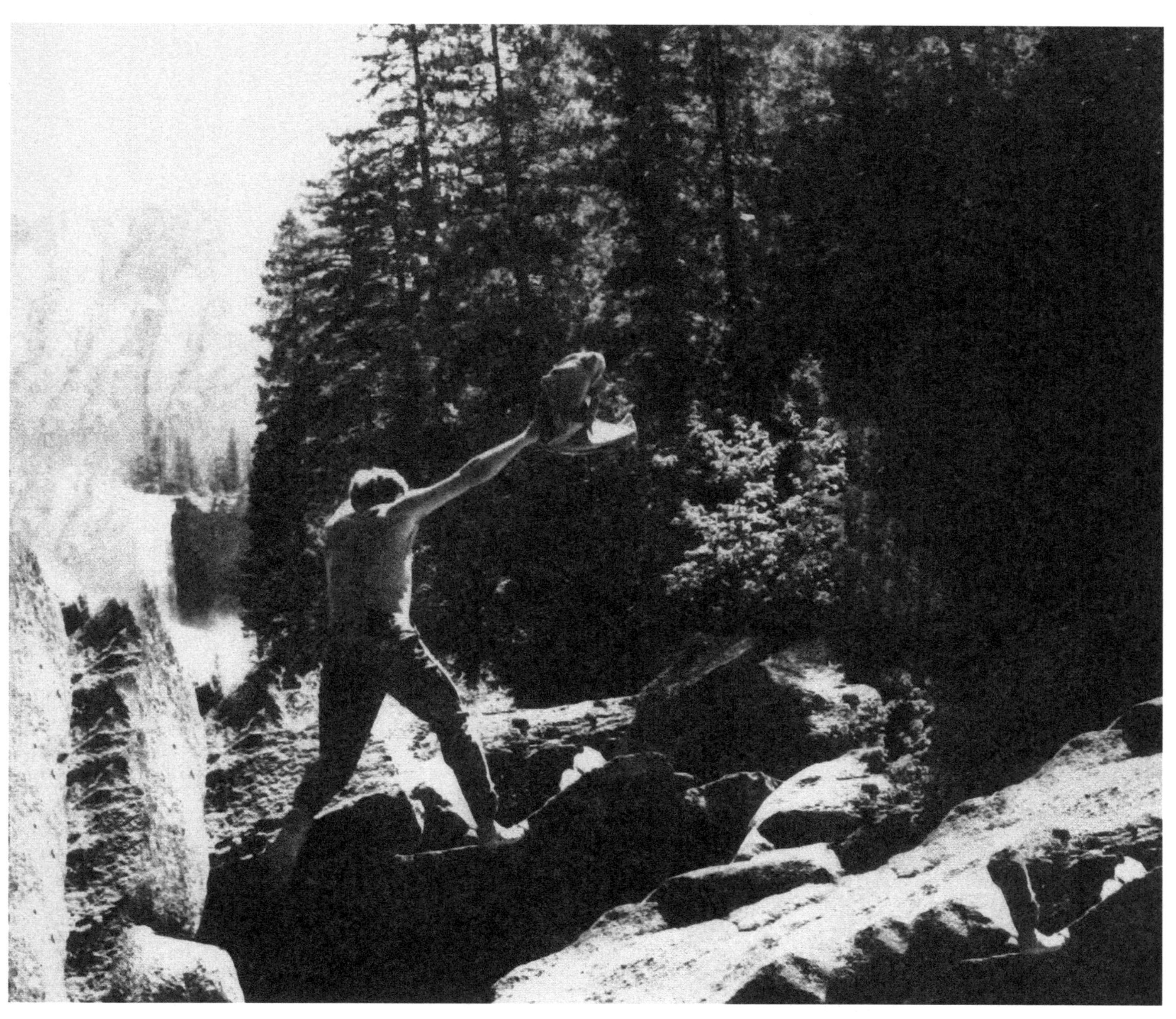

Bruce Baillie in Yosemite

No chance for me to live
mother,
you might as well mourn.

SITTING BULL, CHIEF,
HUNKPAPA SIOUX
1837 - 1890

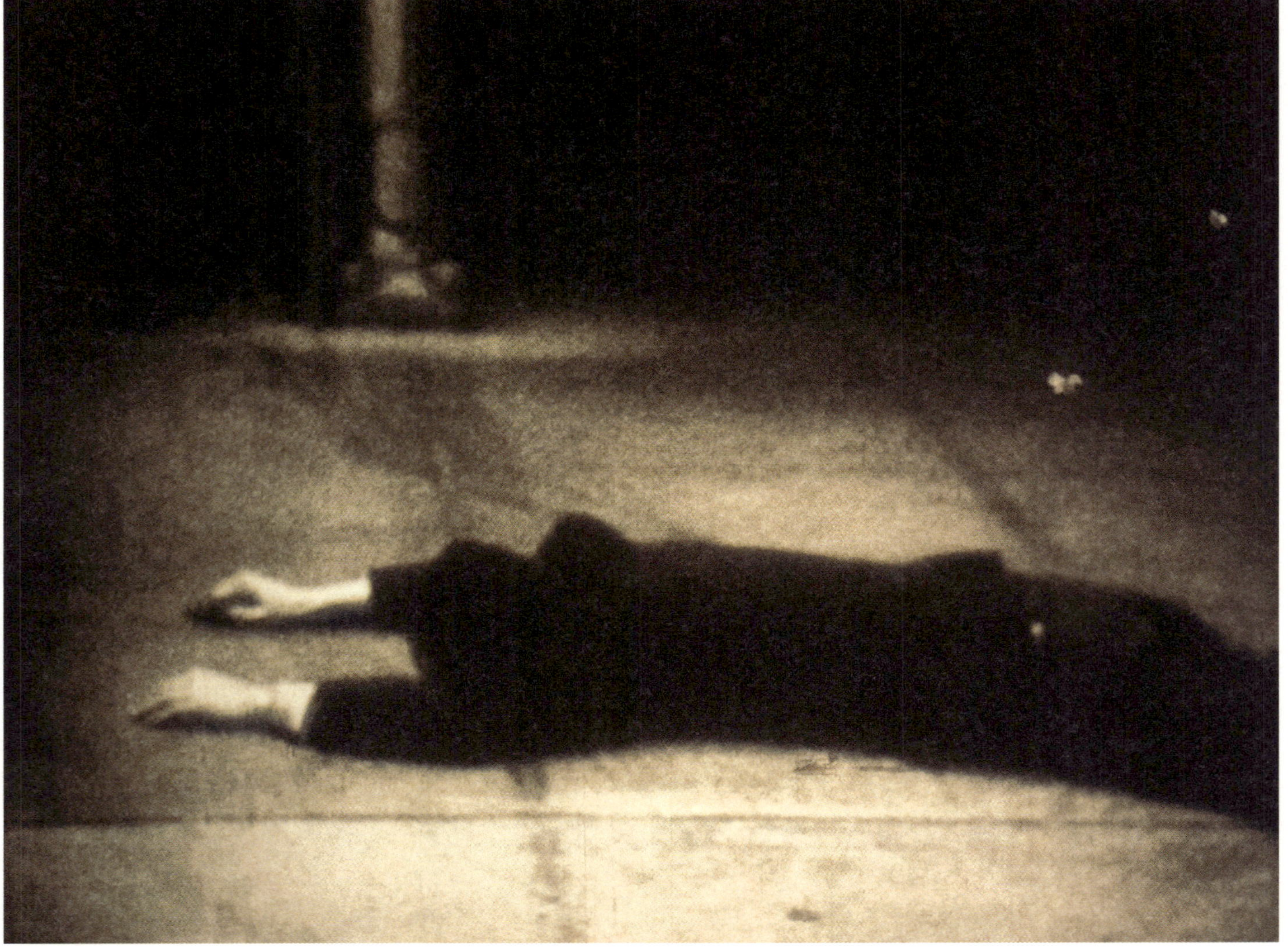

Mass for the Dakota Sioux, 1964

appreciates the collision between nature and human imposition, using the chaotic and aggressive sensations of modern American life as its vocabulary. Flowers and weeds appear fleetingly, almost as fugitives, drowned out by massive machinery and ongoing human labor.

The film is a tapestry of musical and painterly investigations, playing with documenting and transforming reality. Elements of different shots populate the same frame—billowing smokestacks, labyrinths of pipes—sometimes as side-by-side fragments, at other times layered over one another. Objects hover intriguingly between abstraction and familiarity, and inner masking together with accidentally streaked camera images creates ghostly dislocations of space. Black-and-white images combine with color; positive ones combine with negative. Colors and textures are palpable; railroad and construction workers move with rhythms that seem uncannily choreographed, and every camera movement feels inevitable and perfectly attuned to the minute details of its subjects. The intricate sound collage blends train whistles, the clang of bells, pop music, and other street sounds into a mesmerizing accompaniment to the layered visuals. *Castro Street* is a tour de force in which dissonant sounds and images transform into extraordinary sensations.

VII

All My Life (1966) takes less than three minutes to watch, yet I feel it is a perfect and fulfilling film. Offhanded in its simplicity, yet elegant and profound, it challenges the viewer to be fully present and to make discoveries in a narrow world that could appear mundane and familiar.

By limiting himself to a single roll of 16mm film, Baillie predetermined the length. His aim was to frame and gradually reveal a typical backyard (one he had been watching for days) so that the natural light and innumerable details of the location would be transformed into a field for concentrated perception. Unusual in Baillie's 16mm work for its directness and uninterrupted camerawork, *All My Life* is a great, early "structural film" that combines disparate picture and sound elements into an irreducible new entity.

The imagery consists of a single pan—mirroring the single roll—that keeps objects true to their original space and relationship, even as they convert into cinematic two dimensionality. The pan moves right to left with a steady rhythm, across an aging backyard fence with occasional missing boards; red roses, grass, and weeds cling to parts of the fence. Everything is seen against a deep blue sky, outlined in starkly vivid color. An old record plays a piano solo; a throaty woman's voice (Ella Fitzgerald) sings the title song: "All my life/I've been waiting for you/My wonderful one/I've begun/Living all my life . . ."

The uncontrolled growth of flowers clashes with the containment of the fence, further echoed by the power lines that divide the blue sky. Baillie has created a rich interplay of color, form, and dimensionality that pivots between a sense of nostalgia and the inevitably of time passing. What might have been seen as a place of dingy neglect becomes a transcendent landscape.

VIII

In winter 1966, Baillie's longtime fascination with Mexico led him to the remote town of Chapala; he lived in isolation for several months within its difficult physical environment and earthy culture. Overwhelmed by a new world of sensations, he began recording material after connecting with a local family. The resulting film, *Valentin de las Sierras* (1968), achieves a rare intimacy. Flora, fauna, and the rhythm of daily activities are sharply detailed, and Baillie's responsive analytical eye portrays hard labor, children at play, luxuriant vegetation, radiant textiles, and brilliant sunlight. Weaving through the film is the song "Valentin," about the local revolutionary hero, as seen and sung by an old blind guitarist.

A masterpiece of structure and condensed expression, *Valentin* is neither judgmental nor romanticized; it offers a respectful glimpse into Mexican rural life, a culture presented in the film as one remote to the filmmaker himself. Baillie creates a tapestry of evocative sounds and close-ups, fragmentary moments in which offscreen space is never revealed and on-screen subjects are often hard to identify. Roving, focus-shifting compositions alternate with sudden changes in location, offering a disarming, tactile experience. The film's subtle dissolves and superimpositions never interfere with the direct expressiveness of the recorded material.

Valentin contains one of Baillie's richest soundtracks, a blend of location sounds that move in musically layered succession with one another. While the people clearly lead a rugged physical existence, Baillie conveys the vitality suggested by their total engagement in their lives.

IX

Quick Billy (1970), Baillie's longest 16mm film, was made following a nearly fatal bout with hepatitis that began in 1967. Baillie's life and art would never be the same, and the film signals a fundamental shift to the more rambling open structures of his later work. Filmed while he was living near Fort Bragg on the Northern California coast, *Billy* was inspired by Baillie's dreams, nightmares, and daily life while recuperating. He had been reading *The Tibetan Book of the Dead*, and the film creates a visceral and liminal journey between death and life. It is, paradoxically, both his most radical and most traditional work.

Part One was conceived as three reels that move forward toward death and backward to adolescence and conception. An unpredictable and sometimes frightening sense of spiritual encounter prevails. Tentative movements and inexplicable images convey the world as ungraspable, ephemeral, slipping away. Some of Baillie's familiar motifs weave through a landscape of murky, distorted abstraction and play of light. Images of the sea, forests, watching eyes, smoke, fire, sun, moon, water droplets, animals, and love making are accompanied by sounds from nature.

Part Two is itself titled "Quick Billy." A startling change from all of Baillie's previous films, it is a mock silent-era Western that takes place in Kansas in 1863. Baillie uses numerous silent film tropes: iris-ins, sped-up motion, sepia tonality, added music and sound effects, with characters popping into or out of the frame and peering through windows from the outside. Exaggerated, playful and sometimes silly, Part Two succeeds in parodying the larger-than-life Western-movie hero. Baillie's ambiguous attitude toward the hero is present in several of his films, and this film's biting self-directed irony toward male control may have been inspired by his recent battle with serious illness.

A series of unedited camera rolls was intended to follow the main film. Each one is an unadulterated portrait of Baillie's life during the time he was filming *Quick Billy*. Understated and exquisitely photographed, their spontaneity is a further contrast to the painstaking editing that was one of the central aspects of Baillie's previous work.

X

Roslyn Romance (Is It Really True?) (1974/1978) was Baillie's last completed 16mm film, and it is both a lovely coda and a bridge to his later video work. Filmed in the small coal-mining town of Roslyn, Washington, it uses old postcards, memorabilia, and haunting interior space to suggest a vanished era, and glimpses of an elderly couple enjoying the winter landscape further evoke the ephemerality of life. A soundtrack conversation discusses daily household chores. Rummaging through the postcards, many with original messages, Baillie's hands stop on one from the early twentieth century. Its awkwardly scrawled letters read, "Dear Mother, I will send you a couple of postcards as I have been to [*sic*] busy to write. I am in best of health again..." It is a postcard from the past that Baillie could have sent to his own mother. Snapshots of Baillie himself and additional objects blend and combine to create a poignant experience of nostalgia for the past, but one that is never sentimental or obvious.

XI

Baillie worked with video for the last forty years of his life. With himself as on-screen subject, the artist ruminates on his memories, the passage of time, lifelong fantasies and obsessions, a passion for old radio, and the flow of moment-to-moment daily life. Disarmingly, Baillie employs an improvisational but carefully honed conversational style to share his thoughts and memories, and the viewer becomes an intimate friend listening in. His engagement seems off-handed and spontaneous, but the dialogues are precise, pointed, and always witty.

Video allowed Baillie to create low-tech art home movies that honestly portray a man who lived a life in humble circumstances, but who remained gloriously and defiantly creative. During more than sixty years of continual artmaking, Bruce Baillie found ways to discover and rediscover the world and to share the wonders of being alive as a human being.

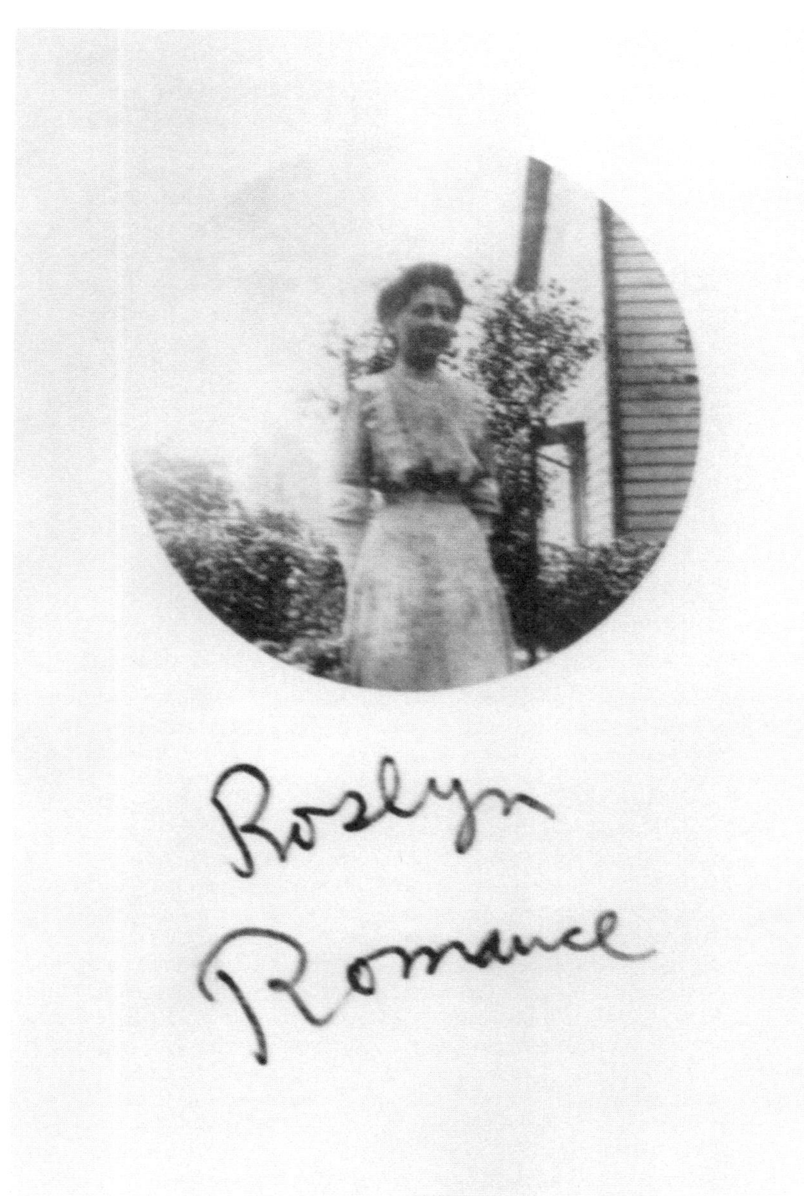

Roslyn Romance, 1974

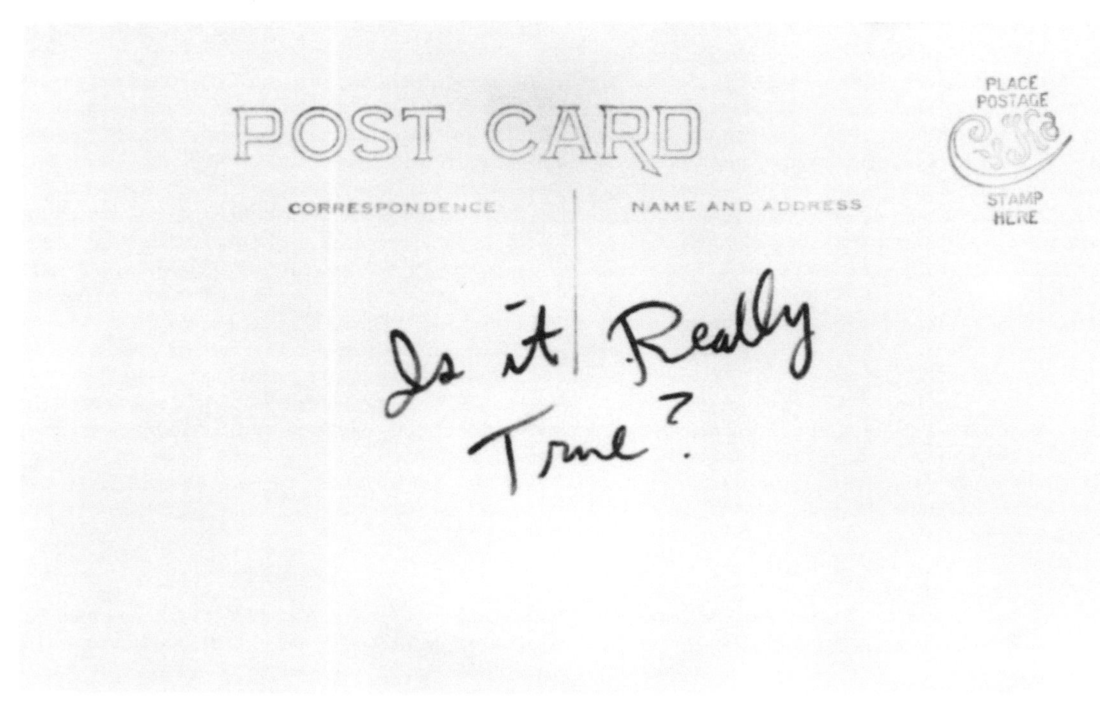

Materia bizia Bruce Baillieren 16 mm-ko filmetan
Steve Anker

I

Artistek, itxaropenek kontaktu osoa eta zuzena eragozteko jartzen dituzten sareak kentzean, laguntza eman ahal digute ikusteko eta entzuteko. Bruce Baillie (1931-2020) zinemaren historiako behatzaile handienetako bat izan zen, azaleko gertaeren azpian dauden esanahiekin harreman sakona zuen artista. Bere filmek bere denbora islatzen dute, baina gaur egun ere garrantzia dute, zinemarako oraindik ezinbestekoak diren gai sozial eta estetikoei heltzeko duen moduagatik. Paisaia kultural eta fisikoak modu zolian dokumentatzen dituen lan baten aurrean gaude: normalean alde batera uzten diren pertsonak eta jarduerak, eta kamera baten laguntzarik gabe nekez hautematen diren alderdi bisualak. Kritika sozialaren eta esplorazio subjektiboaren arteko orekari eutsiz, Baillieren filmek misterioz eta anbiguotasunez blaitzen dute mundua, eta topaketa sentsorial sakona eskaini. Sintesi poetikoak sortzen dituzte, interpretazio ugari eragiten dituztenak.

Baillie 1960ko hamarkadaren hasieran hasi zen filmak egiten, 16 mm-ko zintak (35 mm-ko tamaina «profesionalaren» erdia zirenak) aurreneko aldiz lanean hasten ziren gazteen zintarik gogokoenak zirenean. Jarrera erradikal batetik, zinemagile horiek ahalegina egin zuten beren ahots artistikoa garatzeko, entretenimenduaren industria handiaren nagusitasunari aurre egin nahian. 16 mm-ko formatu txikiak artisau-modu bat sustatzen zuen zinema egiteko, hainbat teknika barne hartuta: emultsio filmikoaren manipulazio zuzena, irudiak gainjartzea, kamera eskuan egindako mugimendu adierazkorrak, foku- edo argiaren esposizio-aldaketa azkarrak, eta fotogramaz fotograma egindako muntaketa konplexuak. 16 mm-ek zinema-mota berri bat ekarri zuten, berehalakoa eta subjektiboa.

1961. eta 1974. urteen artean, Bailliek hogei film egin zituen, eta gaur egun ere banatzen dira. 16 mm-ko zinten erosotasunak eta aldakortasunak aukera eman zioten argia esploratzeko eta ezohiko sentsualitateko konposizioak osatzeko: testura hipnotikoen lehen planoek, kolore liluragarriek eta erritmo biziek lotura ehuntzen dute fisikotasunaren eta ikuslearen artean. Motiboen errepikapenak esanahia areagotzen du metaforikoki eta polemikoki: beha dagoen begi bat, itsaso harrotua, hegan dabiltzan txoriak, animalien askatasuna, haur-jolasen bat-batekotasuna, loreak eta belarra, Estatu Batuetako bandera, fotograma zeharkatzen duten argi-izpiak. Azken buruan, Baillie konpresioaren maisu bat zen, muntaketa bisual trinkoak egiten zituen, soinu-banda trinkoekin uztartuta.

II

Baillie 1929an hasitako Depresio Handian eta Bigarren Mundu Gerran hazi zen; eskasia sumatzen da bere balioen eta sentsibilitate artistikoaren azpian. Alferrik saiatu zen Londresen zinemagintza ikasten, eta 1959an San Frantziskora joan zen, hiri horretan poetak, zinemagileak eta margolariak arte-kultura alternatibo bat sortzen ari baitziren galeria txikietan eta *underground* klubetan. Baillieren lehen proiektuen artean, presaka egindako zuri-beltzeko film laburrak zeuden, berak «albistegiak» deitutakoak: bizilagunen erretratuak eta Canyon-en (Kalifornia) erregistratutako gertaerak. *Mr. Hayashi* (1961), oraindik banatzen den albistegi bakarra, lan bila dabilen langile baten iragarki bat da, zakarki egina baina irudimentsua. 1962an zuri-beltzeko bi film bikain aurkeztu ziren, Baillieren lan zinematografikoa zenbateraino garatua zen erakusten zutenak: *Have You Thought of Talking to the Director?* (1962) eta *Here I Am* (1962) filmek egikera liluragarria eta segurantzaz beteriko egitura zinematografikoak dituzte.

1963. eta 1974. urteen artean, Baillie bere baliabideak hedatuz joan zen, bere potentzial artistiko berezia eraginkortasun sinbolikoz eta literalez zinematografikoki islatuko zuen teknika-sorta zabala sartu arte. Hurrengo ataletan, labur-labur aztertuko ditut Baillieren lorpen nagusiak; dena dela, merezi du urte horietan egin zituen film guztiak ikertzea eta aintzat hartzea.

III

Baillieren koloretako lehen proiektu handian —*To Parsifal* (1963)—, Estatu Batuetako mendebaldean naturak eta gizakiaren esku-hartzeak talka egiten dute eta elkarrekin bizi dira. Bertan, Bailliek mundu organikoaren hauskortasuna eta sentsazioak «burdinazko zaldiaren», trenbidearen, ezinbestekotasunarekin alderatzen ditu.

Lehen sekuentziek xehetasun ugari eta bikainekin aurkezten dute misterioa eta kontraesana ezaugarritzat dituen mundu bat. Hasierako irudian, argi-atari bat ikusten da, goizeko lehen orduko paisaia lainotsu bat begiztatzeko aukera ematen duena, ura, mugimendu kulunkariak eta itzaletan dauden eta pixkanaka kamera itsasontzi batean dagoela erakusten duten objektuak agertuz. Eguzkiaren distirak mendilerro baten artean sartzen dira. Kamerak ikuspegi panoramikoa deskribatzen du itsasontziaren uhara lainotsutik, eta ozeanoan barneratzen da, eta ur zurixka magikoki eraldatzen da itsasoaren urdin bizi bihurtuz. Itsasontzitik hartutako irudietan agertzen dira arrantzaleak harrapatutako arrantza garbitzen, hildako arrain baten begi geldiarazia eta Golden Gate zubiaren egitura.

Tarte beltz luze batek agertoki berri batera garamatza, baso menditsuetara. Trenbideen gainean, gizon batzuk salgaia kargatzen ari dira zerbitzuko ibilgailuetan, eta trenbideen eta bagoien lehen planoek paisaia hori zipriztintzen dute. Naturako elementuen muntaketa bat –armiarma bat, inurriak adar batean, mendiko erreka bat– trenaren mugimendu etengabearen kontrapuntua da, trena urrutian ikusten baita, eta lehen planoetan abiada bizian doala aurrera agertzen baita.

Soinu-banda soinuen *collage* erritmiko bat da: nautikoa, irratiko elkarrizketak, itsasontziaren motor tematia, laino-sirenak, kaioak, trenbide gaineko gurpilak eta, era kezkagarrian, Richard Wagner-en *Parsifal* operaren zati bat. Bitxia bada ere, Bailliek ez zuen *Parsifal* ez kondaira hori ezagutzen, harik eta itsasontzian eman zuen denboran musika behin eta berriz entzuten hasi zen arte, baina hartaz egin zuen erabilera eta bere esanahia filmaren kontzepzioaren funtsezko parte bihurtu ziren.

Ondorengo lanetan berriz agertuko zen filmaren gaia: mundu natural eta sentsorialaren eta gizarte garaikidearen alienazioaren arteko kontrastea.

IV

Mass for the Dakota Sioux (1964) izan zen iraupen luzeagoko bi lanetako bat, John F. Kennedyren hilketaren ondoren Estatu Batuetan zegoen aldarte tragikoaren fruitu eta, orobat, eskubide zibilen aldeko borrokak eta Vietnamgo gerrak herrialdea bantaturik, bertan sentitzen zen desilusio gero eta handiagoaren emaitza. Batez ere San Frantziskon filmatu zuen, zuri-beltzean; eta kritika mingots eta maiz ironikoa egiten dio kultura alienatzaileari, zeinaren atzeko oihalean

La materia viva en las películas de 16 mm de Bruce Baillie
Steve Anker

I

Los artistas, al retirar las redes que las expectativas colocan para impedir el contacto pleno y directo, pueden ayudarnos a ver y escuchar. Bruce Baillie (1931-2020) fue uno de los grandes observadores de la historia del cine, un artista que estaba profundamente en contacto con los significados que subyacen tras los fenómenos superficiales. Sus películas reflejan su tiempo, sin dejar de ser relevantes hoy día por su forma de abordar cuestiones sociales y estéticas que aún son vitales para el cine. Estamos ante una obra que documenta sagazmente paisajes culturales y físicos: personas y actividades que se suelen pasar por alto, y aspectos visuales difíciles de percibir sin la ayuda de una cámara. Al mantener un equilibrio entre la crítica social y la exploración subjetiva, las películas de Baillie impregnan el mundo de misterio y de ambigüedad, proporcionando un profundo encuentro sensorial. Crean síntesis poéticas que suscitan múltiples interpretaciones.

Baillie comenzó a hacer películas a comienzos de la década de 1960, cuando las películas de 16 mm (la mitad del tamaño «profesional» de 35 mm) se convirtieron en las favoritas de los jóvenes que se ponían por primera vez a trabajar en el medio. Desde una actitud radical, estos cineastas se afanaron por desarrollar su propia voz artística, tratando de desafiar la hegemonía de la gran industria del entretenimiento. El pequeño formato de 16 mm fomentaba una forma artesanal de hacer cine que incluía técnicas como la manipulación directa de la emulsión fílmica, la superposición de imágenes, expresivos movimientos hechos cámara en mano, rápidos cambios de foco o de exposición a la luz, y complejos montajes fotograma a fotograma. Los 16 mm condujeron a un nuevo tipo de cine, inmediato y subjetivo.

Entre 1961 y 1974, Baillie hizo veinte películas que hoy se siguen distribuyendo. La comodidad y la versatilidad de las películas de 16 mm le permitieron explorar la luz y crear composiciones de insólita sensualidad: primeros planos de texturas hipnóticas, colores cautivadores y ritmos viscerales establecen un contacto entre la fisicidad y el espectador. La repetición de motivos acentúa metafórica y polémicamente el significado: un ojo que observa, el mar desatado, pájaros que vuelan, la libertad de los animales, la espontaneidad de los juegos infantiles, flores y hierba, la bandera de Estados Unidos, rayos de luz que atraviesan el fotograma. En última instancia, Baillie era un maestro de la compresión, con densos montajes visuales que se imbrican con bandas sonoras igualmente densas.

II

Baillie se crio durante la Gran Depresión iniciada en 1929 y la Segunda Guerra Mundial; la escasez subyace tras sus valores y su sensibilidad artística. Intentó infructuosamente aprender cinematografía en Londres y en 1959 se trasladó a San Francisco, donde poetas, cineastas y pintores estaban forjando una cultura artística alternativa en pequeñas galerías y clubes *underground*. Entre los primeros proyectos de Baillie figuraban cortos en blanco y negro, realizados con premura, que él llamaba «noticiarios»: retratos de vecinos y acontecimientos registrados en Canyon, California. *Mr. Hayashi* (1961), el único noticiario que aún se distribuye, es un anuncio, de tosca ejecución, pero imaginativo, de un obrero en busca de trabajo. En 1962 se presentaron dos notables películas en blanco y negro que demostraban cuánto se había desarrollado el trabajo cinematográfico de Baillie: *Have You Thought of Talking to the Director?* (1962) y *Here I Am* (1962) muestran una factura deslumbrante y unas estructuras cinematográficas llenas de aplomo.

Entre 1963 y 1974 Baillie fue ampliando sus recursos hasta incluir una amplia gama de técnicas que, con eficacia tanto simbólica como literal, plasmaban cinematográficamente su singular potencial artístico. En los apartados siguientes analizaré brevemente los principales logros de Baillie, aunque cada una de las películas que hizo durante esos años merezca estudio y consideración.

III

El primer gran proyecto en color de Baillie, *To Parsifal* (1963), concibe el oeste de Estados Unidos como un espacio en el que chocan y coexisten la naturaleza y la intervención humana. En él, Baillie compara la fragilidad y las sensaciones del mundo orgánico con la inevitabilidad del «caballo de hierro», el ferrocarril.

Las primeras secuencias presentan, con exquisita profusión de detalles, un mundo caracterizado por el misterio y la contradicción. En la imagen de inicio se ve un pórtico de luz que permite atisbar un neblinoso paisaje de primera hora de la mañana, con agua, movimientos basculantes y objetos en sombras que poco a poco van revelando que la cámara se encuentra en un barco. Los destellos del sol se cuelan entre una cadena montañosa. La cámara describe una panorámica desde la estela neblinosa del barco y se adentra en el océano, y el agua blanquecina se torna mágicamente en el intenso azul del mar. Las imágenes que se captan desde el barco muestran a pescadores limpiando sus capturas, el ojo paralizado de un pez muerto y la estructura del puente Golden Gate.

Un prolongado tramo negro conduce a un nuevo escenario en bosques montañosos. Sobre unas vías de tren, unos hombres cargan mercancía en vehículos de servicio, y primeros planos de las vías y de los vagones salpican este paisaje. Un montaje de elementos de la naturaleza —una araña, hormigas en una rama, un arroyo de montaña— ejerce de contrapunto del ahora incesante movimiento del tren, que se ve a lo lejos y en primeros planos que lo muestran avanzando a toda velocidad.

La banda sonora constituye un rítmico *collage* de sonidos que van desde lo náutico a la conversación radiofónica, el machacón motor del barco, sirenas de niebla, gaviotas, ruedas sobre las vías e, inquietantemente, un fragmento de la ópera *Parsifal* de Richard Wagner. Curiosamente, Baillie no conocía ni *Parsifal* ni esa leyenda hasta que no comenzó a escuchar repetidamente la música durante el tiempo que pasó en el barco, pero su utilización y significado se convirtieron en parte esencial de la concepción de la película.

En obras posteriores volvería a aparecer el tema del filme: el contraste entre el mundo natural y sensorial y la alienación de la sociedad contemporánea.

IV

Mass for the Dakota Sioux (1964) fue la primera de las dos obras de mayor duración que respondería tanto al trágico estado de ánimo de Estados Unidos tras el asesinato de John F. Kennedy como a la desilusión creciente que sentía el país mientras la lucha por los derechos civiles y la guerra de Vietnam lo dividían. Filmado principalmente en San Francisco en blanco y negro, constituye una crítica amarga y con frecuencia irónica de una cultura alienante, que se presenta sobre el telón de fondo de las escalofriantes declaraciones de líderes indígenas

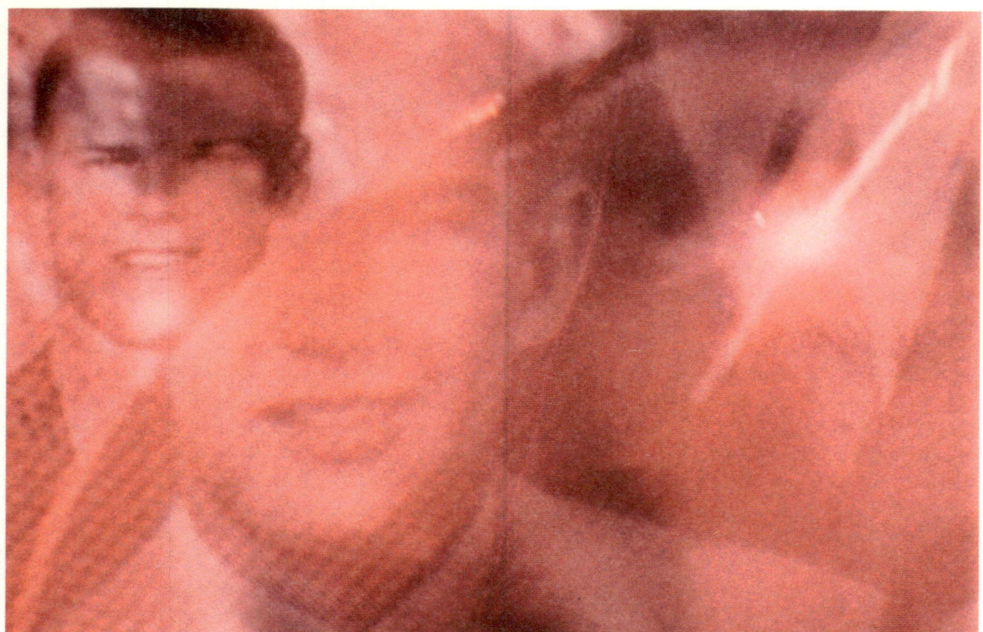

Quick Billy, 1970

konplexua. *Quixote*k eskaintzen duen xehetasun-fluxu bizkor eta etengabeak kontzentrazio eta pertzepzioa eskatzen ditu etengabe, filmak ikusteko —eta normalean pasiboa den— ekintzarekin zerikusirik ez dutenak. Filmaren esposizio-konplexutasunak berehalakotasuna eta premia gorde ditu oraindik.

VI

«Ikusi dut... zinemarekin zer egin nahi nuen. Alfonbra indiar moduko zerbait egin nahi nuen».

Baillieren hurrengo hiru filmak bere artearen gailurra dira, eta, aurreko lanetatik abiatuta, bere zehaztasun bisuala eta soinu-ehundurak hedatzen dituzte.

Castro Street (1966) abangoardiako filmik miretsienetako bat da. Funtsezko obra izan zen, Bailliek aurretik garatutako teknikak erabiltzen erakutsitako zehaztasun eta kontrolagatik. Berriz ere *To Parsifal* filmeko lurraldean, egileak edertasuna aurkitzen du Castro Street-eko tren-bagoiek, fabrikek eta langileek osatutako paisaia industrial gordin batean, Kaliforniako Richmond herrian. *To Parsifal* filmak bezala, naturaren eta giza inposizioaren arteko talka kritikatzen eta onartzen du, Estatu Batuetako bizitza modernoaren sentsazio kaotiko eta oldarkorrak erabiliz hiztegi gisa. Labur, iheslari gisa agertzen dira lore eta belar txarrak, makina erraldoiek eta gizakien lanak itota.

Filma tapiz bat da, musika- eta pintura-ikerketek osatua, zeintzuek dokumentazioarekin eta errealitatearen eraldaketarekin jolasten duten. Hainbat hartualdietako zatiak daude fotograma berean —tximinia ketsuak, hodien labirintoak—, batzuetan elkarri itsatsita; beste batzuetan, geruzetan gainjarrita. Modu asaldagarrian, objektuak zabuka dabiltza abstrakzioaren eta familiartasunaren artean, eta barne maskaratzeen eta ustekabez marratutako argazki-irudien arteko uztarketak mamuzko espazio-dislokazioak sortzen ditu. Zuri-beltzeko irudiak koloretako hartualdiekin konbinatzen dira, positiboak eta negatiboak. Koloreak eta ehundurak ukitu daitezke; trenbideetako langileak eta igeltseroak itxura koreografiko harrigarriko erritmoekin mugitzen dira, eta kamera-mugimendu guztiek saihestezinak eta erabat egokiak ematen dute objektuak xehetasunez irudikatzeko. Soinu *collage* konplexuak batera nahasten ditu trenen txistuak, kanpai-hotsak, pop musika eta kaleko beste soinu batzuk, gainjarritako irudien osagarri hipnotikoa osatu arte. *Castro Street* film gogoangarrian, soinu eta ikusizko disonantziak aparteko sentsazio bihurtzen dira.

buruzagi indigenen adierazpen ikaragarriak aurkezten diren, haien bizimoduaren galeraren lekukotza gisa. Bailliek kontrastea eta kontraesana adierazteko zuen gaitasuna maila berrietara iritsi zen, kameraren eta muntaiaren erabilera zehatzaren bidez.

Filma meza katoliko baten egituraz baliatzen da, eta siux hunkpapen buruzagi Zezen Eseriaren dei larriarekin hasten da: «Ezin izango dut gehiago bizi, ama, egizu negar nigatik». Filma hastean, «hiri-sinfonia» mamuzko batek bere gaiak eta metodoak aurreratzen ditu. Gainjartze bisual haluzinatu eta abstraktuekin gurutzatzen dira AEBetako bandera erakusten duten fotograma arruntak, fabrika izugarriak, tximinietatik jaurtitako ke-beloak, teilatuetako antenak, karga-trenak eta aldirietakoak, indigena amerikarren lehen plano dotoreak, gizon eta emakume zuriak jatetxeetan, motoziklista baten irudiak, oinez doan edo gauez ibilgailuetan bidaiatzen duen jendea.

Bailliek gainjartze konplexu horiek sortu zituen bere kamerarekin (batzuetan hainbat geruzatakoak), editatu aurretik; birtuosismo bisualeko balentria bat baino gehiago da, formen fusio horrek aukera ematen baitzion funtsezko konparazioak egiteko, erritmo bisualak sortzeko eta familiako objektuei presentzia arraro eta kezkagarria ematen dien abstrakzio-prozesu bat bultzatzeko. *Mass* filmak eragin handia izan zuen egin zen garaian, modu transzendentalean uztartzen baitzituen erantzun politikoak eta pertsonalak.

V

Quixote (1965) Bailliek egin zuen Estatu Batuetako kulturaren erretraturik zabalena da, eta sakonago erabiltzen du muntaia hainbat motibori heltzeko. Egileak Estatu Batuetako (Nevada, Montana, Hego Dakota, Michigan eta New York) eta Kanadako (Alberta) leku askotatik bidaiatu zuen urtebetez obra hau —*road movie* bat— egiteko, eta, amaieran, 1965eko martxoan Selma-n (Alabama) eskubide zibilen alde egin zen martxa aurkeztu zuen modu bizian. Ondoriozko filmak amore eman gabe erakusten ditu XX. mendearen erdialdean nagusi ziren balioak. «Hainbat gairen laburpen eta ondorio moduko bat da *Quixote*... eta Mendebaldearen norabidea erakusten du, funtsean konkistan oinarritutako ibilbide gisa», adierazi zuen Bailliek. Landa-aldeko paisaien, hiri-errutinen eta antzinako kulturen onarpena izateaz gain, mitoa salatzen du errealitatearen aurrean. Pertsona ospetsuen artean, landa-aldeko langileak, indigenak, etorkinak, atletak, kirol-animatzaileak, negozio-gizonak eta zirkuko artistak sartu zituen.

Filmean, behin eta berriz errepikatzen diren motibo eta sinboloak daude, Baillieri modu ematen diotenak hedapenari eta menderapenari kritika egiteko: uzta-biltzaileak eta goitik kontrolatzen diharduten gerra-hegazkinak; polizia ordena mantenduz; gizonak negozio-bilera batean; autoak eta kamioiak paisaia zeharkatzen; desberdintasun etnikoak nabarmentzen dituzten kultura-jarduerak, eta hainbat pertsona eta animaliaren begirada zaintzailea. Zuri-beltzetik kolorera lerratuz, apatxe batzuk agertzen dira erritu bat egiten, zeremoniazko jantziekin, inguruko txabolen barrualde eta paisaien gainean jarrita; gero, filmak, bat-batean, kafetegi batean eserita dauden bi gizon indigenen aurpegi zailduak hartzen ditu ardatz. Erretzen eta berriketan ari diren bitartean, batek kamerari begiratzen dio ezkutuan.

Bailliek gero eta sakonago erabiltzen ditu aurreko lanetako teknikak: editatzeko modu metaforiko bat eta geruza asko erabiltzea; lehen planoak erritmo bisualez, ehunduraz, kolorez eta argiz beteta; jarioa kamera eramangarriarekin eta soinuaren elaborazio

VII

Ez dira hiru minutu baino gehiago behar *All My Life* (1966) ikusteko, baina, nire ustez, film perfektua eta egokia da. Soiltasun zakarrekoa, baina dotorea eta sakona da, ikuslearen presentzia osoa eskatzen du, eta, era berean, eskatzen dio aurkikuntzak egin ditzan prosaikoa eta familiarra eman lezakeen mundu txiki batean.

16 mm-ko film-bobina bakarra denez, Bailliek aurrez erabaki zuen luzera. Bere helburua zen, pixkanaka-pixkanaka, atzeko patio tipiko bat kokatzea eta erakustea (egunak baitzeramatzan hura behatzen), halako moldez non argi naturala eta lekuaren xehetasun ugariak pertzepzio kontzentraturako agertoki bihurtuko ziren. Ezohikoa da 16 mm-ko Baillieren obran, bere izaera zuzenagatik eta kameraren etengabeko mugimenduagatik. *All My Life* hasi berri baten "egiturazko film" bikaina da, ikusizko eta soinuzko elementu desberdinak uztartzen dituena entitate berri eta ezin murriztuzko bat eratzeko.

Erabilitako film-bobina bakarrarekin bat etorriz, irudiak panoramika bakar batean erakusten dira, espazioa eta objektuen jatorrizko harremana errespetatuz, bidimentsionaltasun zinematografiko bilakatu arren. Panoramika eskuinetik ezkerrera mugitzen da erritmo irmoarekin, listoi batzuk faltan dituen hesi zaharkitu batetik igaroz; arrosa gorriak, belarra eta belar txarrak hesiaren zati batzuei atxikitzen zaizkie. Hori guztia soslai kromatiko kontrastatu eta biziak dituen zeru urdin-urdin baten gainean islatzen da. Antzinako disko batetik piano-solo bat sortzen da eta emakumezko ahots larri batek (Ella Fitzgerald) filmari izenburua ematen dion kantua abesten du: «Nire bizitza osoa / eman dut zure zain./ Maitea, / nire bizitza osoa / bizitzen hasi naiz...».

Loreak kontrolik gabe agertzeak talka egiten du hesiaren euspenarekin, eta areago nabarmentzen du zeru urdina zatikatzen duen linea elektrikoa. Bailliek kolore, forma eta dimentsioen eragin-truke iradokitzailea sortu du, nostalgiaren eta denboraren

dando testimonio de cómo se pierde su forma de vida. La capacidad de Baillie para apuntar el contraste y la contradicción alcanza nuevos niveles mediante la matizada utilización de la cámara y el montaje.

La película, que se sirve de la estructura de una misa católica, comienza con la angustiosa llamada del jefe sioux hunkpapa Toro Sentado: «Ya no me será posible vivir, madre, puedes llorar por mí». Al iniciarse la película, una fantasmal «sinfonía urbana» introduce sus temas y métodos. Superposiciones visuales alucinadas, abstractas, se entrecruzan con fotogramas corrientes en los que aparece la bandera estadounidense, fábricas imponentes, velos de humo lanzados por chimeneas, antenas en los tejados, trenes de carga y de cercanías, elegantes primeros planos de indígenas americanos, hombres y mujeres blancos en restaurantes, imágenes de un motociclista, gente que camina o viaja en vehículos de noche.

Baillie produjo estas complejas superposiciones (de, a veces, varias capas) con su cámara, antes de la edición; más que una hazaña de virtuosismo visual, esta fusión de formas permite establecer comparaciones fundamentales, crear ritmos visuales y alentar un proceso de abstracción que otorga a objetos familiares una presencia extraña e inquietante. *Mass*, enormemente influyente cuando se hizo, conjugaba de manera trascendental respuestas de tipo político y personal.

V

Quixote (1965) constituye el retrato más amplio de la cultura estadounidense que realizó Baillie y ahonda en su utilización del montaje para abordar motivos diversos. La obra, una *road movie* para la cual el autor viajó durante un año por muchas zonas de Estados Unidos (Nevada, Montana, Dakota del Sur, Míchigan y Nueva York) y Canadá (Alberta), culmina con una intensa presentación de la marcha por los derechos civiles celebrada en marzo de 1965 en Selma, Alabama. La película resultante retrata sin concesiones los valores imperantes a mediados del siglo XX. «*Quixote* es una especie de resumen y de conclusión de varios temas (...) presenta el rumbo de Occidente como una trayectoria basada fundamentalmente en la conquista», declaró Baillie. También constituye un reconocimiento de paisajes rurales, rutinas urbanas y culturas antiguas, así como una denuncia del mito frente a la realidad. Entre el abanico de personalidades que incluye figuran obreros del campo, indígenas, inmigrantes, atletas, animadoras deportivas, hombres de negocios y artistas de circo.

En el filme hay motivos y símbolos recurrentes que permiten a Baillie deslizar una crítica a la expansión y la dominación: cosechadores y aviones de guerra controlándolos desde arriba; la policía manteniendo el orden; hombres asistiendo a una reunión de negocios; coches y camiones cruzando el paisaje; actividades culturales que recalcan las diferencias étnicas, y la mirada vigilante de diversas personas y animales. Pasando del blanco y negro al color, se ve a unos apaches que realizan un rito con atuendo ceremonial, superpuestos a interiores de cabañas y paisajes de la zona; después el filme se centra súbitamente en los rostros curtidos de dos hombres indígenas sentados en una cafetería. Mientras fuman y charlan, uno de ellos mira furtivamente a la cámara.

Baillie va utilizando técnicas de obras anteriores cada vez con más profundidad: una forma de editar metafórica y el recurso a múltiples capas; primeros planos llenos de ritmos visuales, texturas, colores y luz; fluidez con cámara portátil, y una compleja elaboración del sonido. El rápido e ininterrumpido flujo de detalles que ofrece *Quixote* exige una concentración y una percepción constantes, que nada tienen que ver con el acto de ver películas, normalmente pasivo. La complejidad expositiva del filme sigue conservando aún su inmediatez y urgencia.

VI

«He visto... lo que quería hacer con el cine. Quería hacer una especie de alfombra india».

Los tres filmes siguientes de Baillie constituyen cimas de su arte, que, partiendo de sus obras anteriores, amplían su precisión visual y texturas sonoras.

Castro Street (1966) es uno de los filmes más admirados de la vanguardia. Fue una obra esencial por la concisión y el control con que Baillie utilizaba técnicas que había desarrollado anteriormente. De nuevo en el territorio de *To Parsifal*, el autor encuentra belleza fijándose en un descarnado paisaje industrial compuesto por vagones de tren, fábricas y trabajadores de Castro Street, en la localidad californiana de Richmond. Al igual que *To Parsifal*, critica y reconoce la colisión entre la naturaleza y la imposición humana, utilizando como vocabulario las caóticas y agresivas sensaciones de la vida moderna en Estados Unidos. Brevemente aparecen, como fugitivos, flores y hierbajos, ahogados por máquinas enormes y por el trabajo de los seres humanos.

El filme constituye un tapiz de investigaciones musicales y pictóricas que juegan con la documentación y la transformación de la realidad. Fragmentos de diferentes tomas habitan el mismo fotograma —chimeneas humeantes, laberintos de tuberías—, unas veces pegados entre sí; otras, en capas superpuestas. De forma perturbadora, los objetos basculan entre la abstracción y la familiaridad, y la conjunción entre enmascaramientos internos e imágenes fotográficas accidentalmente rayadas crea fantasmales dislocaciones espaciales. Imágenes en blanco y negro se combinan con tomas en color, positivos con negativos. Los colores y las texturas son palpables; los ferroviarios y los albañiles se mueven con ritmos de apariencia asombrosamente coreográfica, y todos los movimientos de cámara parecen inevitable y absolutamente pertinentes para retratar en detalle sus objetos. El complejo *collage* sonoro mezcla silbidos de los trenes, tañidos de campanas, música pop y otros sonidos callejeros hasta constituir un hipnótico acompañamiento a la superposición de imágenes. *Castro Street* es una hazaña en la que las disonancias sonoras y visuales se transforman en sensaciones extraordinarias.

VII

No hacen falta más de tres minutos para ver *All My Life* (1966), pero a mí me parece que es un filme perfecto y satisfactorio. De una brusca sencillez, que no deja de ser elegante y profundo, exige la presencia plena del espectador, al que también pide que haga descubrimientos en un mundo reducido que podría parecer prosaico y familiar.

Al limitarse a un único rollo de película de 16 mm, Baillie predeterminó la duración. Su objetivo era enmarcar y revelar poco a poco un típico patio trasero (el que llevaba días observando), de manera que la luz natural y los innumerables pormenores del lugar se transformaran en un escenario para la percepción concentrada. Insólito en la obra de 16 mm de Baillie por su carácter directo y el ininterrumpido movimiento de la cámara, *All My Life* es un magnífico y primerizo «filme estructural», que conjuga elementos visuales y sonoros dispares para constituir una entidad nueva e irreductible.

En consonancia con el único rollo de película utilizado, las imágenes se muestran en una sola panorámica que respeta el espacio y la relación originales de los objetos, aunque los convierta en bidimensionalidad cinematográfica. La panorámica se desplaza de derecha a izquierda con ritmo firme, pasando por una envejecida valla en la que faltan algunos listones; rosas rojas, hierba y hierbajos se aferran a algunas partes de la valla. Todo eso se recorta sobre un cielo muy azul, de contornos cromáticos contrastados e intensos. De un disco antiguo surge un piano solo y una grave voz femenina (Ella Fitzgerald) canta la canción que da título al filme: «Toda mi vida/te he estado esperando./ Querido mío,/he comenzado/a vivir toda mi vida...».

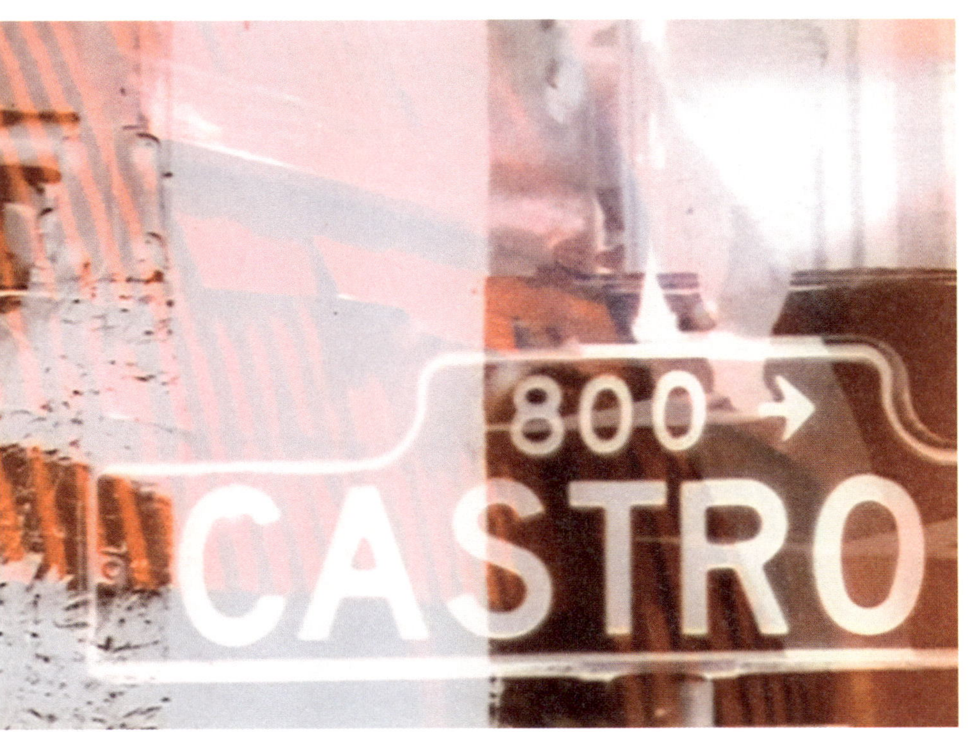

Castro Street, 1966

joanaren ezinbestekotasunaren artean zabuka. Abandonu etsigarri baten erakusgarritzat har zitekeen leku bat paisaia transzendente bihurtzen da.

VIII

1966ko neguan, Mexikorekin zuen lilurak bultzatuta, Baillie Chapala herri urrutiratura iritsi zen; zenbait hilabetez bakartuta bizi izan zen ingurune fisiko zail horretan eta hango kultura xumean. Sentsazioen mundu berriak txunditruta, bertako familia batekin harremanetan jarri ondoren hasi zen filmatzen. Ondoriozko filmak, *Valentín de las Sierras* (1968) lanak, intimitatearen sentsazio ezohikoa ematen du. Xehetasun handiz azaltzen dira landareak, fauna eta eguneroko lanen erritmoa, eta Baillieren behako sentikor eta analitikoak lanaren gogortasuna, jolasean ari diren haurrak, landare oparoak, oihal distiratsuak eta eguzkiaren argi dirdaitsua islatzen ditu. Filmeko irudiekin «Valentín» abestia ehuntzen da, bertako heroi iraultzaile bati buruzkoa, gitarrista itsu zahar batek ikusi eta abesten duen moduan.

Valentín egituraren eta adierazpen-kondentsazioaren maisulana da; ez du epaitzen, ez idealizatzen; errespetuz behatzen du Mexikoko landa-aldeko bizitza, filmak zinemagilearengandik oso urrun aurkezten duen kultura. Bailliek soinu iradokitzailez eta lehen planoz osatutako tapiz bat sortzen du. Une iheskor horietan sekula ez da agertzen espazioa eremuz kanpo, eta pantailan ikusten dena nekez identifikatu ahal da. Konposizio gorabeheratsuak, foku aldakorrekoak txandakatzen dira bat-bateko kokaleku-aldaketekin, eta esperientzia harrigarria eta ukigarria eskaintzen dute. Pelikulako iraungipenen eta gainjarpenen sotiltasunak sekula ez dio adierazkortasun zuzenik kentzen filmatutako materialari.

Valentín filmak Baillieren soinu-bandarik konplexuenetako bat du, eta bertan filmeko agertokietako berezko soinuak nahasten dira gain jarriz eta bata bestearen atzetik, musika balira bezala. Argi dago, ikuspuntu materialetik, jende horrek oso bizitza gogorra daramala, baina Bailliek pertsona horiek beren bizitzari erabat emanda bizitzeak igortzen duen bizitasuna islatzen du.

IX

Quick Billy (1970) Baillieren 16 mm-ko filmik luzeena da, eta 1967an pairatzen hasitako hepatitis ia hilgarritik sendatu ondoren egin zuen. Harrezkero, bere bizitza eta artea ez ziren berriz berdinak izan, eta filmak funtsezko aldaketa ekarri zuen, bere ondorengo lanetan dauden egitura korapilatsuagoetara garamatzana. *Billy* filma Fort Bragg inguruan, Kalifornia iparraldeko itsasaldean, bizi zen bitartean filmatu zuen, eta bere ametsak, amesgaiztoak eta eguneroko bizitza hartu inspirazio-iturri gisa, eriondoan zegoela. Baillie *Hildakoen liburu tibetarra* irakurtzen aritua zen, eta filmak heriotzaren eta bizitzaren arteko bidaia erraietakoa eta hasierakoa irudikatzen du. Paradoxikoki, bere lanik erradikalena eta, aldi berean, tradizionalena da.

Lehen zatia hiru film-bobinetarako sortu zen; aurrera egiten dute heriotzarantz, eta gero atzera nerabezarora eta sorkuntzara. Aurrez ezin ikusizkoa eta batzuetan beldurgarria den topaketa espiritualaren sentsazioa nagusitzen da. Mugimendu zalantzatiek eta irudi ezin azalduzkoek mundua aurkezten dute espazio ukiezin eta iragankor gisa, hatzen artean ihes egiten baitu. Baillieren lanetan behin eta berriz errepikatzen diren motibo batzuk abstrakzio uher eta distortsionatuko irudiak dituen paisaia batetik doaz, argiarekin jolasean. Itsasoaren, basoen irudiak, begira dauden begiak, kea, sua, eguzkia, ilargia, ur-tantatxoak, animaliak eta sexu-eszenak batera doaz naturaren soinuekin.

Bigarren zatiak *Quick Billy* du izena. Baillieren aurreko filmekiko aldaketa harrigarri bat eginez, filma zinema mutuaren garaiko western faltsu bat da, 1863an Kansasen kokatua. Bailliek zinema mutuko elementu ugari erabiltzen ditu: gortinatxo zirkularrak, mugimendu azeleratua, sepia tonalitatea, musika erantsia eta soinu-efektuak, koadrotik sartu eta ateratzen diren eta kanpotik leihoetatik begiratzen dioten pertsonaiekin. Bigarren zati hau gehiegizkoa, jostaria eta batzuetan eroa da, eta western filmetako heroi onaren parodia egitea lortzen du. Bailliek heroiarekiko duen jarrera anbiguoa beste hainbat filmetan agertzen da; gizonezkoen kontrolarekiko erakusten duen eta bere buruari ezarritako ironia kaustikoak, agian, arestian pairatutako gaixotasun larriarekin izandako borroka izango du inspirazio-iturria.

Asmoa zen pelikula nagusiaren ondoren editatu gabeko bobina batzuk joatea. Haietako bakoitza *Quick Billy* filmatzen ari zen garaiko Baillieren bizitzaren aizundu gabeko erretratu bat da. Fotografia bikaineko zati diskretu horien bat-batekotasunak are kontraste handiagoa sortzen du edizio-lan neketsuarekin, zeina Baillieren aurreko lanaren alderdi nagusietako bat zen.

X

Roslyn Romance (Is It Really True?) (1974/1978) izan zen Bailliek bukatu zuen 16 mm-ko azken filma, eta, amaiera ederra izateaz gain, zubi bat ere bada, gero bideoz egingo zituen lanetarantz. Washingtongo Roslyn meatze-herrixkan filmatuta, antzinako postalak, garai bateko objektuak eta barne-espazio oroitarazleak erabiltzen ditu desagertutako aro bat gogora ekartzeko, eta neguko paisaiaz gozatzen ari den bikote adinekoaren irudi iheskorrek areago nabarmentzen dute bizitzaren izaera iragankorra. Atzean, etxeko lanei buruzko elkarrizketa bat entzuten da. Postalak nahasiz, haietako asko eskuz idatzitako mezuak dituztela, Baillieren eskuek XX. mendearen hasierako bat hautatzen dute. Idazkera traketsean hau irakurtzen da: «Ama maitea: pare bat postal bidaliko dizkizut, lanpetuegi eon [*sic*] bainaiz idazteko. Orain hobeto nago osasunaz...». Iraganeko postal hori Bailliek bere amari bidalitako gutun bat izan zitekeen. Zinemagilearen beraren argazkiak eta beste objektu batzuk batu eta bateratu egiten dira, iraganera itzulera hunkigarri eta nostalgiko bat egiteko, baina sekula ez modu sentimentalean, ezta baldarrean ere.

XI

Bere bizitzako azken berrogei urteetan Bailliek bideoarekin lan egin zuen. Bere iruditik abiatuta, artistak bere oroitzapenetan bilaka ekartzen ditu denboraren iragaitea, bizitza osoko fantasia eta obsesioak, irrati zaharrarekiko grina eta eguneroko bizitzaren jario etengabea. Harrigarria da nola erabiltzen duen inprobisatutako baina arreta handiz findutako elkarrizketa-estilo bat bere gogoetak eta oroitzapenak adierazteko, ikuslea entzule dagoen lagun min bihurtuz. Bere lanak zakarra eta bat-batekoa ematen du, baina elkarrizketak zehatzak, garratzak eta burutsuak dira beti.

Bideoari esker, Bailliek etxeko artelan oinarrizkoak sortu zituen, eta zintzo erretratatzen dute, modu xumean bizi bazen ere, beti sormen zoragarri eta desafiatzailea izan zuen gizon bat. Etengabeko sorkuntza artistikoko hirurogei urte baino gehiagotan, Bruce Bailliek hainbat modu erabili zituen mundua aurkitu eta berraurkitzeko, eta gizaki izateak eta bizirik egoteak dakartzan gauza miragarriak adierazteko.

La aparición descontrolada de flores choca con la contención de la valla, que recalca aún más el tendido eléctrico que divide el cielo azul. Baillie ha creado una sugerente interacción de colores, formas y dimensiones que bascula entre la nostalgia y la inevitabilidad del paso del tiempo. Un lugar que podría haberse considerado muestra de un deprimente abandono se convierte en un paisaje trascendente.

VIII

En el invierno de 1966 la ya tradicional fascinación de Baillie por México le condujo al apartado pueblo de Chapala; durante varios meses vivió aislado en ese difícil entorno físico y en su sencilla cultura. Abrumado por un nuevo mundo de sensaciones, comenzó a rodar después de establecer contacto con una familia del lugar. La película resultante, *Valentín de las Sierras* (1968), proporciona una insólita sensación de intimidad. La flora, la fauna y el ritmo de las labores cotidianas se muestran con gran detalle, y la sensible y analítica mirada de Baillie retrata la dureza del trabajo, a niños jugando, una vegetación exuberante, telas radiantes y la resplandeciente luz del sol. Con las imágenes del filme se entreteje la canción «Valentín», sobre un héroe revolucionario local, tal como lo ve y canta un viejo guitarrista ciego.

Obra maestra de la estructura y la condensación expresiva, *Valentín* ni juzga ni idealiza; atisba de forma respetuosa la vida rural mexicana, una cultura que el filme presenta como muy alejada del propio cineasta. Baillie crea un tapiz de evocadores sonidos y primeros planos, momentos fugaces en los que nunca se revela el espacio fuera de campo y donde lo que sí se ve en pantalla suele ser difícil de identificar. Composiciones fluctuantes, de foco cambiante, se alternan con súbitos cambios de ubicación, ofreciendo una experiencia desconcertante y táctil. La sutilidad de los fundidos y superposiciones de la película nunca resta expresividad directa al material filmado.

Valentín contiene una de las bandas sonoras más complejas de Baillie, en la que se mezclan de manera superpuesta y sucesiva sonidos propios de los escenarios del filme como si fueran música. Aunque está claro que, desde el punto de vista material, esa gente lleva una vida muy dura, Baillie plasma la vitalidad que trasmite la entrega total de esas personas a su existencia.

IX

Quick Billy (1970), la película en 16 mm más largo de Baillie, se realizó después de una hepatitis casi mortal que comenzó a sufrir el cineasta en 1967. Su vida y su arte no volverían a ser los mismos, y la película marca un cambio fundamental, que conduce a las estructuras más intrincadas de sus obras posteriores. *Billy*, filmado mientras el artista vivía cerca de Fort Bragg, en la costa del norte de California, se inspiró en sus sueños, pesadillas y vida cotidiana mientras estaba convaleciente. Baillie había estado leyendo el *Libro tibetano de los muertos* y el filme plasma un viaje visceral y liminar entre la muerte y la vida. Paradójicamente, es su trabajo más radical y también el más tradicional.

La primera parte se concibió para tres rollos de película que avanzan hacia la muerte y después retroceden hasta la adolescencia y la concepción. Se impone una sensación de encuentro espiritual impredecible y a veces aterrador. Movimientos indecisos e imágenes inexplicables presentan el mundo como un espacio inasible, efímero, que se escapa entre los dedos. Algunos motivos recurrentes en Baillie transitan por un paisaje de imágenes de turbia y distorsionada abstracción, jugando con la luz. Imágenes del mar, de bosques, ojos que miran, humo, fuego, el sol, la luna, gotitas de agua, animales y escenas sexuales acompañan los sonidos de la naturaleza.

La segunda parte se titula *Quick Billy*. En un cambio asombroso respecto a los filmes anteriores de Baillie, este es un falso wéstern de la época muda que tiene lugar en Kansas en 1863. Baillie utiliza numerosos elementos del cine mudo: cortinillas circulares, movimiento acelerado, tonalidad sepia, música añadida y efectos de sonido, con personajes que entran y salen brevemente de cuadro, y lo miran desde el exterior a través de ventanas. Esta segunda parte, exagerada, juguetona y a veces atolondrada, logra parodiar al héroe imponente de las películas del Oeste. La ambigua actitud de Baillie hacia el héroe ya estaba presente en varias de sus películas, y puede que la cáustica y autoinfligida ironía que esta muestra hacia el control masculino se inspirara en su reciente batalla con una enfermedad grave.

La idea era que tras la película principal vinieran varias bobinas no editadas. Cada una constituye un retrato sin adulterar de la vida de Baillie durante la época en la que estaba rodando *Quick Billy*. La espontaneidad de esos fragmentos, discretos y de fotografía exquisita, contrasta aún más con la laboriosa labor de edición que constituía uno de los aspectos principales de su obra anterior.

X

Roslyn Romance (Is It Really True?) (1974/1978) fue la última película en 16 mm que terminó Baillie, y constituye tanto un hermoso colofón como un puente hacia sus posteriores obras en vídeo. Rodada en el pequeño pueblo minero de Roslyn, Washington, se sirve de postales antiguas, objetos de época y evocadores espacios interiores para invocar una era desaparecida, y las fugaces imágenes de una pareja mayor que disfruta del paisaje invernal recalcan aún más el carácter efímero de la vida. De fondo se escucha una conversación sobre tareas domésticas. Revolviendo postales, muchas con mensajes manuscritos, las manos de Baillie se detienen en una de comienzos del siglo XX. En su torpe escritura se lee: «Querida madre: te enviaré un par de postales, ya que he estado demasiao [*sic*] ocupado para escribir. Ya estoy mejor de salud...». Es una postal del pasado que Baillie podría haber enviado a su propia madre. Fotos del propio cineasta y otros objetos se funden y combinan para crear una conmovedora y nostálgica vuelta al pasado, que, sin embargo, nunca es sentimental ni burda.

XI

Durante sus últimos cuarenta años de vida Baillie trabajó con vídeo. Partiendo de su propia imagen, el artista revuelve en sus recuerdos, el paso del tiempo, fantasías y obsesiones de toda la vida, la pasión por la radio antigua y el fluir incesante de la vida cotidiana. Desconcierta el uso que hace de un estilo dialogado improvisado, pero cuidadosamente afinado, para compartir sus pensamientos y recuerdos, de manera que el espectador se convierte en un amigo íntimo que escucha. Su entrega parece tan brusca como espontánea, pero los diálogos son precisos, mordaces y siempre ingeniosos.

El vídeo le permitió a Baillie crear rudimentarias obras de arte caseras que retratan con sinceridad a un hombre que, aunque vivía de forma modesta, siempre mantuvo una creatividad maravillosa y desafiante. Durante más de sesenta años de creación artística continua, Bruce Baillie encontró maneras de descubrir y redescubrir el mundo y de compartir las maravillas que conlleva ser humano y estar vivo.

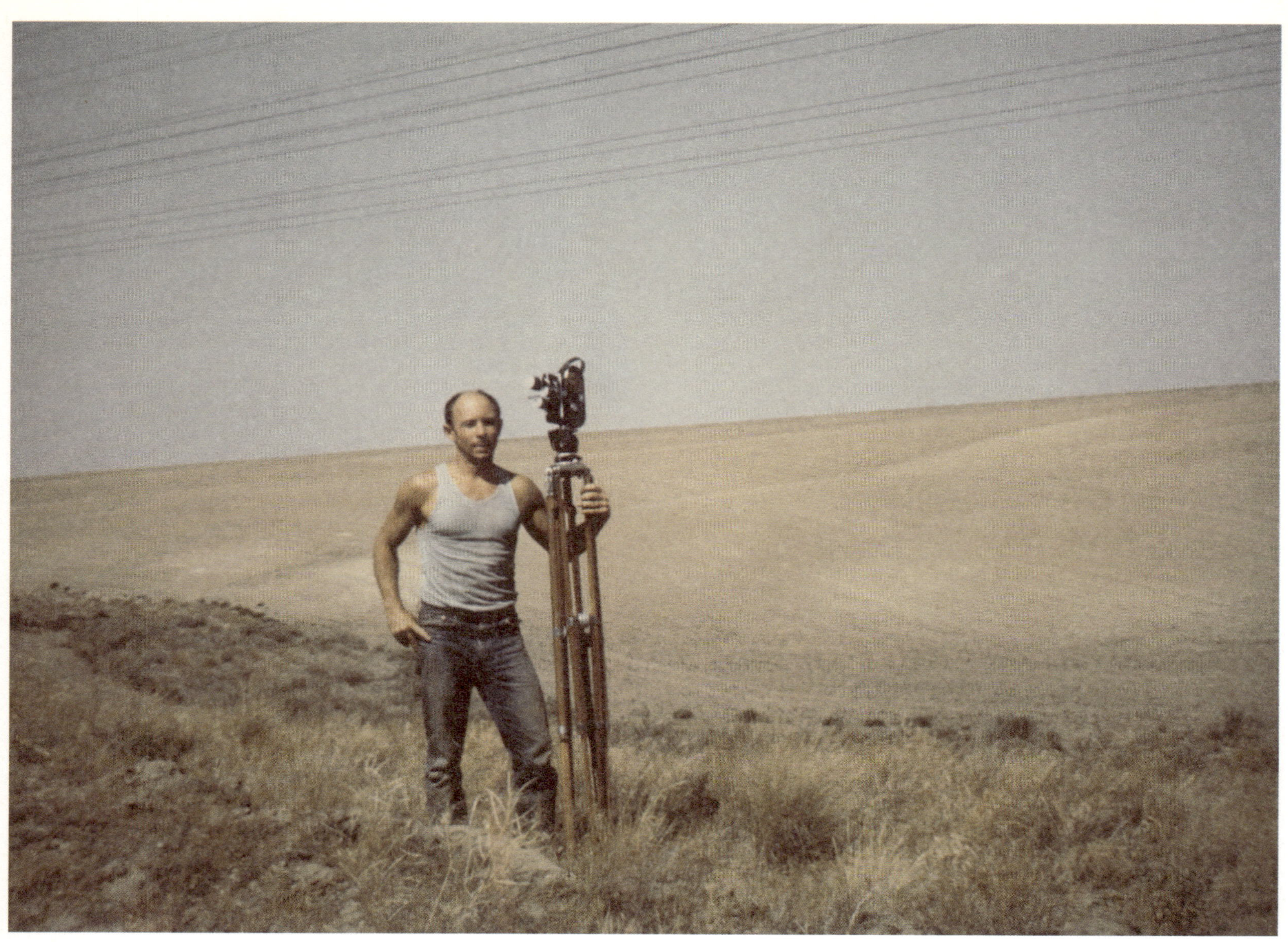

Bruce Baillie in a field in eastern Washington State in 1973

The Path of the Poet we Follow. Interview with Bruce Baillie

Scott MacDonald

In the world of film studies, one often senses a suspicion of beautiful imagery, a suspicion based on the assumption that the apparatus of the movie camera is so constructed that it produces beautiful images almost automatically. Bruce Baillie's films are full of beautiful imagery, but they are anything but "eye candy." For Baillie, the filmstrip is a space where the physical world around him and the spiritual world within him can intersect; the screening room is a place where cinema devotees can share moments of illumination. The remarkable textures and colors of Baillie's films are not the products of a movie camera doing what it does automatically; they are achieved by means of homespun technologies that Baillie devises to modify the camera so that it can be true to what his inner vision reveals to him, rather than to conventional visual and narrative expectations.

I spoke with Baillie in June 1989 at his home on Camano Island in Washington State. What follows is a shortened version of the interview published in *A Critical Cinema 2* (Berkeley: University of California Press, 1992).

MACDONALD How did you start to make movies?

BAILLIE When I was a kid, in sixth or seventh grade in Aberdeen, South Dakota, we messed up one time and the principal's punishment was that we had to give a play for an assembly. At first, we thought this was a severe penalty, but pretty soon, we liked the idea. Later, we asked him if we could present a play at every assembly. We'd formed a little theater group called The Acme Company. I stayed involved with theater all through high school and into college (and I refer to it in the introduction to *Quick Billy*, Part Four). Then when I was alone, I thought, well, now that I'm without all these guys, I'll do it on the big screen. I went to the University of Minnesota. A professor there recommended I go to the London School of Film Technique, which was just starting: it was a small operation and they didn't have much equipment, but there were several very good teachers.

SM This is when?

BB 1958 or 1959. We were an international group of university graduates, ambitious, impatient, and mostly poor, except for the Arabs, who lived in Chelsea hotels and who had numerous English and German girlfriends. We couldn't do much there and were very discouraged. I was sick: the London fog and the poor food made me weak. So I just left in the middle of the term. I went down to Yugoslavia, where I remember seeing a sculpture by the best-known Yugoslavian sculptor Ivan Meštrović: a relief [*The Well of Life*, 1905] depicting the cycle of life circling a traditional well in the Austro-Hungarian center of Zagreb, where people came for water and to meet each other and gossip. I thought, "This relief is at the source; it's an essential part of everyday life." I liked that, and decided I wanted to do something similar with film.

I tried to figure out how sound got onto film. I couldn't. There weren't any manuals on it. And nobody could tell me! Finally, I met Marvin Becker, who was making travel and educational films. He was a real expert in 16mm (35mm, too) and had a big studio in San Francisco. He'd hire a few freelance people for big jobs. I told him, "I'll work eight hours a day, for as long as my unemployment money lasts—three more months—and without salary." So he says, "Well, you can't beat that! When can you start?" I parked my '49 Chevy under the Bay Bridge every day, after the long drive from Canyon, where I lived with Kikuko Kawasaki, who was one of my real mentors and a dearly beloved. I got the Chevy from a wrecker for twenty-five dollars; it had to have its brake fluid refilled for every crossing of the bridge!

Marvin started me out rolling up sound film outs that were lying all over the studio. I'd play them through a little sound reader and label them with a grease pencil. So I got acquainted with how film feels and how it works. Later, a freelance editor was splicing the track for a film for the Horseless Carriage Clubs, and I hung around behind him and saw how he organized footage, cut and spliced it with Mylar tape. Then I got to go out and shoot with another man, from Bechtel Associates, as his assistant; I took a few shots with his Bell and Howell that he was able to use. And then I started making a film with my dogs and my dear friend, Miss Wong.

SM *On Sundays* [1961]?

BB Yes—a typical early 60s film where someone gets chased and you go through old buildings and all that.

I can't tell you how hard it was for me to edit. I'd started to learn cinematography.

I had a friend in Berkeley, a very fine commercial artist, Jeff Belcher. Jeff was the only guy I knew at the time who had tried cinema, and when I announced to him that I was going to try it, he said, "No, don't! You cannot make films by yourself, because one person can't do that many jobs, learn that many skills, alone, and without an income, and without a place to live. And where would you find the equipment and the materials? None of it's available to you, never will be. You can't afford it, never will be able to. Don't do it. I don't want to see you broken!" Well, I had a lot of strength back then, and I decided that was how I was going to use it. Later, I invited him to my first show.

SM How did Canyon Cinema get started?

BB We started Canyon Cinema about 1960, in Canyon, California, over the hills from Oakland and Berkeley. Kikuko was paying the rent and giving me the chance to free up my time to make films. Immediately, I realized that making films and showing films must go hand in hand, so I got a job at Safeway, took out a loan, and bought a projector. We got an army-surplus screen and hung it up real nice in the backyard of this house we were renting. Then we'd find whatever films we could—there wasn't really any we, just myself for a while—including our own little things that were in progress, and we'd show them.

So I made a thing of it. I had no occupation. I couldn't get a job anywhere. So I thought, I'll invent my own occupation. I set up a little part of the house as an office. I had to call it something: I put up a little sign, and it turned out to be Canyon Cinema with a light bulb next to it. Fairly soon, we had weekly showings. Kikuko made popcorn. The kids around the neighborhood gathered the community benches and chairs, and we'd sit under the trees in the summer with all the dogs and people and watch French or Canadian Embassy films and National Film Board of Canada stuff, along with our own. I let it be known immediately that I had a place to show films, if any filmmakers were coming through town. I let Jonas Mekas know right away. At first we were in touch with Larry Jordan, and later, Jordan Belson. Stan Brakhage came to town after a while and tried to make a home in San Francisco with Jane. And other filmmakers were scattered here and there; we didn't really see each other very much. There weren't many films to show, but toward 1962 it began to build up rapidly. We'd send out postcards, and soon the mailing list was too long. Then Chickie Strand was in town, at Berkeley, and we got together and ran Canyon together. There were a few other people around: her husband, Paul Strand, took care of the screen and the Volkswagen bus, and later Emery Menefee joined us. Chickie was working at the university, and we would show in Berkeley at various places, whatever was available. By then, we were showing our newsreel and everything else we could find: Brakhage's films, and Mekas's.

SM How many people came to the screenings?

BB At the University of California, or nearby, we'd always have from twenty-five to seventy people. I'd guess the average was thirty-five to forty-five. Over in North Beach, there might be twenty people. We showed all over the Bay Area. We were very concerned about the tone of the events.

SM What tone were you looking for?

BB We wanted a nice family mood. We knew we were going to show things that were likely to upset people's expectations. They were prepared for the conventions of a literary kind of movie, *real movies*, and they weren't going to be seeing much of that. So we wanted to be kind to them. Mainly, we wanted them to relax. That's why we had pies and fruit, and door prizes.

One time, I gave a show in Los Angeles, with our normal relaxed mood, but people came in expecting a lot of excitement: "Experimental Films!" Since they weren't getting that out of *To Parsifal*, they threw food at me! I'd spent months collecting my old paintings for a show in the lobby, and they drew moustaches on them! If you get 'em worked up, it can go the wrong way. But we always tried to work with the audience.

Choosing programs, however, was like making films: we didn't take audience preference into consideration. Our decisions were totally personal and aesthetic. Putting a program together is like making art. It's one of the few places where a person can function without damage to others, with personal power, self-centeredness, ego, whatever—their own vision. Our theater was like that. During the tea ceremony in the old Japan, nobody would ever ask could you bring out the *other* scroll, please? [laughter]. Or could we maybe have some *other* tea? No, you'd come and there it was, and because the master of

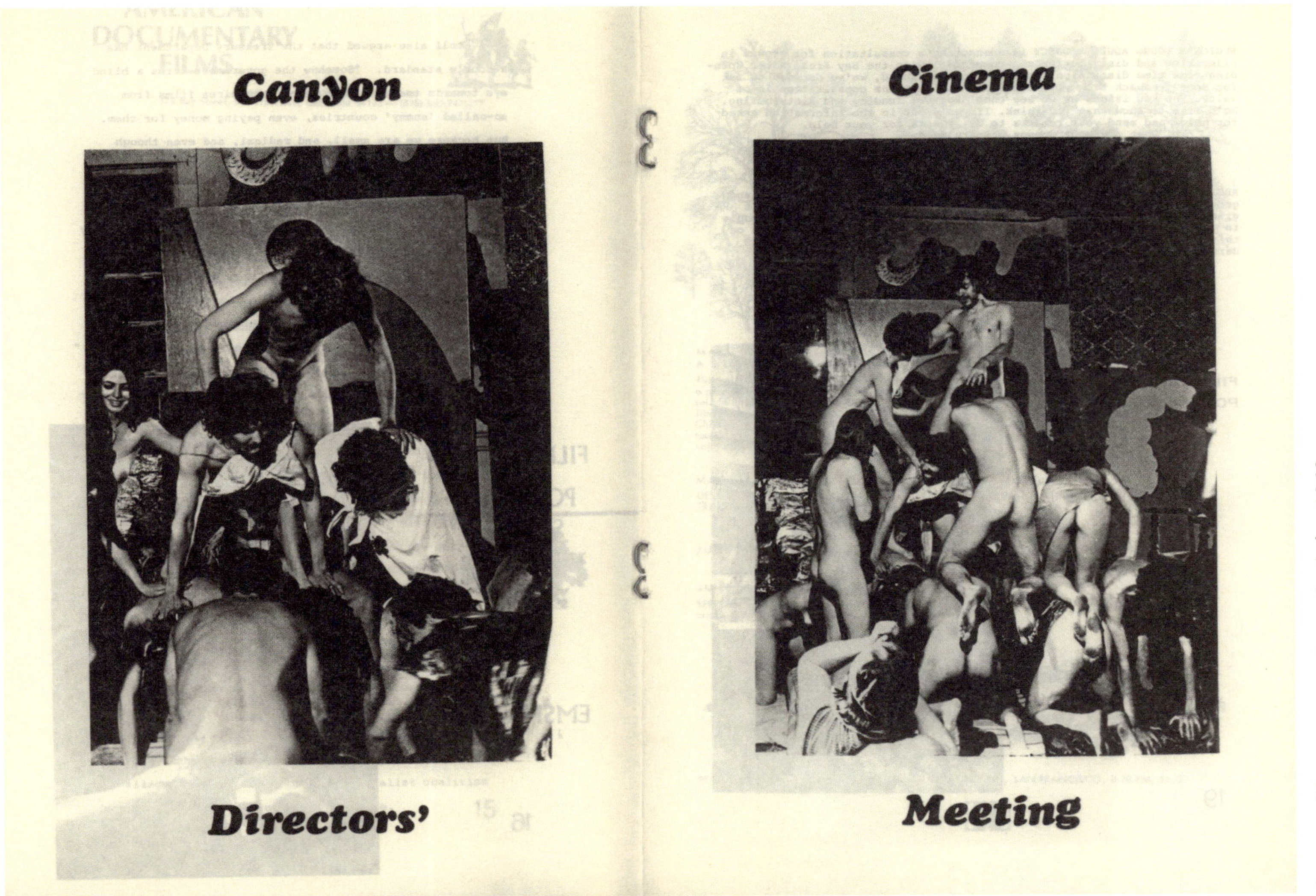

Canyon Cinemanews, launched in 1962

ceremonies is a particular person, with all the limitations of being particular, the master would do it his or her way. And as a result, this particular ceremony would have a universal touch.

SM What else do you remember about the early Canyon days?

BB After we moved over the hill from Canyon to Berkeley, we were a small, impoverished, but very alive collective, a few people who put together some equipment that other people could borrow (and that we could use to make our own films). We came up with *The News*, the Canyon Cinema newsreel. It was like in the old days at the movies when they showed a feature and a cartoon and a serial, and a newsreel. We used outdated, reversal, black-and-white 16mm film. Ernest Callenbach [editor at University of California Press and of *Film Quarterly*; author of *Ectopia* (New York: Bantam Books, 1975)] had a little house in back of his place that we used. We couldn't mix sound at that point, so we made wild sound and used a quarter-inch tape recorder.

SM *Termination* [1966], the film about Native Americans in Laytonville, and *Mr. Hayashi* [1961] were "news items," right?

BB Yes.

SM *Mr. Hayashi* is like an ad. It gives Mr. Hayashi's hourly rate, a dollar twenty-five an hour.

BB It had an immediate basis in necessity.

SM I noticed that your filmography lists several films not included in the Canyon or Film-makers' Cooperative catalogues: *David Lynn's Sculpture* [1961], *Friend Fleeing* [1962], *Everyman* [1962], *The News No. 3* [1962], *Here I Am* [1962], *The Brookfield Recreation Center* [1964], and *Port Chicago Vigil* [1966]. Were those Canyon newsreels?

BB Mostly. Those are either in my negative archive box in the house here or were part of what I shipped to Jonas to be stored at Anthology. *David Lynn's Sculpture* was one of my first films, a newsreel of David Lynn's big log sculpture, made for the first Canyon Cinema up in Canyon. I was leaving Canyon one day to go on a trip, so I made a little film for everybody: *Friend Fleeing*. I think *News No. 3* is about the testing of the bomb on one of the South Seas Islands during the early 60s. *Here I Am* was made in the early days for an Oakland school for children with mental disorders of various sorts. It was quite a nice film. I gave them one print, and I made a print for myself. I don't know if I ever got the original reversal back; the San Francisco lab folded. The Brookfield Recreation Center was another school, and I made them a looser, rougher film than *Here I Am*. *Port Chicago Vigil* was made at a time when we used to stand out by the naval base when they were shipping napalm to Vietnam. At first, I went out there just to film the demonstrators, but then I joined them. People who had sons or brothers in the war would come by and throw stuff at us from their cars or shoot at us. I don't remember too much

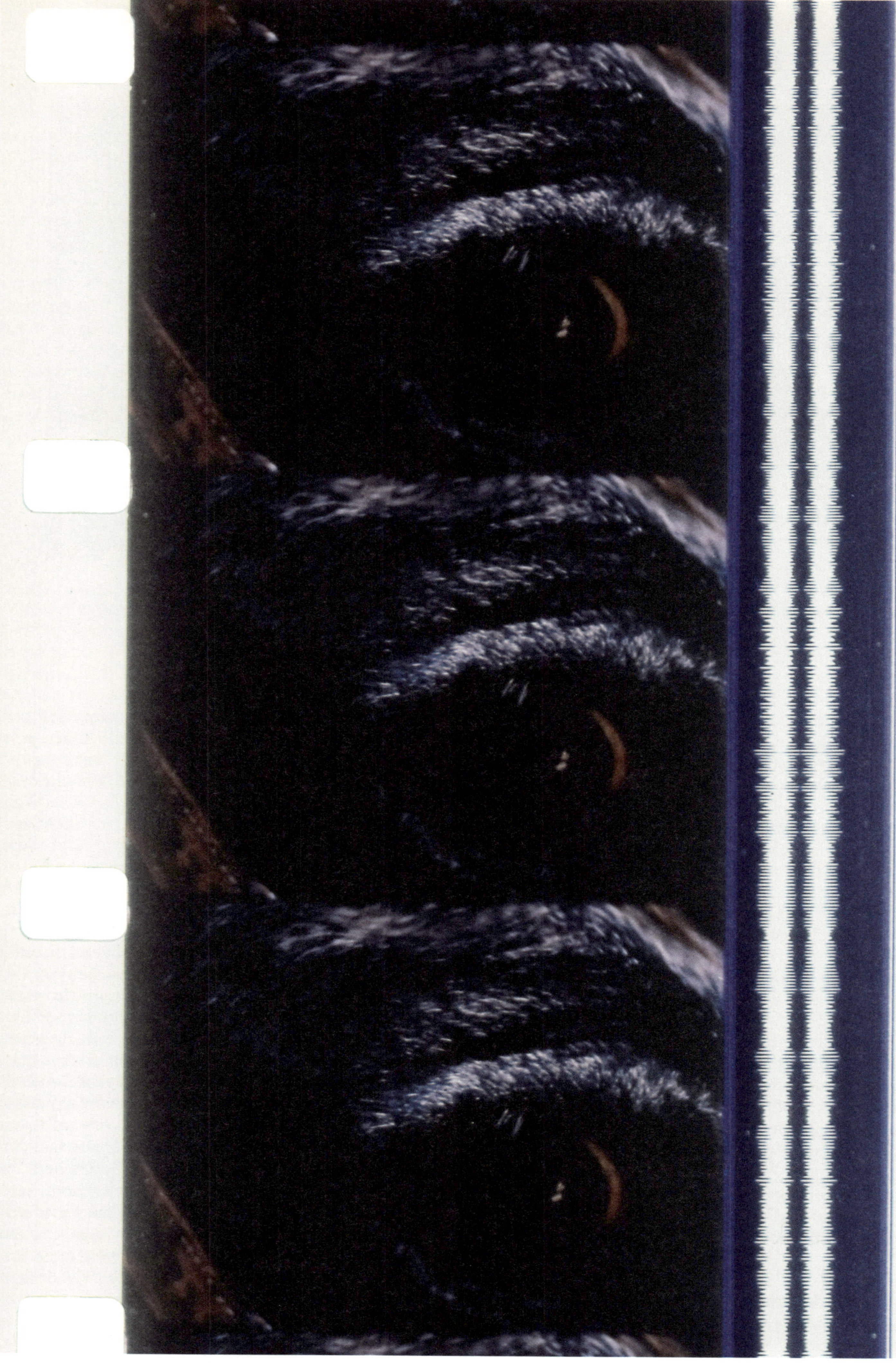

Film strip from *Valentin de las Sierras*, 1968

about that film. *Everyman*—I don't know! It's funny to forget my own films! I think there's at least one print of all of those films. Some of them were with Willard Morrison, a friend who loved films and for a time was the manager of the San Francisco Audio Film Center. He moved to Costa Rica; I haven't heard from him. His distribution became Macmillan Films in Mount Vernon, New York.

SM How long did you do the filmed newsreel?

BB Maybe two years—it gradually merged with our personal filmmaking. A little later, Chick [Ernest] Callenbach invented the written and printed *Canyon Cinemanews*. My mother took over the business of it and it grew fast. Chick had his own job, so Chickie Strand and I edited it, and later Paul Tulley and I. We discovered a great logo, the front and back pen drawing of a beautiful guy from a nineteenth-century medicine catalogue: *The Exothematic Method of Cure*. It was a little kit with platinum-tipped needles: you punctured yourself and used the "Olium" that came with the needles. By this "advanced method" you were supposed to be able to rid yourself of "morbid matter." We really loved that; we had the image reproduced and it went on our news. Later, we had it made into stamps, stickers, and it went on the reels of film the Coop distributed.

SM When did distribution begin? And who was involved?

BB First, there was a woman who ran it, over in Sausalito, and Bob Nelson ran it for a while. And Bruce Conner, Larry Jordan, Edith Kramer. It took me a long time to back out of it. So much was dependent on the cinema manager.

SM When did you get out of Canyon Cinema?

BB Oh gosh, I guess in the mid-or-late 60s, when I made *Castro Street* and the other more difficult films. I was at Morningstar, a commune near Santa Rosa. Lou Gottlieb was the owner. He was a Limelighter [the Limelighters were a popular folk group during the 60s], a real neat guy who opened up forty acres; a friend named Ramon Sender, a San Francisco composer, moved up there, and a great painter, Wilder Bentley; a lot of people were coming and going. I made my strongest films there. We all lived outdoors in the woods, alone in different spots. I lived with my dog in a homemade canvas tent with a kerosene lamp. We had a building where we ate and took turns cooking. I couldn't have been directing Canyon Cinema then. It was about this time I met Will Hindle, who was to have quite an influence on me, and Scott Bartlett, another great friend.

SM What do you think are your strongest films?

BB *Castro Street*, *All My Life* [1966], *Quixote*, *Quick Billy*, and even though *Mr. Hayashi* is a very crude film, I love it because of the person *in* it. I like *To Parsifal*. It's a little awkward, but mostly good. And *Mass*. I suppose that's it… Oh gee, I like *Roslyn Romance* quite a bit, the introduction especially. And *Valentin of the Mountains* [*Valentin de las Sierras*] I like very much.

SM You said that if your parents hadn't left their house to you, you'd probably be on Skid Row.

BB Like the guy in *On Sundays*, yes. I met him living in an abandoned car under the Bay Bridge.

SM It struck me that there was an interesting prescience in that film: there's this Skid Row guy chasing this young Asian woman…

BB Oh yeah! Just like me and Lorie. [laughter]

SM Obviously, you're not homeless, but the thought of that seems to have been in your head a long time.

BB Well, it hasn't, actually—at least, not that I'm aware of. Only in recent years when I came to realize what the result of not following the "American Plan" can be and usually is: you have nothing when you get older, after you've used your energy. All the systems are designed, more and more, to take care of employees. I've only been an employee occasionally, to earn a little more to go on being an unemployed artist. In the American value scheme, people who are not employed aren't holding up their end.

But whatever someone else might see in *On Sundays* must be there for the seeing.

SM While not a conventional narrative, it has a lot of conventional narrative elements, and it's interesting that the next two—*The Gymnasts* [1961] and *Have You Thought of Talking to the Director?* [1962]—are both narratives, but each story seems only a pretext for a trip into a mental state. There's a development from learning how to tell a story to learning how to externalize what you're thinking or feeling. Could you talk about those early developments?

BB Hard to recall. Generally, each film showed me what it wanted, as the Eskimo carvers say. I was slowly coming to understand more about my medium. I do recall deciding to proceed slowly with this huge task and to proceed in a conventional way, while looking around and seeing others going off into modern art and expressing themselves in their own unique ways. I simply couldn't at first.

I was just pushing on to uncover hidden ground. Looking back on that time, I think of a Japanese garden with all the neatly laid stones you walk along that emulate the randomness of nature and yet have the exactness of the Zen Buddhist's mind. I look back and see that each step, each stone, was something I laid of necessity, my own necessity, the necessity to know myself. I would make each film as it came along; I'd smell in the air when the time had come again.

I remember more clearly what prompted me to work on the later films. In *Castro Street* it was the color quality of the Standard Oil tanks in Richmond, California, on a particular rainy day. For *All My Life*, it was the quality of the light for three summer days in Casper, California, up the coast where Tulley lived. It looks like Cork, Ireland, or used to. The managerial class, as usual, invaded that lovely little place and neutralized it. But it was a beautiful place for a while. There were three days: the peak day was the first day I noticed the light. I had this outdated Ansco film I wanted to use. But I didn't want to make a

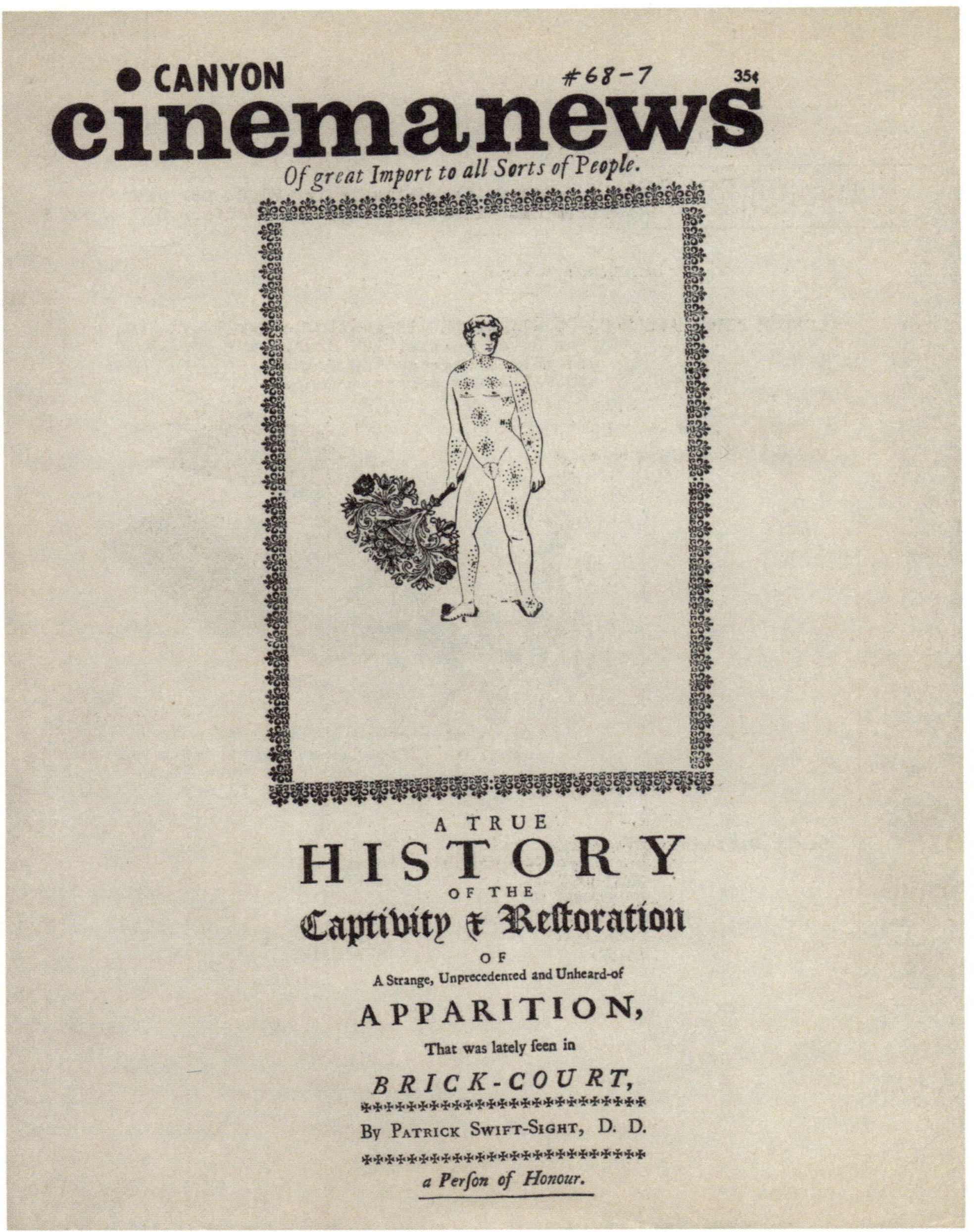
• CANYON #68-7 35¢

cinemanews

Of great Import to all Sorts of People.

A TRUE

HISTORY

OF THE

Captivity & Reſtoration

OF

A Strange, Unprecedented and Unheard-of

APPARITION,

That was lately ſeen in

BRICK-COURT,

By Patrick Swift-Sight, D. D.

a Perſon of Honour.

Canyon Cinemanews no. 68

film. By that time, I knew the toll that making a film can take. But the second day, the light was still marvelous. A friend was with me, and we started to drive back to San Francisco, and suddenly I said, "No, I cannot turn my back on this!" We stopped, and I got the tripod, fixed it real solid. Then I practiced and had her call off the minutes: we had about three minutes to get up into the sky in one roll, one continuous shot. Then we shot it and it went as smoothly as possible—I panned with the three-inch telephoto lens and pulled focus as I panned. *All My Life* came out well. It was inspired by the light (every day is unique, as you know), and by the early Teddy Wilson/Ella Fitzgerald recording ["All My Life"], which was always playing in Tulley's little cabin, with its condemnation sign on it. (One evening, we were having supper and we heard "tack tack." We went out and looked at the door. The sign said, "You are required to leave these premises by twelve o'clock tomorrow!"). I knew that song had to be the track and that it had to have the same sound it had at Tulley's, with a potato sack over the speaker. It's supposed to sound a little scratchy. When I got back to the commune, I put the music and the image together.

SM *A Hurrah for Soldiers* [1963] is dedicated to Alfred Verbrugge because his wife was killed; why wasn't the film dedicated to her?

BB Well, generally, I'm not political—especially then, I wasn't. And I didn't keep myself very well informed about the world, history, events. But all of a sudden in *Life* magazine there was this terrible, tragic picture of a man, Verbrugge, screaming: these soldiers had murdered his wife, by mistake. It was a horrifying picture. I couldn't stand that human beings could do such things to one another. I just couldn't contain it, so I immediately set out to make a film—my first color film. Somebody'd given me a few rolls. The light was so pretty in the lower sky and made such nice grays and blacks. It was almost a-chromatic. That interested me.

So it was a tribute to a man who had lost his beloved through the savagery of total obedience to an idea. Krishnamurti abhors that we follow ideas, not to mention ideologies, like little puppy dogs, or *soldiers*. He often admonishes his students to try to learn to transcend ideas. An idea is fixed; it's a nonexistent point in the continuity of the moving spirit: the essential infinite life we seek in all our thinking, feeling, acting. I just hated that these soldiers were obedient to a command that resulted in this tragic moment that reverberates forever in the universe: murder never stops, and I wanted to have some say about that kind of ignorance, that obedience to authority. I was a newcomer to the medium and that film was probably the best I'd done with it.

A Hurrah for Soldiers was also inspired by a seemingly completely different event. I was down by the beach, and on the sea wall was written one of those things that odd mentalities will write privately in public places: "I want to be beaten up by girl gangs." That interested me, too, so I got a "girl gang" together—all my girl and women friends who were part of Canyon Cinema, and said, "I want to see some guy joyfully getting beaten up by a bunch of females." It didn't have any particular implications or complications for me at the time. I didn't read much into it; I was just amused by that statement out there on the wall. Before we shot, I repainted it over so it'd be darker, more obvious, and [laughter] a neighbor came along and said, "So you're the one writing this crap on the wall! I'm calling the police!" So we had to get out rather quickly. I don't think we ever photographed the words. For the beating, we found an old rubber tire and beat on that, out of frame, I don't know where I got that strange Mexican choir of children singing "Maria." *A Hurrah for Soldiers* was an odd mishmash. My father played the priest.

SM When I was looking at your films chronologically and came to *To Parsifal*, it seemed as though you'd reached a point where it was enough just to look at something gorgeous in the world. It was as though you'd realized, "Oh, this can be a film. I don't need to put this into anything else."

BB That was probably the first film where I felt I was starting to get a hold of the medium. There are some awkwardnesses, especially a few still cuts between trees, that remain disturbing to me, but for the most part it's a pretty interesting tribute to Wagner and the myth of the Holy Grail and the Parsifalian hero.

I was out on a fishing boat, and I knew a new film was cooking in me and that it was spring and that a tribute to the loveliness of spring was coming, and I heard this music on the boat and had my camera. My old friend Willard Morrison, of Audio Film Center in San Francisco, had given me the first rolls of new color film I ever had, about seven rolls of the old Ektachrome—so beautiful. ASA 15 or 16. It was like liquid gold in my camera. Like silver bullets. I had a couple rolls of that with me, so I listened to the music coming in over a little speaker up on the mast as we rolled along in the Pacific Ocean off the Golden Gate—we were very low to the ocean because of the way the boat was designed—and you could really feel the sea, and so I just shot it the way it was. Then I thought, "Well, what's this music? It's got to go in there," and it was *Parsifal*, by Richard Wagner. I didn't know anything about him or his music at the time, though I was familiar with the Grail legend. So it all mixed together—the magic sword and the wound given to Amfortas, the result of his own indiscretions or imperfections.

SM The hero of *Mass* is the guy on the motorcycle—his "noble steed"—which on one level is distinct from the tract houses he passes and what they seem to mean; but on another level the motorcycle is part of the same consumer culture. The people coming to take care of the guy lying in the street is a parable of taking action within a society where the tendency is to ignore the suffering of others.

BB Disposable people, as Tulley says. Mass is a requiem, conceived on the occasion of President Kennedy's murder. A sad time for many people. I'd just come back from a long lonely trip to where I'd been born in the Dakotas. I don't remember if I shot anything on that trip—I think not—but I knew I was into a film. One night after I was back, I stayed up all night—one of those rare times when I stay up all night—and listened to the requiem masses being played on the radio, especially Mozart's. It was so beautiful. You know, Celtic people love to weep over the beauty of things. One of the many really nice ways to respond to the world is through sadness. The film has a very strong critical thesis: it's against contemporary society, buildings, pollution—all the rest of it—and it's for the, at least implied, joy of nature and selfhood and being human!

SM *Mass* is full of layered imagery, superimpositions. That's a stylistic way of expressing the fact that things are more complex than they first seemed to you. As your films develop in the years after *Mass*, layering becomes more and more important, even characteristic.

BB Perhaps. We can't leave out of this discussion of *Mass* the tribute to the American aborigines, the original people who were considered by the celebrants of the Holy Mass to be unholy savages. The hero in the film was a tribute to the native people of Dakota, the Lakota Sioux in general and all their tribes, and it was a tribute to the best of men who lies on the sidewalk, dead already at the beginning of the film and hauled off later by the celebrants: the body of Everyman taken away in the celebration of the Holy Eucharist. It was also a tribute to *the poet* (and specifically to Jean Cocteau). I portrayed the gift of poetry as deceased, gone. The film is a celebration of what has passed away from our hysterical milieu of materialism and technological redneckery!

SM *Quixote* was the biggest film you'd done up to that point and still is, except for *Quick Billy* and *Roslyn Romance* (if one counts all the sections of those two films). In many ways, it's an extension of *Mass*.

BB I was living with my folks. I never could afford my own room or anything, and by this time my father was saying, "You're getting to be thirty-whatever and you're doing these films, and you're getting nowhere. You just can't live here anymore." I had to quit in the middle of *Mass* about three times because I had no place to house it. I was always living in someone's back room, where I couldn't work. Finally, I went home to my folks' house where the film was, and walked quietly back into my room and went to work on the *Mass*, and no one said anything, and I finished it. Ultimately, it was my father and mother whose support made this period of creativity possible. All the films and my life are thanks to my mother, Gladys, and my father, E. Kenneth Baillie.

But *Quixote* was when poverty was really facing me. The first phase was the Southwest. I went with a friend of mine from Kowloon, named Tseng Ching. She was a wonderful girl who'd finished college, and her visa was almost up. She gave me 200 dollars that her uncle had given her. I've never gotten over that. I told her "Absolutely not!" when she offered it; I couldn't believe it, and as time went on, I couldn't raise a penny. So I took her money and she came with me and my dog—Mama Dog—a big shepherd. I was reading *Don Quixote* as I went. I was aware of the structure of Cervantes's work: the transitions, in particular, were important to me. Also, I'd studied some of John Cage's notes and his music and some of Stan Brakhage's films and writings, and some e.e. cummings. But especially, Cervantes. I liked how he would get out of one chapter and into the next. There'd be the name of a chapter and then a subtitle would say, "Of what was said when on the road to..." Then there'd be submaterial indented with space around it where, say, the shepherd's song would be. I liked that shape. I knew I was going to have very unique, disparate materials that had to fit together, and it was going to be quite an assignment. I felt up to it because I'd made quite a few films now, and I wanted to make a long film with an interesting form. I wanted to show how in the conquest of our environment in the New World, Americans have isolated themselves from nature and from one another.

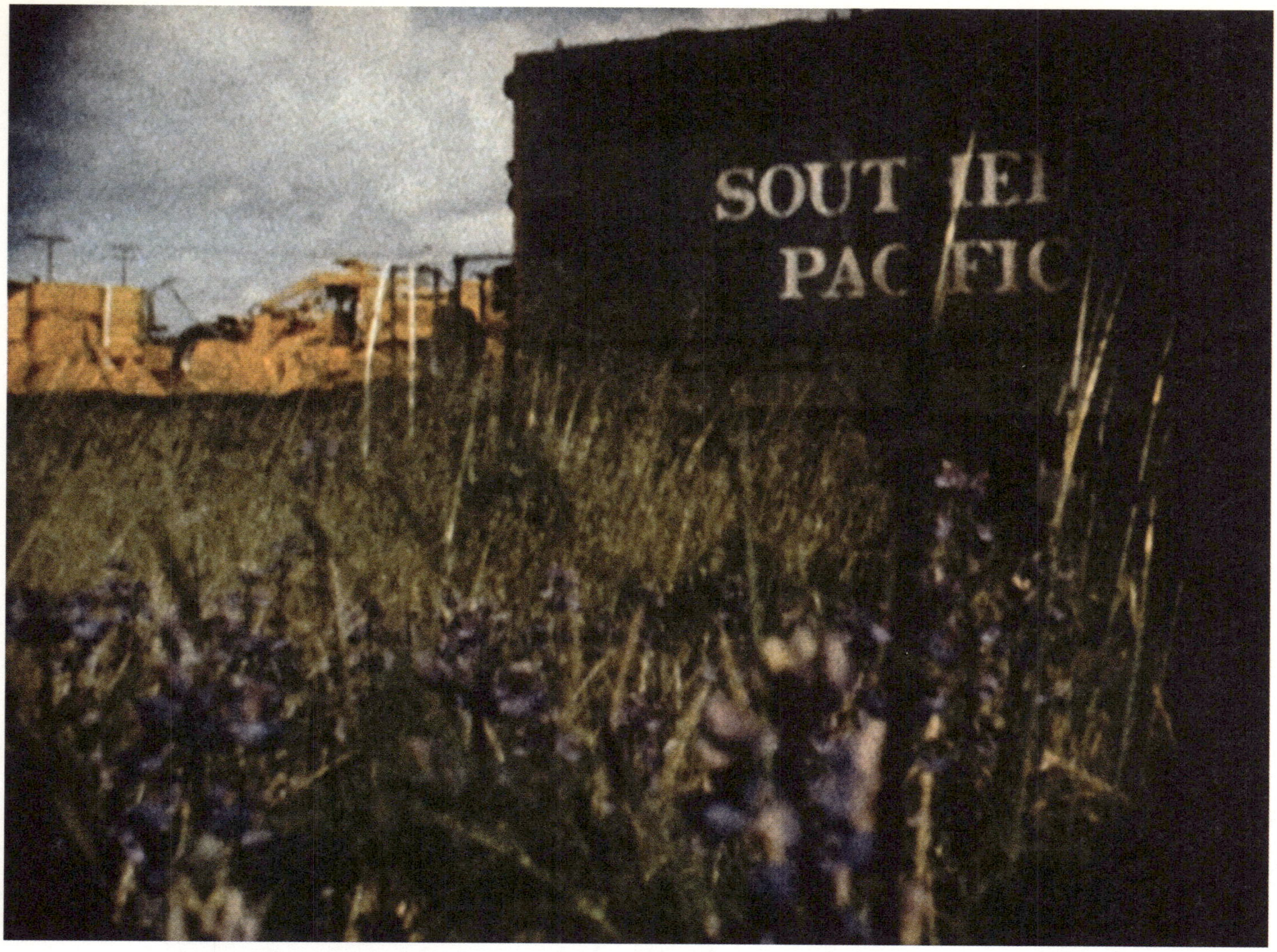

Castro Street, 1966

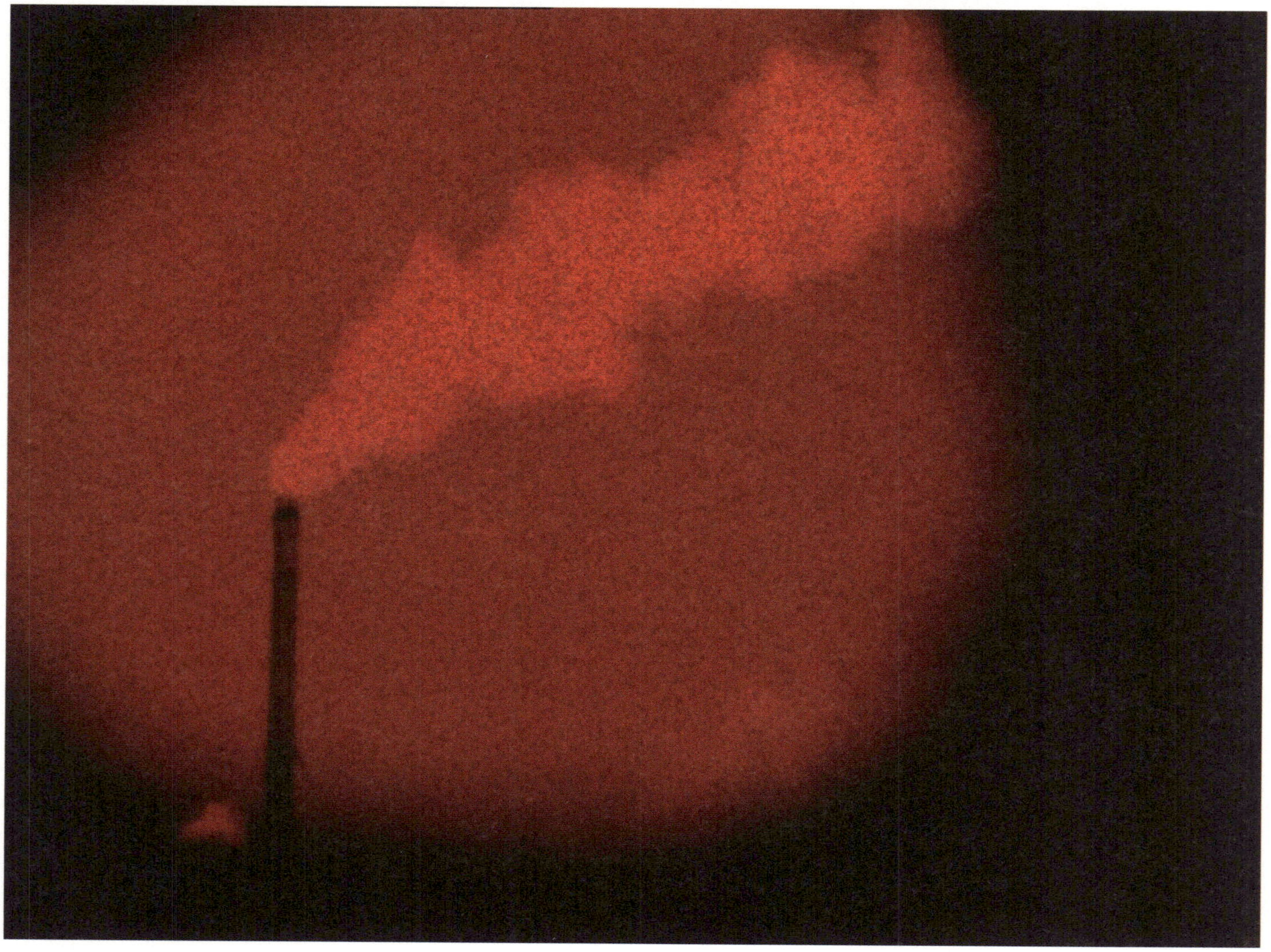

As you may remember, in the Southwest sequences I go way away from the town and film it from out among the cacti and cicadas.

Tseng Ching and I went out and had some adventures, and I recorded a lot of it. We found an old schoolhouse out in Arizona somewhere, where there used to be trails for the stagecoaches and the cavalry, and I found an old out-of-tune piano that she played and I recorded—stuff like that.

Then Tseng Ching had to leave for China. I never saw her again. I went back to my folks' house for a while and winter came and that's when I went over the mountains and started the black-and-white section.

I used film I'd stolen in Hollywood: Tseng Ching and I had gone down to Hollywood before going to the Southwest and shot some film, which I never used, and we found some stacks of that old film that Ron Rice used to use, in an alley in a big box. I immediately knew it was for me. So I hit the road with that film and over the mountains from San Francisco. It was winter. I'd almost forgotten! I arrived in my Volkswagen with a weak battery, and it snowed and we were stuck in Nevada somewhere. The dog and I had to sleep together to survive! The next morning we ran into an Indian guy who was living with his pony in the basement of a hotel. He got a guy to come out and jump start us. There are so many stories in that film!

Technically speaking, I knew I wanted to have a more sophisticated way of combining imagery, which would somehow be accomplished after the original shooting. And I decided this was going to be a long film for two projectors. I didn't like the simple effect of in-camera superimposition. That was just too elementary. I shot a long section in the hills of the San Bernardino Valley one foggy morning. We were camped out. Later, when I started editing, it was used as a separate piece to be projected alongside the other material. I practiced that for a while, then I put it away. In the archives with the *Quixote* material are long segments that were made to go side by side with the material that's in the distribution version of the film. But in the end, I didn't combine imagery that way. Instead, to make a combined image, I used black Mylar tape. I'd lay stuff down side by side on a light table, and mask parts of the frame, so that later the frame would share two disparate scenes *without* the effect of superimposition. I had to do it manually because I didn't have access to optical printers. And a lot of that had to be taken off again, gradually, because it was a mess, but that's how some of those little effects were done. Lots of the material was put aside because it just wouldn't match up: lots of segments weren't used.

Finally I got the car running better and went north. I wanted to go up to Cut Bank, Montana, because that always had the coldest weather; I wanted to be there in the middle of winter. It was so cold that I broke the handle on my tripod while panning in a blizzard. It was crazy. I got up into the Indian reservations and then headed east. I wanted to do something in New York City, but Selma [racial conflict in Selma, Alabama] was happening, so I borrowed some money and flew to Selma. I was a day or two behind the terrible beating days that had sent me down there. I got what I could.

SM You had no sense at the beginning of the overall route you would take?

BB I went wherever my knight errantry took me, like Don Quixote.

SM *Castro Street* uses still another method of combining imagery.

BB When I was editing *Castro Street*, I would come out of my morning editing session around noon to lie in the sun and eat, and people I lived with in the commune would pass by, and I couldn't recognize them. I didn't know who they were. I was like someone with Alzheimer's disease. I just blew my brains out every morning editing that film. Now, I try to dissuade my students from this kind of suicidal single-mindedness!

Technically, when I made *Castro Street*, I went into the field again with my "weapon," my tools. I collected a couple of prisms and a lot of glasses from my mom's kitchen, various things, and tried them all in the Berkeley backyard one day. I knew I wouldn't have access to a laboratory that would allow me to combine black and white and color, and I was determined to do it by myself. I went after the soft color on one side of Castro Street where the Standard Oil towers were; the other side was the black and white, the railroad switching yards. I was making mattes by using high contrast black-and-white film that was normally used for making titles. I kept my mind available so that as much as one can know, I knew about the scene I'd just shot when I made the next color shot. What was white would be black in my negative, and that would allow me to matte the reversal color so that the two layers wouldn't be superimposed but combined.

I shot the railroad material in shorter shots, as "masculine." The "feminine" was the longer, more continuous, simpler, steady color. So one side of the street was feminine for me; the other side masculine. I discovered that I had in my archives some music from Southern India that was based on that idea, and although I didn't particularly recognize why it was that way, I enjoyed the music, and I needed inspiration, so I always played it while I edited. I wanted to visualize that ancient, universal fact of opposites that are one, both in conflict and harmony—opposing each other and abiding together and requiring each other.

SM On one level it would seem strange to make a beautiful film about an industrial landscape, and yet, if you're combining opposites, it seems very logical. It's like taking the place where one might think there's nothing to look at, or at least nothing of a poetic sort, and then making the opposite thing from it. Your film is a kind of magic.

BB At that time, my work was recognized mostly as social criticism: the theme of modern systems as evil always seemed to be there. I remember thinking, "Well, I'm just dropping all that; I'm going to make a film film." And then I began to recognize the inner meaning of it. Naturally that would be the foundation of it, since it was clear to me always that my purpose in making each film was to find myself, and each film took me further, until finally I was beyond the necessity of making films. Originally, I showed *Castro Street* with stereo sound. I'd take a little Ampex speaker and amplifier along. We'd have the one optical track, and we'd play the magnetic B track on the tape recorder. That was the original plan. Then it got to be too much trouble, and it went around with only the monaural optical track.

SM Who was Tung in *Tung*?

BB Well, she still is a close friend who lives in San Francisco. At the time, we were very close. I think it was one New Year's that I found myself in love with her again, feeling so much love for her. I remember sleeping on the floor in my room at my folks' house, waking with a momentary impression—an idea that preceded the images—and getting right up and making myself work before it was gone, to capture exactly what I'd seen in just a half an instant. I'd trained myself for a lifetime to catch some of those instances—not only visualizations, but thought-stuff.

I remember my folks were going to church, and I went up on the roof of the house. I had a blue glass that I'd brought back from Japan, which I taped over my lens and did that long pan around the house, diffusing and giving that purple-blue to everything, shooting the sun as though it were the moon. We shot the material of Tung herself out by the Berkeley horseracing track where there was nothing disturbing the horizon line. I shot at a low angle against the sky with black-and-white copy film, high contrast, so that if I used the negative as a reversal, the black sky would in effect be a matte with her against it. I shot her on roller skates in slow motion to get the image that had come to me that morning.

SM Did the little poem come in that early morning impression?

BB I'd written the poem the night before, I think, as I went to sleep. It was one film that only needed to be assembled. Later, I found myself down in my mother's flower garden getting some reds. I did an A, B, C roll, like I did for *Castro Street*. My technique was the most successful that I know about, aside from using optical printers. I laid out the A, B, and C rolls, doing the dissolves between A and C (I had a spring motor then that could do, at most, twenty-five-second runs), dissolving from one shot of the sky to another, to make it look like one long shot. And B would fade in smoothly to bring in the black-and-white material of *Tung*. I could see where to fade her in, or fade her out, by just looking at the film on a light table. That was the nice thing about working in reversal.

SM When I interviewed Yoko Ono, she had an idea for a travelogue of Japan, where everything would be in super close-up: you wouldn't have to leave your room to make a travelogue. You could talk about noodles and have an extreme close-up of noodles...

BB [laughter]

SM Her idea reminds me of *Valentin de las Sierras*.

BB Yeah.

SM Which is like an ethnographic film made up of textures.

BB That's right.

SM How did you end up in Mexico? Did you always carry a camera with you when you traveled?

BB That was one of the banners of the 60s, filmmakers carrying their cameras. They got too heavy after a while.

In *Valentin* I just shot simply but used a telephoto lens with an extension tube on the back, which gives you a very limited focal plane, a few inches. No one I know ever uses it with a long lens, especially with a moving subject, but I really liked the way it looked. I had to get into the flesh of that town, with the merciless sun beating into the bricks of the street and all the death—every night there'd be something or somebody killed, lying in the street in the morning. I'd met up with this archetypal young girl, riding her pony. And I was afraid to meet her father. I'd sent word out trying to see her, and he sent word back to come meet him, and I thought, "Oh, God!" But he turned out to be a very nice fellow. Manuel Sasa Zamora, of Jalisco. They were very poor and lived behind a big gate and had a horse, and a dog named Penquina. That horse didn't like me and wouldn't let me film. I had to give it up for a while. Later, I named my horse after the film—Valentina.

SM When I was looking through your films, the biggest discovery for me was *Quick Billy*. It's a pretty amazing film, and certainly begs questions because it's so diverse. Reel one is very much about morning and creation.

BB I think that beginning section is one of the most beautiful things I've ever seen in the movies. I had to get out of bed to make every one of those takes. I was really sick, with hepatitis. Tulley would come over, and I'd tell him what part of the house I had to go to, and he'd help me up. I'd tie a knot in a big beach towel and pull in my liver with it. He'd walk me over to, say, the fish tank, and set the tripod up and load the camera. Then I'd do the take and go back to bed.

SM The opening shot of Part One is very mysterious. The spectator never actually sees anything, just a shade of pink that gets a little more dense, then less, over a period of about two and a half minutes. And I'm not sure what I'm hearing: sometimes it sounds like traffic, sometimes like the ocean.

BB It's the ocean. Later, there are the sounds of passing timber trucks.

That opening is supposed to be the highest moment of illumination in the whole work. I was following the Tibetan description of the time between life and death, and that's either the illumined memory of perfection or the illumined moment of discovery. It can go either way. I never played the film backward, but it was designed so it could run backward or forward.

SM You mean the whole film, all four parts?

BB Let's see, the last reel was in narrative form so that would always run forward. Then would come the end of Part Three, from the end to the beginning; then

NO. 67-68-69 — 1979 $9.00

FILM CULTURE

BRUCE BAILLIE. KEN JACOBS. GEORGE LANDOW. STAN BRAKHAGE. JEROME HILL. DE BERNARDI. HOLLIS FRAMPTON. LARRY GOTTHEIM. MICHAEL SNOW. BRUCE CONNER. ROBERT BEAVERS. KENNETH ANGER. LOUISE BROOKS. ANDRE MELIES. BLAISE CENDRARS. ROBERT DESNOS. ALEXANDER HAMMID.

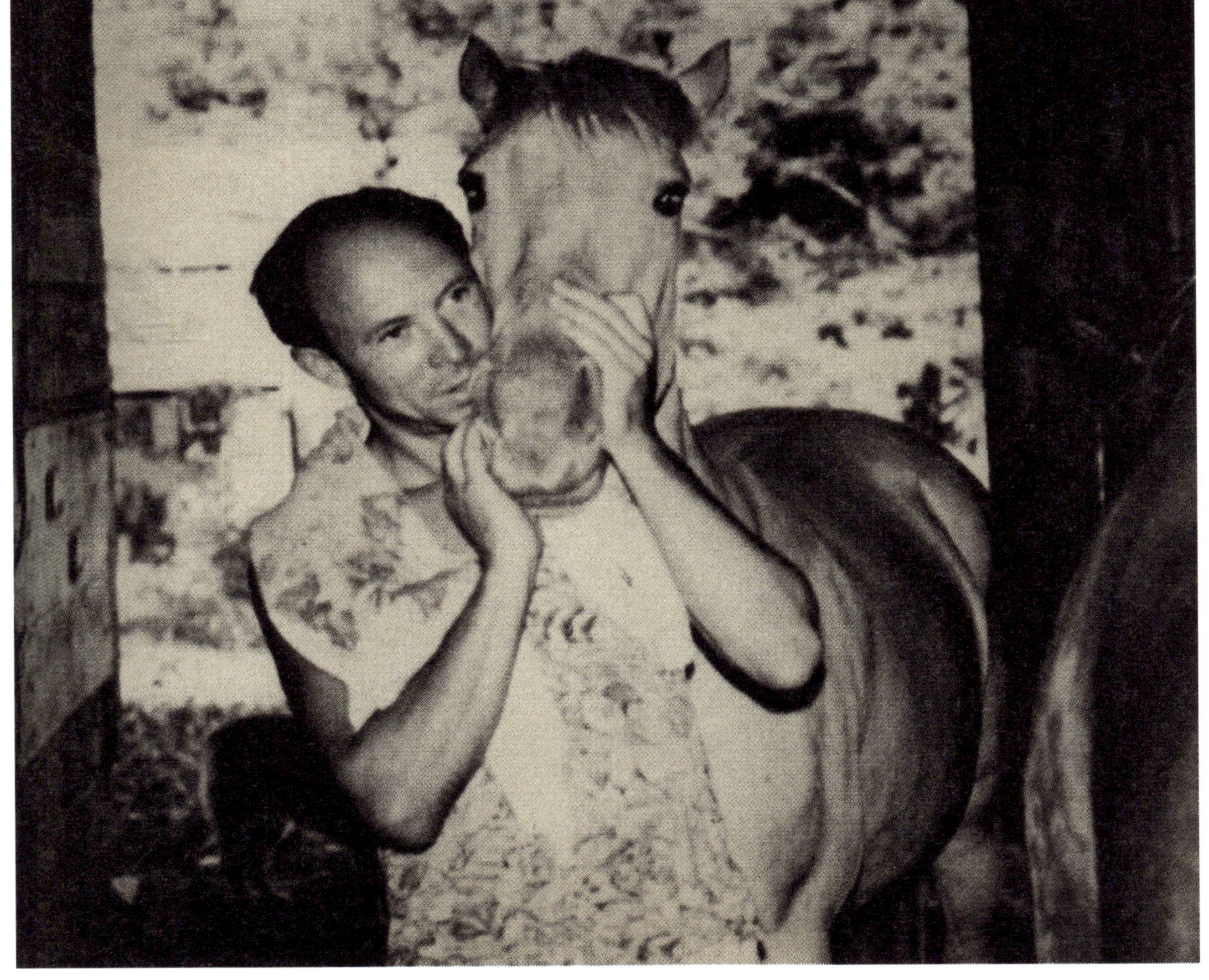

Cover of *Film Culture*, 1979

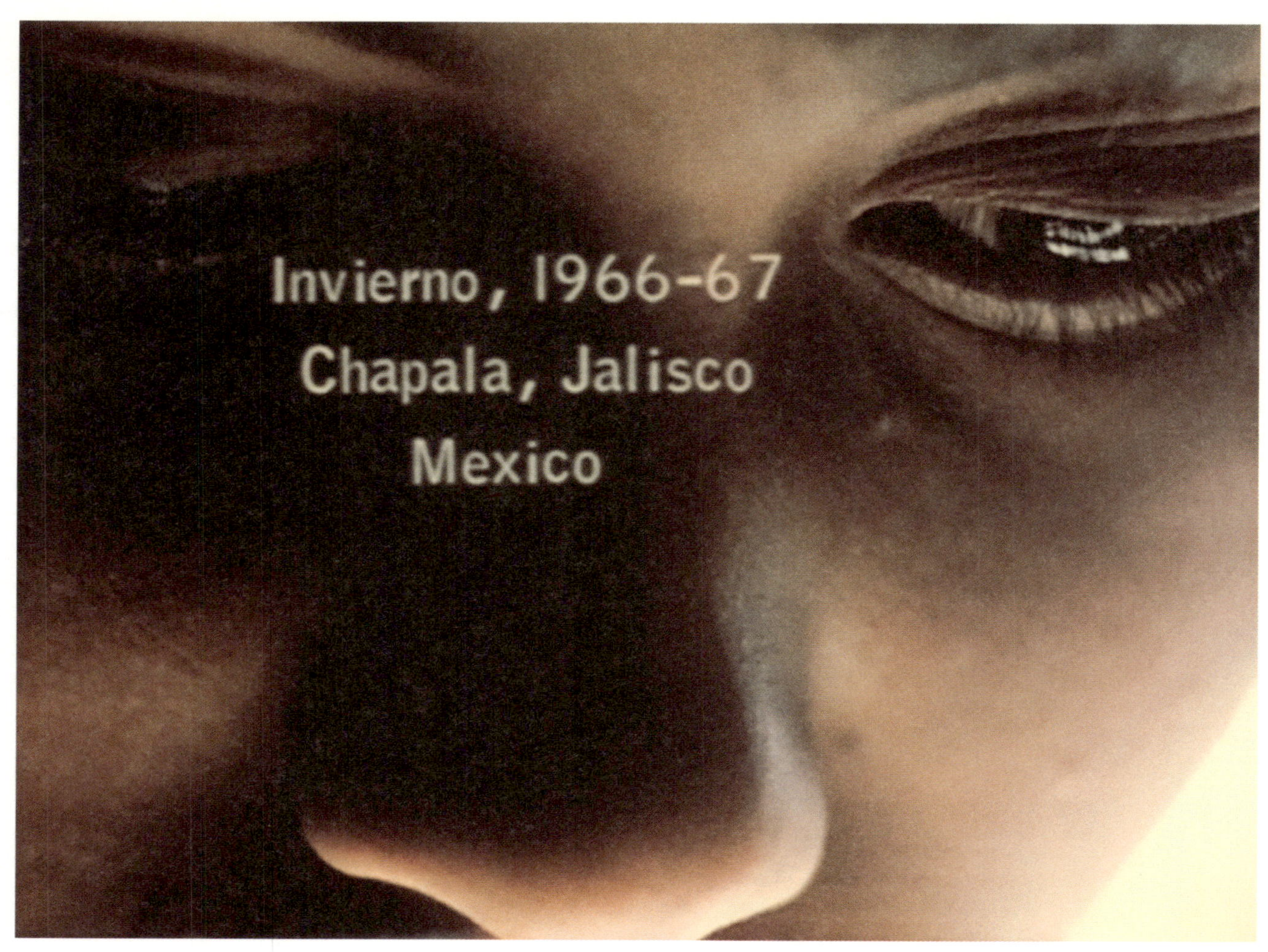

Valentin de las Sierras, 1968

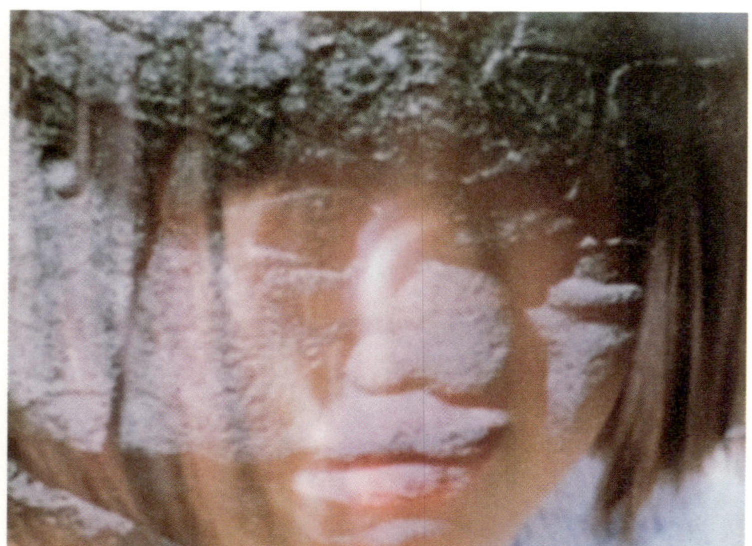

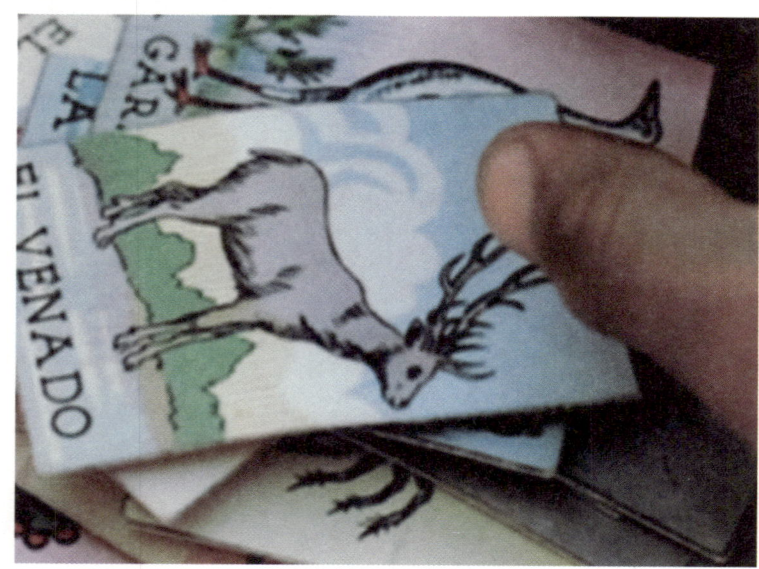

the end of Part Two would come, then the end of Part One. The end of the whole film would be the beginning shot with that pure light.

SM So that version would move from the mundane nature of conventional narrative toward this moment of supreme illumination, like a journey up the chakras?

BB I don't remember the whole story. I was describing my own death experience through the catalyst of hepatitis. I'd studied *The Tibetan Book of the Dead*. There, the deceased is on a journey, "the time of uncertainty." The specters come to us as our own personal cinema: we're obliged to confront the results of our own deeds. It becomes more and more frightening. As I pursued the experience, I found this delightful moment in the beginning that was so lovely; it degenerated into a terrifying but lovely cosmic storm.

In all the segments of *Quick Billy* I had a ruling form or deity. One was an old, wise horse named Amber that lived with us. I shot her mane against the black stormy sky. Then there'd be another form, another creature or person. Their opposite would appear in the second reel, all in the same order exactly, with the opposite meaning. So those first two reels were mates; they ran almost the same length. There's a continuing gradual degeneration, and the beasts of light become the terrifying beasts of darkness that are the guiding entities of the second reel.

The assignment the first time, given to me by the conditions of making the film, was not to make a beautiful film, but rather to make a document about this inner passage, a little-described, but very common—in fact universal—phase of being human: the evolution of consciousness through which every man and woman eventually must go. There's hardly any information about it in our modern age, but it's common in some of the old civilizations, perhaps in all of them: information as to how to make that passage. In contemporary culture we have the ball-game or warfare scores on TV, the homogenized newscasters all reading the same news.

I think my concept for *Quick Billy* is almost identical to Stan Brakhage's *Scenes from Under Childhood* [1967–70], which explores the "scenes" prior to childhood—the scenes so near that time between not being and being. Brakhage was sending me those films at the time I was going through all this, and they were essentially identical to what I was making, I thought.

SM *Roslyn Romance* is also made up of a lot of little rolls.

BB Yes. They're not all small, but generally they have the roll concept, or they're like "postcards," as the intro explains. They're all separate but have the basic connection of belonging to the Romance. I use "romance" in the French sense, of story, and also in the sense that the human mind seems to prefer inventing, rather than accepting, from moment to moment, the "what is" of life/reality.

Roslyn, Washington, was one of the few remaining examples in North America of the kind of Old Europe village life that ended at the beginning of the twentieth century and was to a degree transported over here. I found myself in that town, with people from the "Old World." For them, reality was, "Well, I'm here in this house and I have a job and I'm respectable and I feed my children and love and protect them; I built this house to defend myself, my family, and this town from others and from the wilderness around us." That was the life I recorded in infinite detail in *Roslyn*, and a major theme of *Quixote*, which preceded it.

I wanted to know, like Stendhal, *is that all there is*? I did ask them this question constantly. Every day I would leave my house and walk down the street like anyone else in the village and be stopped and invited in for Italian pastry or some other treat and an hour's gossip, on the way to the post office. I would ask myself, "Is it really true?"—the subtitle of the work. The unanswered question works itself through lots of rolls and reels after the formal introduction, which I just barely managed to finish in the 70s while at Bard College before I had to move again. The rolls and notes to *Roslyn Romance* remain in my Washington archive, waiting to be finished and released.

The concluding part, which is called "The Cardinal's Visit," is a narrative film, conceived with my close friend and filmmaker Elliot Caplan. I shot it with the last grant I had (an NEA) with the help of Elliot and a lovely apprentice and friend, Ms. Harley, who stayed in my little trailer in Upstate New York, between 1979 and 1981. We worked very hard for a while. I was the cardinal (I still have the costume). We shot about four hours of really pretty color negative with very elaborate lighting setups. We'd do two or three setups a day, just about like a Hollywood film. There were usually three of us: me, the young woman, and the man who played the young priest. I took a lot of the immediate dramatic detail from our everyday lives. For example, in real life the young guy fell in love with the girl. He didn't recognize the cardinal's interest in her, and I didn't want to tell him about it. There wasn't any reason to tell him. But he was getting romantic about her, and he would call every night, was rejected as often. The cardinal represented the church, but he was/is also a sensualist. His red cloth represents holy office *and* the fires of hell, the torments of time and mortality.

I spent a lot of money on the film. It's almost done. A friend of mine, Bonnie Jones, painted beautiful medieval title cards because there are a lot of book-like segments with chapter headings. I'm looking for a serious graduate film student who wants to finish the film as an MA project or something. We could select what goes with what and edit it. Or he or she could put it together. I don't want to do all that anymore, I'm too tired.

I heard Peter Kubelka talk about it at Bard College. He's standing up front, and an innocent young man asks him, "Gosh, Peter, it must be fun to take a camera out and turn it onto the world and make art and show it to people." Kubelka's quiet for a minute, then he says, "Well, on ze contrary, it's *zo* exhausting, I cannot tell you!"—in that high voice of his— "To take a heavy camera out in the world and carry the bloody thing under your arm for twenty years and be obliged to *record* everything instead of simply living it—it's zo telling on your soul, zo exhausting in your bones and muscles. It's impossible to do it, *impossible*—the places it takes you, into the nether world constantly. It's zo distressing to your merely human frame, I can't tell you. Don't do zis thing!"

I was once a free-wheeling artist among other artists, all of us on the move, giving everything we could, taking a lot as well.

Some of it disintegrated, at least for me. Many of those who've supported us have been so unselfish that I wouldn't want to speak critically about them. All I know is that I don't know who they are anymore, or where they are. I don't hear from them. There's no more exchange. Canyon, the successful little cooperative that I fathered, lost a certain spiritual feel. Perhaps it's coming back. For a time it was like the Methodist church; they've voted out all the peculiarities—the poetic craziness. But it's the way of the age. At the same time, I'm very grateful it functions so well! We received nice royalties from Canyon this year— amazing really. I don't know who rents those films or why, but they continue to do so. But they don't want to see the artist; they don't want him or her in their living rooms or classrooms. So I'm here with a small family, doing my little Dr. Bish radio shows, photographing Cambodian girls, writing notes, and making some video.

My gift has been imagination. It's always alive and working; it loves theater. It seems to me that someone who's born to do that should be doing that because all people benefit when creativity is alive. Just like a guy who's born to be a great pugilist should do that. He shouldn't have to go through some system where there's a bunch of application forms and say, "Well, I would like to box, and I'm a potential champion," and be told, "Your application will be held on file. We appreciate your interest." You should be able to say, "Here's what I do. This is the time to do it!" Instead of all the nonsense of politics and "managerial policy": the film business and the academic business are merely managers talking to managers. They're a caste who too often control the creative, which, as Joseph Campbell says, is so essential to society. It's art and myth that reflect our identity, our process, and our history. It's the path of the poet we follow: lonely tracks in the black snowy places of memory and an unknown horizon.

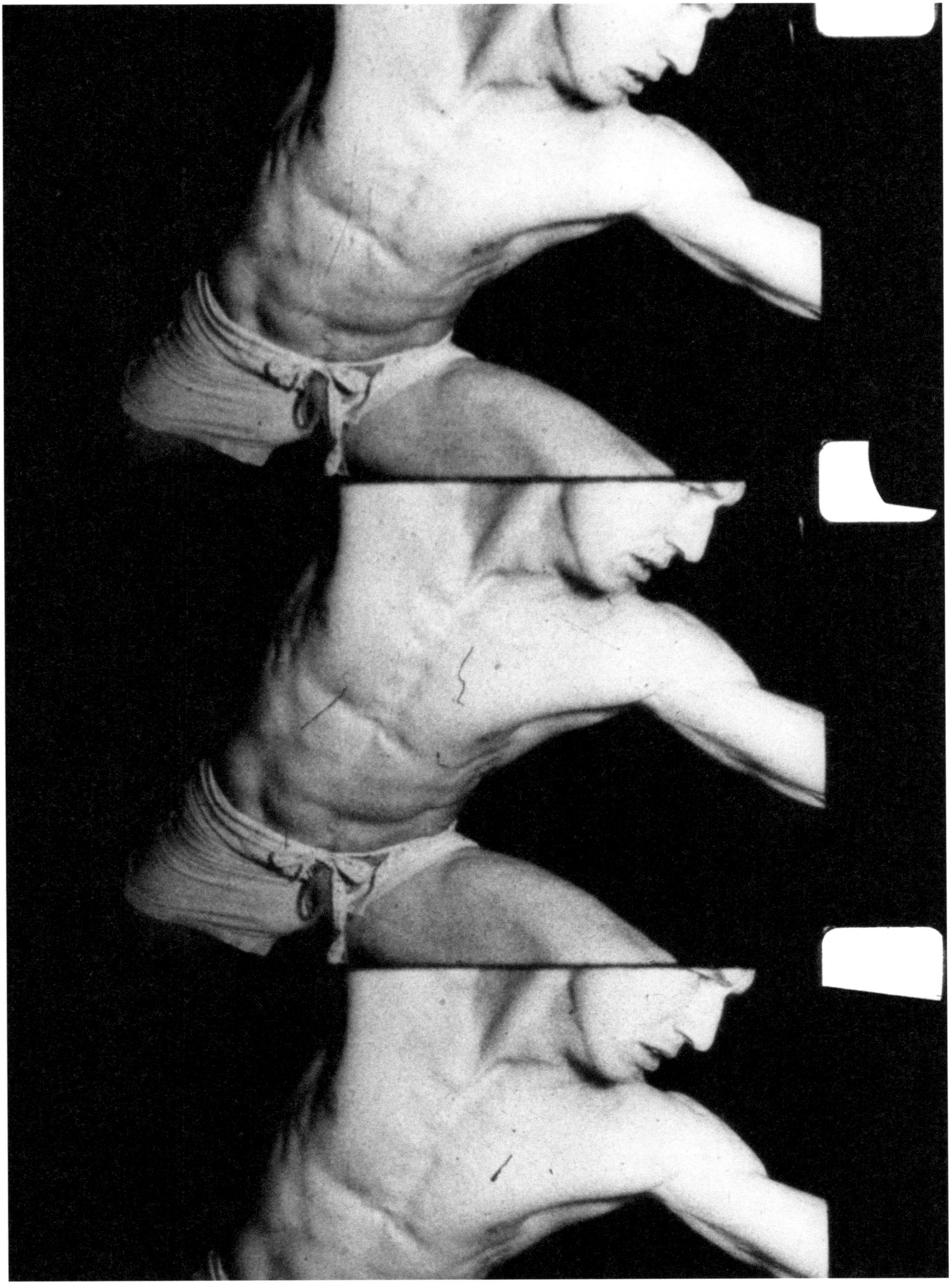

Film strip from *The Gymnasts*, 1961

Jarraitzen dugun poetaren bidea. Elkarrizketa Bruce Baillieri

Scott MacDonald

Zinema-ikasketen arloan, maiz hartu ohi dira irudi ederrak errezeloz, uste izanik zinemako kamera dagoela halako irudiak ia automatikoki ekoizteko moduan diseinatuta. Bruce Baillieren filmak irudi ederrez mukuru beterik daude, baina ez dira «begientzako oparia», ezta hurrik eman ere. Baillierentzat, zeluloide tira espazio bat da non gurutza baitaitezke egilearen inguruneko mundu fisikoa eta haren barne-ingurune espirituala; zinemazaleek argitze-uneak parteka ditzaketen tokia da proiekzio-aretoa. Baillieren filmetako testuren eta koloreen izaera nabarmena ez dator dagokion funtzio mekanikoa betetzen duen zinema-kamera batetik; aitzitik, igurikapen bisual eta narratibo konbentzionalei ez baizik bere barne-ikuskerak adierazten dionari leial irauteko moduan sortzaileak kamera eraldatzeko berariaz asmatutako artisautza-tekniken emaitza da.

Baillierekin hitz egin nuen 1989ko ekainean, Camano uharteko bere etxean, Washingtongo estatuan. Jarraian datorren hau *A Critical Cinema 2* (Berkeley, University of California Press, 1992) aldizkarian argitaratutako elkarrizketaren bertsio laburtua da.

MACDONALD Nola hasi zinen filmak egiten?

BAILLIE Txikitan, seigarren edo zazpigarren mailan nenbilela, Aberdeenen, Hego Dakotan, bihurrikeria bat egin genuen, eta zuzendariak zigor gisa jarri zigun ikastetxean obra bat antzeztea. Zigor izugarria iruditu zitzaigun hasieran, baina berehala hartu genion gustua eginbehar hari. Gero, batzar bakoitzean funtzio bat egitea proposatu genion; The Acme Company izeneko antzerki talde txiki bat sortu genuen. Antzerkiari loturik jarraitu nuen Bigarren Hezkuntza osoan, unibertsitatera iritsi arte (eta horri buruzko aipamena egiten dut *Quick Billy*ren laugarren atalaren sarreran). Gero, bakarrik gelditu nintzenean, pentsatu nuen, "tira, orain, jende hau guztia alboan ez dudala, pantaila handian arituko naiz". Minnesotako Unibertsitatean sartu nintzen. Han, irakasle batek aholkatu zidan joateko London School of Film Technique inauguratu berrira: toki txikia zen, eta ekipoa ez zen egundokoa, baina baziren irakasle bikain batzuk.

SM Noiz izan zen hori?

BB 1958an edo 1959an. Unibertsitateko gradudunen nazioarteko taldetxo bat osatu genuen: handinahiak, irrikatsuak eta nagusiki pobreak ginen; arabiarrak izan ezik, zeinak bizi baitziren Chelseako hoteletan eta baitzituzten andregai ingeles eta aleman mordoa. Han ezer asko egiterik ez genuela, eta etsipen itzela sortu zitzaigun. Gaixotu egin nintzen: ahuldu egin ninduten Londresko lainoak eta janari kaskarrak. Eta, hala, ikasturte erdian edo, alde egin nuen, besterik gabe. Jugoslaviara jo nuen, eta gogoan dut nola ikusi nuen jugoslaviar eskultore ospetsuenaren obra bat: erliebe bat, erakusten zuena Zagreb austrohungariarreko erdialdean kokatutako putzu tradizional baten inguruko bizimodua; putzu hartara joaten zen jendea ur bila, harremanak egitera eta berriketara. Pentsatu nuen: «Erliebe hau dago jatorrian; eguneroko bizitzaren funtsezko osagaia da». Gustatu egin zitzaidan hori, eta erabaki nuen antzeko zerbait egin nahi nuela, baina zineman.

Saiatu nintzen ikertzen nola sartu soinua zineman. Ezin izan nuen. Ez zegoen gai horri buruzko gidaliburu rik. Ezta hura azalduko zidan inor ere! Azkenean, Marvin Becker ezagutu nuen; bidaien filmak eta film didaktikoak egiten ari zen. Aditu peto-petoa zen 16 mm-ko formatuan (baita 35 mm-koan ere), eta estudio handi bat zeukan San Frantziskon. Esku artean proiektu handiak zituenean, kolaboratzaile autonomoak hartzen zituen. Esan nion: «Egunean zortzi orduz lan egingo dut, langabeziak irauten didan bitartean –beste hiru hilabete–, soldatarik gabe». Eta hark erantzun: «Ezin uko egingo diot halako eskaintza bati! Noiz hasiko zara?». Egunero-egunero, Bay Bridge azpian aparkatzen nuen 49ko nire Chevy autoa, Canyonetik bide luzea eginda, han bizi bainintzen Kikuko Kawasakirekin, nire benetako mentore eta lagun maitearekin. Autoak desmuntatzen zituzten lantegi batean lortu nuen Chevya, hogeita bost dolarrean; zubia zeharkatzen nuen aldiko balazta-likidoa bete beharra zegoen!

Hasieran, estudioko lurrean barreiatuta zeuden film soinudunen hondarrak biltzen jarri ninduen Marvinek. Soinu-irakurgailu txiki baten erreproduzitu, eta etiketatu egiten nituen argizarizko arkatz batekin. Horrela ohitu nintzen pelikulek sortzen duten sentsazioarekin eta haien funtzionamenduarekin. Aurrerago, editore *free-lance* bat Horseless Carriage Cluberako film baten soinu-zintaren zatiak elkarri lotzen ari zela, haren aldamenean jarri, eta ikusi nuen nola antolatzen zuen metrajea, nola mozten zuen zinta zatiak eta lotzen zituen zinta isolatzailea erabiliz. Gero, filmatzera atera behar izan nuen beste gizon batekin, Bechtel Associates etxekoa bera, haren laguntzaile modura; baleko hartualdi batzuk egin nituen haren Bell and Howell kamerarekin. Eta, ondoren, film bat errodatzen hasi nintzen nire txakurrekin eta Miss Wong lagun maitearekin.

SM *On Sundays* zen [1961]?

BB Bai... hirurogeiko hamarraldiaren hasierako film tipiko bat, norbaiti jarraitzen dioten film horietako bat, eraikin zaharren hartualdiekin eta horrekin guztiarekin. Ez dakizu zein zaila gertatu zitzaidan editatzea. Zinematografia ikasten hasia nintzen.

Berkeleyn, banuen lagun bat artista komertzial bikaina zena: Jeff Belcher. Garai hartan, ez nuen ezagutzen zinema egiten saiatutako beste inor, eta azaldu nionean neu ere hastekoa nintzela, esan zidan: «Ez, ezta okurritu ere! Ezin duzu filmik egin bakarrik, pertsona bakarrak ezin ditu-eta hainbeste funtzio bete, hainbeste trebetasun bakarka ikasi, eta, diru sarrerarik gabe, eta bizitokirik gabe. Nondik aterako dituzu ekipoa eta materialak? Ez daukazu horrelako ezer, ezta sekula izango ere. Ezin diozu horri guztiari aurre egin, ezingo duzu inoiz. Ez ezazu halakorik egin, ez zaitut ikusi nahi porrot eginda!». Tira, garai hartan, energiaz gainezka nengoen, eta erabaki nuen horretantxe jarriko nuela nire indar guztia. Gero, nire lehen proiekziora gonbidatu nuen.

SM Nola hasi zen Canyon lanean?

BB Canyon Cinema 1960 inguruan jarri genuen martxan, Canyonen, Kalifornian, Oakland eta Berkeley inguruko muinoetan. Kikukok ordaintzen zuen alokairua, eta, horrela, aukera ematen zidan filmak egiteko behar beste denbora hartzeko. Bizkor bai bizkor ulertu nuen elkarri loturik behar zuten bi jarduera zirela filmak egitea eta haiek proiektatzea; eta, halaxe, Safewayn lana bilatu, mailegu bat eskatu eta proiektorea erosi nuen. Soberakin militarretatik zetorren pantaila bat lortu genuen, eta toki paregabe batean zintzilikatu, alokairuan bizi ginen etxeko patioan. Gero, filmak bilatzen genituen ahal genuen moduan, tartean zirela gu egiten ari ginen gauzatxoak –berez, garai batean, ni bakarrik aritzen nintzen filmak egiten–, eta proiektatu egiten genituen.

El sendero del poeta que seguimos. Entrevista con Bruce Baillie
Scott MacDonald

En el mundo de los estudios fílmicos con frecuencia se suele recelar de las imágenes hermosas, un recelo basado en la creencia de que la cámara de cine está diseñada para producirlas casi automáticamente. Las películas de Bruce Baillie están llenas de imágenes hermosas, pero son de todo menos un «regalo para los ojos». Para Baillie, la tira de celuloide es un espacio en el que puede cruzarse el mundo físico que rodea al autor con su entorno espiritual interno; la sala de proyección es un lugar en el que los adeptos al cine pueden compartir momentos de iluminación. El carácter notable de las texturas y los colores de las películas de Baillie no emana de una cámara de cine que cumple con su función mecánica, sino que se alcanza mediante técnicas artesanales que él concibe para modificar la cámara, de manera que pueda ser fiel a lo que su visión interna le revela, no a expectativas visuales y narrativas convencionales.

Hablé con Baillie en junio de 1989 en su casa de la isla de Camano, en el estado de Washington. Lo que se lee a continuación es una versión abreviada de la entrevista publicada en *A Critical Cinema 2* (Berkeley, University of California Press, 1992).

MACDONALD ¿Cómo comenzó a hacer películas?

BAILLIE Cuando era niño, en sexto o séptimo curso, en Aberdeen, Dakota del Sur, un día hicimos una travesura y el castigo que nos impuso el director fue representar una obra ante el conjunto del centro. Al principio pensamos que era un castigo terrible, pero la idea no tardó en gustarnos. Después le pedimos hacer una función cada vez que hubiera una reunión de ese tipo; habíamos formado un grupito de teatro llamado The Acme Company. Seguí vinculado al teatro durante toda la secundaria y hasta la universidad (y aludo a este hecho en la introducción de *Quick Billy*, Cuarta parte). Después, cuando me quedé solo, pensé que, bueno, ahora que no tengo a toda esta gente, lo haré en pantalla grande. Me fui a la Universidad de Minnesota. Allí un profesor me recomendó que fuera a la London School of Film Technique, que acababa de inaugurarse: era un lugar pequeño y no tenían mucho equipo, pero había varios profesores muy buenos.

SM ¿Cuándo fue eso?

BB 1958 o 1959. Éramos un grupo internacional de graduados universitarios, ambiciosos, impacientes y mayormente pobres, salvo los árabes, que vivían en hoteles de Chelsea y tenían muchas novias inglesas y alemanas. Allí no podíamos hacer gran cosa y nos desanimamos mucho. Yo caí enfermo: la niebla de Londres y la mala comida me debilitaron. Así que me marché sin más a mitad de curso. Me fui a Yugoslavia, donde recuerdo que vi una obra del escultor yugoslavo más conocido: un relieve que mostraba el ciclo de la vida en torno a un pozo tradicional en el centro del Zagreb austrohúngaro, donde la gente acudía a buscar agua, a relacionarse y a cotillear. Pensé: «Este relieve está en el origen; es una parte esencial de la vida cotidiana». Eso me gustó y decidí que quería hacer algo parecido, pero en cine.

Traté de averiguar cómo entraba el sonido en el cine. No pude. No había ningún manual sobre el tema. ¡Y nadie podía explicármelo! Al final, conocí a Marvin Becker, que estaba haciendo películas de viajes y didácticas. Era un verdadero experto en 16 mm (también en 35 mm) y tenía un gran estudio en San Francisco. Cuando tenía grandes proyectos, contrataba a colaboradores autónomos. Le dije: «Trabajaré ocho horas al día mientras me dure el paro —tres meses más— y sin salario». Y él me contestó: «¡Es una oferta que no se puede rechazar! ¿Cuándo puedes empezar?». Todos los días aparcaba mi Chevy del 49 bajo el Bay Bridge, después de un largo trayecto desde Canyon, donde vivía con Kikuko Kawasaki, una de mis verdaderas mentoras y alguien muy querido. El Chevy lo conseguí en un desguace por veinticinco dólares; ¡cada vez que cruzaba el puente había que rellenar el líquido de frenos!

Al principio Marvin me puso a enrollar restos de película sonora que estaban tirados por el estudio. Yo los reproducía con un pequeño lector de sonido y los etiquetaba con un lápiz de cera. Así me familiaricé con la sensación que producen las películas y con su funcionamiento. Posteriormente, un editor *free-lance* estaba empalmando la cinta de sonido de una película para Horseless Carriage Club, y yo me pegué a él y vi cómo organizaba el metraje, cómo cortaba y empalmaba con cinta aislante. Después tuve que salir a filmar con otro hombre, de Bechtel Associates, en calidad de ayudante; con su Bell and Howell hice unas cuantas tomas que le sirvieron. Y después comencé a rodar una película con mis perros y mi querida amiga Miss Wong.

SM ¿Era *On Sundays* [1961]?

BB Sí... una típica película de comienzos de los sesenta, en la que persiguen a alguien, con tomas de edificios antiguos y todo eso. No te imaginas lo difícil que me resultó editar. Había comenzado a aprender cinematografía.

En Berkeley tenía un amigo, un estupendo artista comercial, Jeff Belcher. En esa época no conocía a nadie más que hubiera probado a hacer cine y, cuando le anuncié que yo iba también a intentarlo, me dijo: «¡No, ni se te ocurra! Tú solo no puedes hacer películas, porque una persona no puede desempeñar varias funciones, aprender tantas habilidades sola, y sin ingresos, y sin un sitio donde vivir. ¿Y dónde vas a encontrar el equipo y los materiales? No dispones de nada de eso, nunca lo tendrás. No te lo puedes permitir, nunca podrás. No lo hagas, ¡no te quiero ver arruinado!». Bueno, en esa época yo tenía mucha energía y decidí que así es como iba a utilizarla. Después le invité a mi primera proyección.

SM ¿Cómo comenzó a funcionar Canyon?

BB Pusimos en marcha Canyon Cinema en torno a 1960, en Canyon, California, en las colinas que hay cerca de Oakland y Berkeley. Kikuko pagaba el alquiler y así me daba la oportunidad de tener tiempo para hacer películas. Inmediatamente comprendí que hacerlas y proyectarlas eran actividades que debían ir unidas, así que me busqué un trabajo en Safeway, pedí un préstamo y me compré un proyector. Conseguimos una pantalla procedente de excedentes militares y la colgamos en un sitio estupendo del patio trasero de la casa en la que vivíamos de alquiler. Después buscábamos las películas que podíamos, entre ellas las cosillas que estábamos haciendo —en realidad, durante un tiempo, solo era yo el que las hacía— y las proyectábamos.

Así que me centré en eso. No tenía ninguna ocupación. No podía encontrar trabajo por ninguna parte. De modo que pensé que me inventaría uno. Convertí en despacho una pequeña parte de la casa. Como de algún modo tenía que llamarla, puse un cartelito y así surgió «Canyon Cinema», con una bombilla al lado. No tardamos en organizar pases semanales. Kikuko preparaba palomitas. Los chicos del barrio traían bancos de la calle y sillas, y en verano nos sentábamos bajo los árboles con todos los perros y la gente a ver películas francesas o

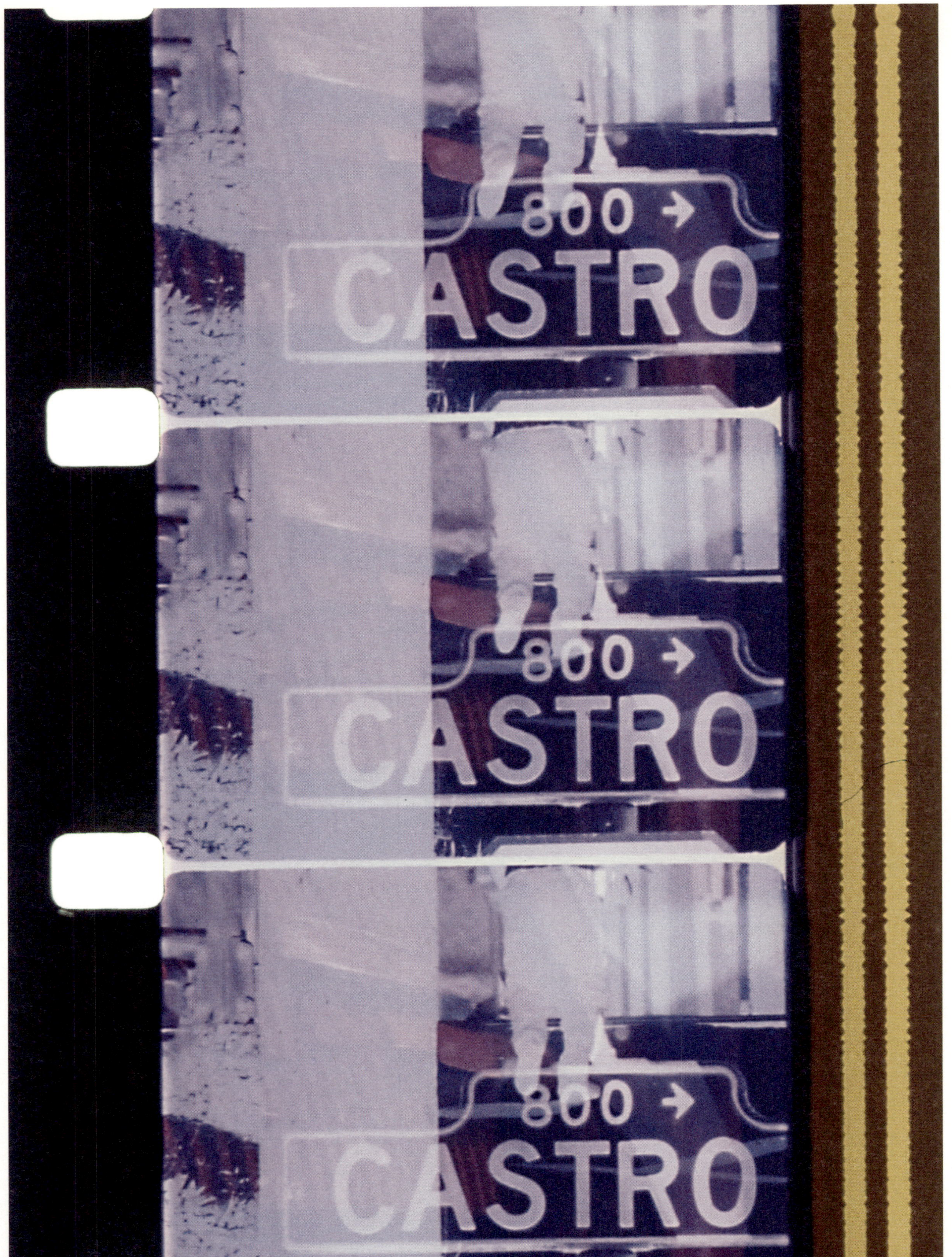

Film strip from *Castro Street*, 1966

canadienses de Embassy y cosas del National Film Board de Canadá, además de otras nuestras. Inmediatamente corrí la voz de que, si pasaba algún cineasta por la ciudad, yo tenía un sitio para proyectar pelis. A Jonas [Mekas] le informé rápidamente. Al principio solo estábamos en contacto con Larry Jordan, y después con Jordan Belson; pasado un tiempo, Stan Brakhage vino a la ciudad e intentó instalarse en San Francisco con Jane. Y había otros cineastas diseminados aquí y allá; la verdad es que no nos veíamos mucho. No había muchas pelis que proyectar, pero en torno a 1962 la cosa comenzó a despegar rápidamente. Enviábamos postales y la lista de direcciones no tardó en ser larguísima. Entonces Chickie Strand estaba en la ciudad, en Berkeley, y nos reunimos para llevar Canyon los dos. Por ahí andaban unos pocos más: su marido, Paul Strand, se ocupaba de la pantalla y del autobús Volkswagen, y después se apuntó también Emery Menefee. Chickie trabajaba en la universidad y hacíamos pases en diversos sitios de Berkeley, donde se podía. Para entonces lo que proyectábamos era nuestro noticiario y todo lo demás que podíamos: pelis de Brakhage, de Mekas...

SM ¿Cuánta gente acudía a los pases?

BB En la Universidad de California, o cerca, siempre había entre veinticinco y setenta personas. Supongo que la media era de entre treinta y cinco y cuarenta y cinco. En North Beach quizá asistieran veinte personas. Hacíamos pases en toda la zona de la bahía. Nos preocupaba mucho encontrar un clima adecuado.

SM ¿Qué clima buscaban?

BB Queríamos que fuera un agradable entorno familiar. Sabíamos que íbamos a presentar cosas que quizá fueran en contra de lo que se esperaba. La gente estaba preparada para las convenciones de una película de tipo literario, para *películas de verdad*, y de eso no iban a ver mucho. Así que queríamos tratarlos bien. Lo que más nos interesaba era que se relajaran. Por eso llevábamos pasteles y fruta, y organizábamos sorteos entre los asistentes.

En una ocasión organicé un pase en Los Ángeles, con nuestro habitual clima relajado, pero la gente que acudió esperaba ver cosas muy sorprendentes: «¡Películas experimentales!». Así que, como no es eso lo que sacaron de *Parsifal*, ¡me tiraron comida! Me había pasado meses reuniendo cuadros antiguos míos para montar una exposición en el vestíbulo, ¡y les pintaron bigotes! Si alteras a la gente, las cosas se pueden poner feas. Pero nosotros siempre intentamos trabajarnos al público.

Sin embargo, elegir programas es como hacer películas: no teníamos en cuenta los gustos del público. Nuestras decisiones eran de índole totalmente personal y estética. Organizar un programa es como crear obras de arte. Es una de las pocas labores en las que una persona puede funcionar sin causar daño a los demás, desde su poder personal, centrándose en sí mismo, en su ego, todo eso; en su propia visión. Así era nuestro cine. En el Japón antiguo, durante la ceremonia del té, ¡nadie te habría pedido que trajeras *otro* pergamino colgante! [risas] ni te habría preguntado: ¿nos podría traer *otro* tipo de té? No, aceptabas lo que había, y como quien dirigía la ceremonia, el maestro de ceremonias, era una persona concreta, con todas las limitaciones que eso conllevaba, ese maestro lo hacía a su manera. Y por eso esa ceremonia concreta tenía un toque universal.

SM ¿Qué más recuerda de los primeros tiempos de Canyon?

BB Después de mudarnos de Canyon a Berkeley éramos un colectivo pequeño, empobrecido, pero muy vivo, unas pocas personas que habían reunido un poco de equipo que se podía prestar a otras (y que nosotros mismos podíamos utilizar para hacer nuestras propias películas). Se nos ocurrió *The News*, el noticiario de Canyon Cinema. Era como en los cines antiguos, cuando había una película principal, unos dibujos animados, un episodio de una serie y, además, un noticiario. Utilizamos antiguas películas reversibles en blanco y negro de 16 mm. Ernest Callenbach [editor en University of California Press y en *Film Quarterly*; autor de *Ectopia* (Nueva York, Bantam Books, 1975)] tenía por detrás de su casa una caseta que utilizábamos. En ese momento no podíamos combinar sonido e imagen, así que registrábamos el sonido directo y con una grabadora de un cuarto de pulgada.

SM *Termination* [1966], la película sobre los indígenas americanos en Laytonville, y *Mr. Hayashi* [1961] «formaban parte de los noticiarios», ¿verdad?

BB Sí.

SM *Mr. Hayashi* es como un anuncio. Muestra la tarifa por horas del Sr. Hayashi, un dólar y veinticinco centavos.

BB Nacía principalmente de la necesidad.

SM Me he dado cuenta de que en su filmografía figuran varias películas que no aparecen ni en los catálogos de Canyon ni de Film-makers' Cooperative: *David Lynn's Sculpture* [1961], *Friend Fleeing* [1962], *Everyman* [1962], *The News No. 3* [1962], *Here I Am* [1962], *The Brookfield Recreation Center* [1964] y *Port Chicago Vigil* [1966]. ¿Eran noticiarios de Canyon?

BB La mayoría. O bien están en el archivador de negativos de esta casa o formaban parte de lo que envié a Jonas para que lo almacenara en Anthology. *David Lynn's Sculpture* fue una de mis primeras películas, un noticiario sobre la gran escultura con troncos de Lynn, realizada para el primer Canyon Cinema, cuando todavía estaba en Canyon. Un día que me estaba marchando de Canyon para realizar un pequeño viaje hice una peliculita para todos: *Friend Fleeing*. Creo que *The News No. 3* tiene que ver con las pruebas nucleares en una isla de los Mares del Sur a comienzos de los sesenta. *Here I Am* se hizo en los primeros tiempos para una escuela infantil de Oakland para niños con diversos trastornos mentales. Fue una película bastante bonita. Les di una copia y me hice otra para mí. No sé si llegaron a devolverme el positivo original reversible; el laboratorio de San Francisco cerró. Otro colegio era el Brookfield Recreation Center, para el que realicé una película menos estructurada, más tosca que *Here I Am*. *Port Chicago Vigil* se hizo en una época en la que solíamos plantarnos delante de la base naval cuando estaban enviando napalm a Vietnam. Al principio yo iba solo para filmar a los manifestantes, pero después me uní a ellos. Acudía gente que tenía hijos o hermanos en la guerra y nos tiraba cosas desde sus coches o nos disparaba. No recuerdo mucho sobre esa película. *Everyman*: ¡qué sé yo! ¡Qué curioso que me olvide de mis propias películas! Creo que por lo menos hay una copia de todas esas. Algunas las tenía Willard Morrison, un amigo al que le encantaba el cine y que durante un tiempo fue director del San Francisco Audio Film Center. Se trasladó a Costa Rica y no he vuelto a saber de él. Su distribuidora se convirtió en Macmillan Films, en Mount Vernon, Nueva York.

SM ¿Durante cuánto tiempo realizó los noticiarios?

BB Quizá fueran dos años, el proyecto se fue poco a poco fundiendo con nuestras propias películas e influyendo en ellas. Un poco después, a Chick [Ernest] Callenbach se le ocurrió publicar *Canyon Cinemanews*, una versión escrita. Mi madre se hizo cargo de la parte comercial del asunto y se desarrolló con rapidez. Chick tenía su propio trabajo, así que lo editábamos Chickie Strand y yo, y después Paul Tulley y yo. Descubrimos un logotipo estupendo: un dibujo a plumilla de un hombre apuesto, de frente y de espaldas, sacado de un catálogo de medicina del siglo XIX: *The Exothematic Method of Cure*. El método consistía en un pequeño conjunto de agujas con punta de platino: te pinchabas tú mismo y utilizabas el «olium» que venía con las agujas. Mediante este «avanzado método» se suponía que podías librarte de la «materia mórbida». Nos encantaba: reprodujimos la imagen y la pusimos con nuestras noticias. Después hicimos con ella sellos, adhesivos y la pusimos en los rollos de película que distribuía la Coop.

SM ¿Cuándo comenzó a funcionar la distribuidora? ¿Y quién participaba en ella?

BB Al principio había una mujer que la llevaba en Sausalito, y después estuvo en manos de Bob Nelson durante un tiempo. Y de Bruce Conner, Larry Jordan y Edith Kramer. Me costó mucho tiempo retirarme del proyecto. Casi todo dependía del gerente.

SM ¿Cuándo abandonó Canyon Cinema?

BB Madre mía, pues supongo que fue a mediados o finales de los sesenta, cuando hice *Castro Street* y otras películas igual de difíciles. Estaba en Morningstar, una comuna cercana a Santa Rosa. El propietario era Lou Gottlieb. Formaba parte de los Limelighters [un conocido grupo *folk* de la década de 1960], un tío estupendo que nos dejaba usar unas 16 hectáreas. Allí se trasladó un amigo mío llamado Ramón Sender, un compositor de San Francisco, y un gran pintor, Wilder Bentley; había mucha gente que entraba y salía. Allí hice mis películas más sólidas. Todos vivíamos al aire libre, en el bosque, a nuestro aire en diferentes lugares. Yo vivía con mi perro en una tienda de lona de fabricación casera que tenía una lámpara de queroseno. Teníamos un edificio donde comíamos y nos turnábamos para cocinar. Entonces no podría haber dirigido Canyon Cinema. Por esa época fue cuando conocí a Will Hindle, que me influiría mucho, y a Scott Bartlett, otro gran amigo.

SM ¿Cuáles cree usted que son sus películas más sólidas?

BB *Castro Street*, *All My Life* [1966], *Quixote*, *Quick Billy* y, aunque *Mr. Hayashi* sea un filme muy tosco, me encanta por la persona que hay en él. Me gusta *To Parsifal*. Es un poco torpe, pero, en general,

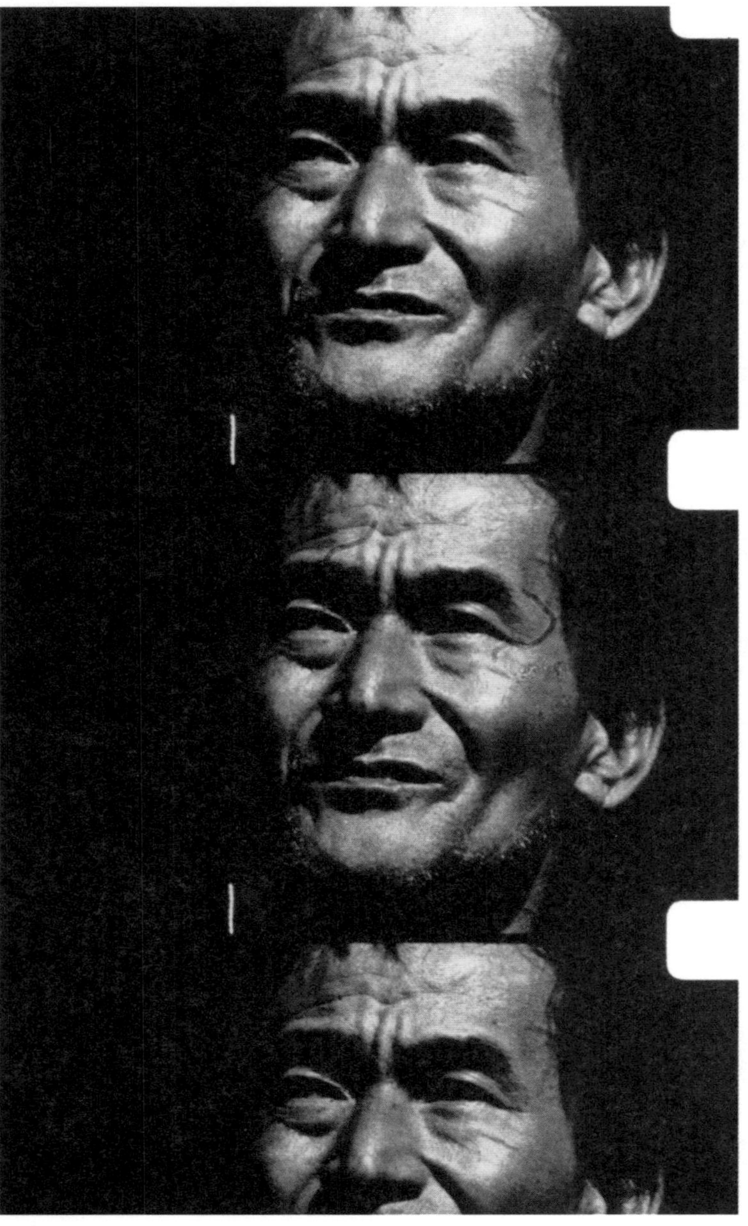
Film strip from *Mr. Hayashi*, 1961

Horri eman nintzaion buru-belarri. Ez neukan lanbiderik. Ezin nuen lanik aurkitu inon. Eta, halaxe, pentsatu nuen neronek asmatuko nuela lan bat. Despatxu bihurtu nuen etxeko txoko txiki bat. Hari izenen bat jarri beharko niola, eta karteltxo bat jarri nuen, eta horrelaxe sortu zen «Canyon Cinema», bonbilla bat zuela alboan. Laster hasi ginen asteroko emanaldiak antolatzen. Kikukok krispetak prestatzen zituen. Auzokoek kaleko eserlekuak eta aulkiak ekartzen zituzten, eta, udan, zuhaitzen azpian esertzen ginen txakur guztiekin eta jendearekin, Embassyren film frantsesak edo kanadarrak eta Kanadako National Film Boarden lanak ikustera, geure beste gauza batzuez gainera. Berehala zabaldu nuen zinemagileren bat hirira etorriz gero banuela nik filmak non proiektatu. Jonas [Mekas] berehala jarri nuen jakinean. Hasieran, Larry Jordanekin bakarrik geunden harremanetan, eta, gero, Jordan Belsonekin; handik denbora batera, Stan Brakhage hirira etorri, eta saiatu zen Janerekin San Frantziskon finkatzen. Eta baziren beste zinemagile batzuk han-hemenka; egia esan, ez genuen elkar maiz ikusten. Ez zegoen proiektatzeko film askorik; baina, 1962an, abiada hartzen hasi zen dena. Postalak igortzen genituen, eta aurki osatu genuen helbideen zerrenda luze-luzea. Garai hartan, Chickie Strand hirian zebilen, Berkeleyn, eta bat egin genuen, Canyon elkarrekin gidatzeko. Beste batzuk ere bazebiltzan inguruan: haren senarra, Paul Strand, pantailaz eta Volkswagen autobusaz arduratzen zen, eta aurrerago gurekin bat egin zuen Emery Menefeek ere. Chickiek unibertsitatean lan egiten zuen, eta emanaldiak egiten genituen Berkeleyko zenbait tokitan, ahal zen tokietan. Ordurako, gure albistegia proiektatzen genuen, eta ahal genuen beste guztia: Brakhageren filmak, Mekasenak...

SM Zenbat jende joaten zen emanaldietara?

BB Kaliforniako Unibertsitatean, edo handik hurbil, beti elkartzen ziren hogeita bost eta hirurogeita hamar lagun artean. Batez beste, hogeita hamabost eta berrogeita bost bitarte, esango nuke. North Beachen, agian hogei bat lagun. Badia inguru guztian egiten genituen proiekzioak. Asko arduratzen gintuen giro egokia aurkitzeak.

SM Zer-nolako giroa bilatzen zenuten?

BB Familiarteko giro atsegina nahi genuen. Bagenekien espero zenaren kontra zihoazen gauzak aurkeztuko genituela, akaso. Tankera literarioko filmen konbentzioetarako prestatuta zegoen jendea, benetako filmetarako, eta halako askorik ez zuten gurean ikusiko. Hortaz, tratu ona eman nahi genien. Ikusleak erlaxatzea zen gehien interesatzen zitzaiguna. Hala, pastelak eta fruta eramaten genituen, eta zozketak antolatzen genituen etortzen zirenentzat.

Behin batean, emanaldi bat antolatu nuen Los Angelesen, gure ohiko giro erlaxatu hartan, baina etorri zen jendeak gauza biziki harrigarriak ikustea espero zuen: «Film esperimentalak!». Eta, *Parsifal*etik ez zutenez halakorik atera, janaria bota zidaten! Hilabeteak eman nituen nire koadro zaharrak biltzen, atarian erakusketa bat antolatzeko, eta bibotea marraztu zieten! Jendea aztoratzen baduzu, itsusi jar daitezke kontuak. Baina gu beti ahalegindu ginen publikoa zaintzen.

Nolanahi ere, filmak egitea bezalakoxea da programak aukeratzea: ez genituen kontuan hartzen publikoaren gustuak. Erabaki guztiz pertsonak eta estetikoak ziren gureak. Programa bat antolatzea artelanak sortzea bezalakoxea da. Zeregin apurretakoa da zeinetan pertsona batek jardun baitezake besteri kalterik egin gabe bere botere pertsonaletik, oinarri harturik bere burua, bere egoa, hori guztia; bere ikuspegi propioa. Halakoxea zen gure zinema. Antzinako Japonian, tearen zeremonian, inork ez zizun eskatuko ekartzeko *beste* pergamino zintzilikari bat! [barrea]. Ezta galdetuko ere: "Ekarriko zeniguke *beste* te mota bat?" Ez, zegoena onartzen zenuen, eta, zeremoniaren gidaria, zeremonia-maisua, pertsona jakin bat zenez, horrek zekartzan muga guztiekin, bere erara aritzen zen maisua. Eta horrexegatik zuen zeremonia zehatz horrek ukitu unibertsala.

SM Zer gogoratzen duzu gehien Canyonen hasierako garaietatik?

BB Canyonetik Berkeleyra aldatu ginenean, talde txikia ginen, pobrea; baina oso bizia: lagun talde bat, zeinak bildu baitzuen ekipo koxkor bat beste batzuei utzi ziezaiokeena (eta gure filmak egiteko ere erabil genezakeena). *The News* bururatu zitzaigun, Canyon Cinemaren albistegia. Garai bateko zinemetan bezala zen, ematen zituztenean film nagusi bat, marrazki bizidunak, serie bateko atal bat, eta, gainera, albistegi bat. 16 mm-ko zuri-beltzeko zinta alderantzikagarri zaharrak erabiltzen genituen. Ernest Callenbachek [University of California Presseko eta Film Quarterlyko editorea, Ectopiaren egilea (New York, Bantam Books, 1975)] etxola bat zuen etxe atzean, eta hura erabiltzen genuen. Une hartan, ez geneukan soinua eta irudia konbinatzerik, eta, hala, soinua zuzenean erregistratzen genuen hatz laurdeneko grabagailu batekin.

SM *Termination* [1966], Laytonvilleko amerikar indigenei buruzko filma, eta *Mr. Hayashi* [1961] «albistegien parte ziren», ezta?

BB Bai.

SM *Mr. Hayashi* iragarki baten modukoa da. Erakusten du Hayashi jaunaren ordukako tarifa: dolarra eta hogeita bost zentabo.

BB Premiak bultzaturik sortutako zerbait zen nagusiki.

SM Konturatu naiz zure filmografian badirela zenbait film ez Canyonen ez Film-makers' Cooperativeren katalogoetan agertzen ez direnak: *David Lynn's Sculpture* [1961], *Friend Fleeing* [1962], *Everyman* [1962], *The News No. 3* [1962], *Here I Am* [1962], *The Brookfield Recreation Center* [1964] eta *Port Chicago Vigil* [1966]. Canyoneko albistegiak ziren?

BB Gehienak bai. Edo etxe honetako negatiboen gordailuan daude, edo Anthologyn gordailutu zitzan Jonasi bidalitakoaren parte ziren. David Lynn's Sculpture nire lehen filmetako bat zen: artean Canyonen kokatuta zegoela hasierako Canyon Cinema hartarako Lynnek egindako enborrezko eskultura handiari buruzko albistegia. Egun batean, Canyonetik alde egitera nindoala bidaiatxo batera, denentzako film txiki bat egin nuen: Friend Fleeing. Uste dut News No. 3k zerikusia duela hirurogeiko hamarkadaren hasieran Hegoaldeko Itsasoetako uharte batean egin ziren proba nuklearrekin. *Here I Am* adimen-gorabeherak zituzten haurren Oaklandeko haur-eskola baterako egin zen, hasierako garaietan. Nahiko film polita izan zen. Kopia bat eman nien, eta beste bat egin nuen niretzat. Ez dakit itzuli ote zidaten jatorrizko positibo alderantzikagarria; San Frantziskoko laborategiak itxi egin zuen. Beste eskola bat zen Brookfield Recreation Center, zeinarentzat egin bainuen

ALRE page 3

Reversal camera films are usually preferred for most 16mm uses. Negative stock is usually only used where the photographer has to have the exposure latitude offered by this film, or for television use where the negative film can be reversed to a positive image by switching polarity. A problem in using b&w negative film is that they are difficult to handle without picking up tiny abrasions, dirt and scratches, which appear as white marks when projected. Similar marks on reversal film, will appear dark and are therefore less noticable. The 16mm original film, therefore, is best shot on reversal stock either printed on reversal duplicating film, or onto an internegative from which positive prints are made.

The reversal processing method gives positives which usually show lower graininess than prints made from a negative material of comparable sensitivity. Reversal films may also be used as negative material by processing them in the same manner as fro regular negative films. This however results in some loss of effective emulsion speed and some loss in graininess characteristics.

In the next issue we will reprint the rundown on the 14 different films. stocks included in sampler #1.

-from Bruce Fahr, 5605 Regency Pk. Ct. #9, Suitland, Md., 20023:

Dear News,

Because of your past experience in arranging film festivals [?] I urgently appeal to you and your readers for advice. There are some colleges in Washington D.C. which is where I hope to have a festival presented. I know of about 30 people at my high school who will volunteer to help out, but our main hassle is a site and publicity. I feel that filmmakers in D.C. need a chance to show their works to the public, along with films from other filmmakers throughout the country. If you can, at the Co-op, or any other people would like to help organize or advise this film festival please contact me at the above address.

Filmmakers' Portrait Series #28

Bruce Baillie

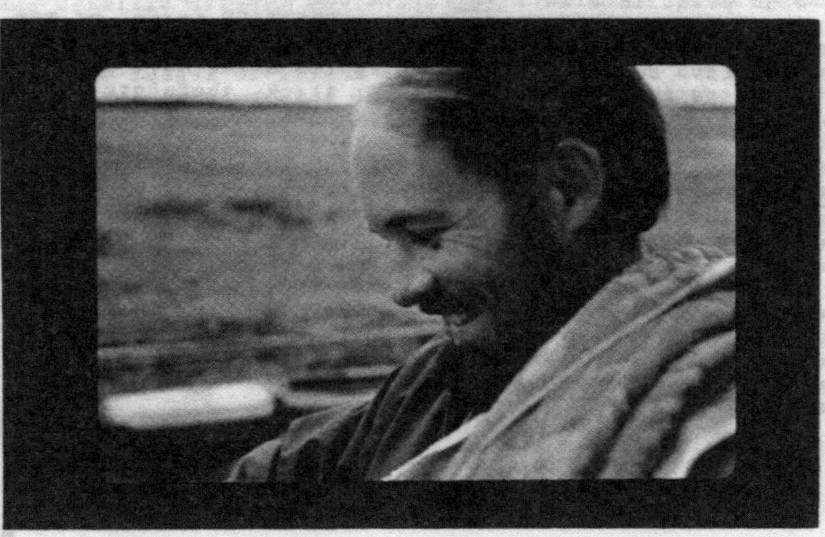

Letter included in *Canyon Cinemanews*

film ez hain egituratu bat, Here I Am baino zakarragoa. Port Chicago Vigil Vietnamera napalma igortzen ari zirenean itsas basearen aurrean paratu ohi ginen garai batean egin zen. Hasieran, manifestariak filmatzera soilik joaten nintzen, baina gero bat egin nuen haiekin. Semeak edo anaiak gerran zituen jendea elkartzen zen han, eta gauzak botatzen zizkiguten autoetatik edo tiro egiten ziguten. Ez dut askorik oroitzen film hari buruz. Everyman: auskalo! Zein bitxia, nire filmez ere ahantzi izana! Uste dut badela horien guztien kopia bana behintzat. Batzuk Willard Morrisonek zituen, zinema asko maite zuen lagun batek, garai batean San Francisco Audio Film Centerren zuzendari izanak. Costa Ricara alde egin zuen, eta ez dut haren berririk izan gehiago. Haren banaketa-etxea Macmillan Films bihurtu zen, Mount Vernonekoa (New York).

SM Zenbat denboran zehar egin zenituen albistegiak?

BB Bi urte edo izango ziren; proiektua gure filmekin uztartzen eta haiengan eragiten joan zen pixkanaka. Handik denbora gutxira, Chick [Ernest] Callenbachi bururatu zitzaion Canyon Cinemanews argitaratzea, idatzizko bertsio bat. Nire ama arduratu zen asmo haren alderdi komertzialaz, eta bizkor garatu zen. Chickek bazuen bere lana, eta, hortaz, Chickie Strandek eta biok editatzen genuen, eta, gero, Paul Tulleyk eta biok. Logotipo zoragarri bat topatu genuen: luma-muturraz egindako marrazki bat, gizon eder bat erakusten zuena, aurrez aurre eta bizkarrez, XIX. mendeko medikuntzako katalogo batetik ateratakoa: *The Exothematic Method of Cure* metodoarena. Platinozko muturra zuten orratz sorta txiki bat zen metodo haren funtsa: zerorrek ziztatzen zenuen zeure burua, orratzekin zetorren «olium»arekin. Puntako metodo hura erabiliz, «materia morbidoaz» libra zintezke, ustez. Txoratu egin gintuen: irudia erreproduzitu, eta gure albistegiekin jarri genuen. Gero, zigiluak egin genituen harekin, eranskailuak, eta Coopek banatzen zituen film-bobinetan jarri genuen.

SM Noiz hasi zen banaketa-etxea lanean? Eta nork parte hartzen zuen hartan?

BB Hasieran, emakume batek eramaten zuen Sausaliton, eta gero Bob Nelsonen eskuetan egon zen denbora batez. Baita Bruce Conner, Larry Jordan eta Edith Kramer-en eskuetan ere. Denbora asko kostatu zitzaidan proiektutik erretiratzea. Gerentearen mende zegoen ia guztia.

SM Noiz utzi zenuen Canyon Cinema?

BB Ene, ba, pentsatzen dut hirurogeiko hamarkadaren erdi edo amaiera aldera izango zela, *Castro Street* eta hura bezain zailak ziren beste film batzuk egin nituenean. Morningstar-en nengoen, Santa Rosatik hurbileko komuna batean. Lou Gottlieb zen jabea. Limelighters taldeko kidea zen [folkeko talde ezagun bat, hirurogeiko hamarkadakoa], tipo aparta, 16 bat hektarea erabiltzen uzten ziguna. Hara aldatu ziren nire lagun bat, Ramón Sender, San Frantziskoko musikagilea, eta margolari handi bat, Wilder Bentley; jende asko zebilen sartu-irtenean. Han egin nituen nire film trinkoenak. Kanpoan bizi ginen denak, basoan, gure kasa, toki desberdinetan. Nire txakurrarekin bizi nintzen, eskuz egindako olanazko etxola batean, eta keroseno lanpara bat nuen. Eraikin batean egiten genituen otorduak, eta txandaka prestatzen genuen janaria. Garai hartan, ezingo nukeen Canyon Cinema zuzendu. Garaitsu hartan ezagutu nuen Will Hindle, zeinak izan baitzuen nigan eragin sakona, eta Scott Bartlett, beste lagun handi bat.

SM Zein dira, zure ustez, zure film trinkoenak?

BB *Castro Street*, *All My Life* [1966], *Quixote*, *Quick Billy*; eta *Mr. Hayashi*, film zabarra den arren, oso gustukoa dut bertako pertsonagatik. Atsegin dut *To Parsifal*. Trakets samarra da, baina, oro har, ona. Eta *Mass*. Uste dut horiek direla... A, bai, jakina: dezente gustatzen zait *Roslyn Romance*, sarrera bereziki. Eta *Valentín de las sierras* ere asko atsegin dut.

SM *On Sundays* lanari buruz esan zenuen gurasoek etxe hau oinordekotzan utzi izan ez balizute kalean egongo zinela seguru asko.

BB *On Sundays*eko tipoa bezala, halaxe da. Bay Bridge azpian kotxe abandonatu batean bizi nintzela ezagutu nuen.

SM Harritu ninduen zer-nolako igarmena zegoen film horretan: kalean botata dagoen tipo hori, neska asiarraren atzetik doana...

BB Bai, noski! Lorie eta ni bezala. [barrea]

SM Jakina, zu ez zara etxegabe bat, baina irudi du aspalditik dabilkizula ideia hori buruan bueltaka.

BB Ba, ez da hala; gutxienez, ez naiz ni horretaz kontziente izan. Azken urteetan soilik izan da, «plan amerikarrari» men ez egitearen ondorioa zein izan daitekeen eta izaten den ulertu dudanean: heldutasunera iristen zarenean, zure energia guztia xahutu duzunean, ezertxo ere gelditzen ez zaizunean.. Sistema guztiak gero eta gehiago daude enplegatuak zaintzeko diseinatuta. Tarteka baino ez naiz ni aritu enplegatu gisa, pixka bat gehiago irabazi eta artista langabe bat izan ahal izateko. Amerikar balio-eskeman, lanik gabe dagoen jendeak ez du bere betebeharra betetzen.

Baina inork bestelakorik ikusten badu *On Sundays*en, ikusteko hor dagoelako izango da.

SM Kontakizun tradizionala ez den arren, elementu narratibo konbentzional asko ditu, eta interesgarria da zure hurrengo bi filmak –*The Gymnasts* [1961] eta *Have You Thought of Talking to the Director?* [1962]– narratiboak izatea, historiak dirudien arren adimen-egoera jakin batera lerratzeko aitzakia hutsa. Bilakaera bat ikusten da teknika narratiboaren ikaskuntzatik pentsatzen edo sentitzen duzun hori kanporatzeko bideen ikaskuntzara. Hitz egingo diguzu hasierako eboluzio horri buruz?

BB Kosta egiten da gogoratzea. Oro har, film bakoitzak nahi zuena diktatzen zidan, grabatzaile eskimalek dioten bezala. Pixkanaka ulertzen nuen nola funtzionatzen zuen inguruneak. Gogoan dut, bai, nola erabaki nuen zeregin eskerga horretan pixkanaka aurrera egitea eta modu konbentzionalean aritzea, nire ingurura begiratu eta ikusten nuelarik nola beste batzuk murgiltzen ziren arte garaikidean eta baliatzen zuten beren adierazmolde propio eta berezia. Kontua da hasieran ezin nuela halakorik egin.

Eremu ezkutuak aurkitzeko lan egitera mugatzen nintzen. Garai hartara begiratzen badut, pentsatzen dut japoniar loretegi horietan, zeinak baitituzte oinez zoazen harriak modu perfektuan kokatuta eta itxuratzen baitute naturaren izaera apetatsua, erakusten duten zen arren pentsamendu budistaren zehaztasuna. Begiratzen dut atzera, eta ikusten dut nola zen urrats bakoitza, harri bakoitza, neuk premiaz jarritakoa, nire premiak bultzatuta jarritakoa, neure burua ezagutzeko premiak bultzatuta jarritakoa. Zetozkidan bezalaxe egiten nituen filmak; airean sumatzen nuen unea iritsi zela berriro.

Argiago oroitzen dut zerk eraman ninduen aurreragoko filmak lantzera. *Castro Street*, esaterako, Standard Oileko tangen koloreak, Richmonden, Kalifornian, egun euritsu jakin batean. *All My Life*, Casperen –Tulley bizi zen kostaldean, Kalifornian– udako hiru egunez egon zen argi motak. Cork irlandar hiriaren antza zuen. Ohi bezala, enpresari handiek hartu zuten txoko zoragarri hura, eta neutralizatu egin zuten. Baina toki aparta izan zen denbora batez. Hiru egun izan ziren: argia sumatu lehen unea izan zen goreneko puntua. Banuen pelikula zahar hura, Ansco, erabili nahi nuena. Baina ez nuen film bat egin nahi. Garai hartan banekien nolako bidesaria ekar zezakeen film bat egiteak. Baina bigarren egunean zoragarri jarraitzen zuen argiak. Lagun bat zegoen nirekin, San Frantziskora itzultzen ari ginen autoz, eta, halako batean, bota nion: «Ez, ezin diot honi bizkarra eman!». Gelditu ginen, atera nuen tripodea eta ongi finkatu nuen. Gero, pixka bat praktikatu nuen, eta esan nion joateko zenbatzen atzerantz: bobina bakarrarekin eta plano sekuentzia batekin hiru bat minutu genituen zerua filmatzera iristeko. Gero, hartualdia egin genuen, eta ezin hobeto atera zen: panoramika bat egin nuen hiru hatzeko teleobjektiboarekin, eta, bitartean, fokuratzen nindoan. *All My Life* ongi atera zen. Haren inspirazio-iturri izan ziren argia (badakizu, egun bakoitzean desberdina dela) eta Teddy Wilson eta Ella Fitzgeralden grabazio zahar hura [«All My Life»], beti entzuten baitzen Tulleyren txabolatxoan, jarrita zeukan kartel zehatz harekin. (Gau batean, afaltzen ari ginen bitartean, «kax, kax» bat aditu genuen. Kanpora irten, eta atera begiratu genuen. Hauxe zioen kartelak: «Bihar hamabietarako alde eginda egon behar duzu hemendik!»). Banekien kantu hark izan behar zuela gai nagusia eta Paulen etxean bezalaxe entzun behar zela, patata zaku bat jarrita bozgorailuaren gainean. Disko oso erabili baten tankerako soinua eduki behar zuen. Komunara itzuli nintzenean, musika eta irudia uztartu nituen.

SM *A Hurrah for Soldiers* [1963] Alfred Verbruggeri eskainia da, haren emaztea hil egin zutelako; zergatik ez zenion emakumeari eskaini?

BB Tira, oro har, ez naiz politikoa, eta, garai hartan, are gutxiago. Ez nengoen munduko gorabeheren, historiaren, gertaeren jakinean. Baina, halako batean, Life aldizkarian topatu nuen gizon bat, Verbrugge, oihuka ageri den argazki izugarri, tragiko, hura: soldadu batzuek bere emaztea hil zuten, okertuta. Argazki izugarria zen. Ezin nuen eraman gizakiek elkarri horrelakorik egitea. Ezin eutsizko emozio bat zen, eta berehala ekin nion film bat egiteari; koloretan egindako nire lehena izan zen. Norbaitek bobina batzuk oparitu zizkidan. Argi zoragarria zegoen berunezko zeru hartan, eta gris eta beltz nabarmenak eratzen zituen. Ia akromatikoa zen, nolabait esateko. Eta horrek interesatzen ninduen.

es buena. Y *Mass.* Yo creo que eso es todo... Ah sí, claro, me gusta bastante *Roslyn Romance*, sobre todo la introducción. Y *Valentín de las sierras* también me gusta mucho.

SM De *On Sundays* usted dijo que si sus padres no le hubieran legado esta casa, probablemente estaría en la calle.

BB Como el tipo de *On Sundays*, así es. Lo conocí cuando vivía en un coche abandonado debajo de Bay Bridge.

SM Me sorprendió la interesante clarividencia que había en esa película: ese tipo que está tirado en la calle y va detrás de la joven asiática...

BB ¡Sí, claro! Igual que Lorie y yo. [risas]

SM Evidentemente, usted no es un sin techo, pero parece que esa idea le ronda por la cabeza desde hace mucho tiempo.

BB Pues la verdad es que no es así, por lo menos yo no he sido consciente de ello. Solo en los últimos años, cuando he comprendido cuál puede y suele ser la consecuencia de no atenerse al «plan americano»: cuando te haces mayor, cuando has consumido toda tu energía, ya no tienes nada. Cada vez es más habitual que los sistemas se conciban para cuidar de los *empleados.* Yo solo he estado empleado ocasionalmente, para ganar un poco más y poder permitirme ser un artista desempleado. En el esquema de valores americano, la gente que no tiene trabajo no cumple con su obligación.

Pero si alguien ve otras cosas en *On Sundays*, debe de ser que están ahí.

SM Aunque no sea un relato tradicional, tiene muchos elementos narrativos convencionales, y es interesante que sus dos películas siguientes —*The Gymnasts* [1961] y *Have You Thought of Talking to the Director?* [1962]— sean de carácter narrativo, aunque la historia solo parezca un pretexto para lanzarse a un determinado estado mental. Se aprecia una evolución desde el aprendizaje de la técnica narrativa al aprendizaje de cómo exteriorizar lo que usted piensa o siente. ¿Podría hablarnos de esa evolución inicial?

BB Es difícil acordarse. En general, cada película me dictaba lo que ella quería, como dicen los talladores esquimales. Iba entendiendo poco a poco cómo funcionaba el medio. Sí recuerdo que decidí avanzar lentamente con esta enorme labor y hacerlo de manera convencional, mientras miraba a mi alrededor y veía cómo otros se adentraban en el arte contemporáneo y se expresaban de una forma propia y singular. El caso es que, al principio, yo no podía hacer eso.

Me limitaba a trabajar para descubrir terrenos ocultos. Si vuelvo la vista hacia esa época, pienso en esos jardines japoneses con piedras perfectamente dispuestas por las que caminas y que emulan el carácter azaroso de la naturaleza, aunque representen la precisión del pensamiento budista zen. Vuelvo la vista atrás y veo que cada paso, cada piedra, era algo que dispuse por necesidad, por mi propia necesidad, la de conocerme a mí mismo. Realizaba los filmes según me iban viniendo; en el aire percibía que de nuevo había llegado el momento.

Con más claridad recuerdo lo que me indujo a trabajar en las películas posteriores. En *Castro Street* fue el color de los depósitos de Standard Oil en Richmond, California, en un determinado día lluvioso. En *All My Life* fue el tipo de luz que hubo durante tres días de verano en Casper, California, en la costa donde vivía Tulley. Se parece a como era la ciudad irlandesa de Cork. Como siempre, los grandes empresarios invadieron ese rincón encantador y lo neutralizaron. Pero durante un tiempo fue un sitio precioso. Fueron tres días: el punto álgido fue durante el primero que percibí la luz. Tenía esa anticuada película Ansco que quería utilizar. Pero no quería hacer una película. En esa época ya sabía el peaje que podía suponer hacer una. Pero al segundo día la luz seguía siendo maravillosa. Me acompañaba una amiga, comenzamos a volver en coche a San Francisco y de repente le dije: «No, ¡no puedo darle la espalda a esto!». Nos detuvimos, saqué el trípode y lo sujeté bien. Después practiqué un poco y le pedí que fuera contando hacia atrás: con un solo rollo y un plano secuencia teníamos unos tres minutos hasta poder llegar a filmar el cielo. Después hicimos la toma y no pudo fluir mejor: fui haciendo una panorámica con el teleobjetivo de 3 pulgadas y, mientras, iba enfocando. *All My Life* salió bien. Lo inspiraron la luz (ya sabes que cada día es único) y esa antigua grabación de Teddy Wilson y Ella Fitzgerald [«All My Life»], que siempre sonaba en la cabañita de Tulley, con ese cartel tan taxativo que tenía. Una noche, cuando estábamos cenando, oímos un «toc, toc». Salimos y miramos a la puerta. El cartel decía: «¡Mañana a las doce tiene que haber abandonado este lugar!». Yo sabía que esa canción debía ser el tema central y que debía sonar igual que en casa de Paul, con un saco de patatas sobre el altavoz. Tiene que sonar un poco a disco muy usado. Cuando volví a la comuna uní la música y la imagen.

SM *A Hurrah for Soldiers* [1963] está dedicado a Alfred Verbrugge porque su esposa fue asesinada; ¿por qué no se la dedicó a ella?

BB Bueno, en general yo no soy político, y entonces todavía menos. Y no estaba muy informado sobre el mundo, la historia, los acontecimientos. Pero, de repente, en la revista *Life* encontré esa terrible, trágica fotografía de un hombre, Verbrugge, gritando: unos soldados habían matado a su mujer por error. Era una fotografía espantosa. No podía soportar que los seres humanos se hicieran cosas así. Era una emoción incontenible, así que me puse inmediatamente a hacer una película, la primera que hice en color. Alguien me había regalado unos pocos rollos. La luz era preciosa en ese cielo plomizo y creaba unos grises y negros imponentes. Era algo casi acromático. Y eso me interesaba.

De manera que era un homenaje a un hombre que había perdido a su amada por el salvajismo que conlleva la obediencia ciega a una idea. A Krishnamurti le horroriza que seamos seguidores de ideas, por no hablar de seguidores de ideologías, como perritos o soldados. A sus alumnos les suele recomendar, con severidad, que intenten aprender a ir más allá de las ideas. Una idea es algo fijo; es un punto inexistente en la continuidad del espíritu, que es móvil: la vida esencial e infinita que buscamos al pensar, sentir y actuar. Me resultaba odioso que esos soldados obedecieran una orden que había conducido a ese trágico momento que retumba eternamente en el universo: un asesinato nunca cesa, y yo quería decir algo sobre esa ignorancia, esa obediencia a la autoridad. Acababa de llegar al medio y probablemente esa película sea lo mejor que he hecho en él.

A Hurrah for Soldiers también se inspiraba en un acontecimiento que aparentemente no tiene nada que ver. Yo estaba en la playa y en el malecón alguien había escrito una de esas frases que mentes raras ponen sin que las vean en sitios públicos: «Quiero que me dé una paliza una pandilla de chicas». Eso también me interesó, así que reuní a una «pandilla de chicas» —todas las amigas de diversas edades que formaban parte de Canyon Cinema— y les dije: «Quiero que contempléis a un tipo que se alegra de que una panda de chicas le dé una paliza». En esa época el tema no tenía para mí ninguna connotación especial, ni me planteaba ninguna complicación. No le di mucha importancia; simplemente me divertía la declaración que habían escrito en el malecón. Antes de rodar, repinté la frase para que se viera más oscura, para que resaltara más, y [risas] apareció un vecino y me dijo: «¡Así que tú eres el que está escribiendo esas mierdas en la pared! ¡Voy a llamar a la policía!». Entonces tuvimos que largarnos rápidamente. No creo que llegáramos a fotografiar las palabras. Para la paliza nos buscamos un neumático viejo de caucho y eso fue lo que golpeamos, fuera de campo, no sé de dónde saqué ese extraño coro infantil mexicano cantando «María». *A Hurrah for Soldiers* fue un mejunje raro. Mi padre hacía de sacerdote.

SM Cuando estaba viendo tus películas por orden cronológico y llegué a *To Parsifal*, me dio la impresión de que habías llegado a un punto en el que te bastaba con mirar cosas hermosas en el mundo. Era como si hubieras comprendido que: «Bueno, esto puede ser una película. No necesito añadirle nada más».

BB Puede que esa fuera la primera película en la que tuve la sensación de que estaba comenzando a dominar el medio. Tiene ciertas torpezas, sobre todo en unas pocas fotos fijas entre los árboles, que me siguen perturbando, pero en general es un homenaje bastante interesante a Wagner y al mito del santo grial y a Parsifal como héroe.

Iba a bordo de una barca de pesca y sabía que en mi interior se estaba gestando una nueva película, que estábamos en primavera y que se cernía un homenaje a lo maravillosa que es la primavera, y en la barca escuché esa música y tenía la cámara. Mi viejo amigo Willard Morrison, de Audio Film Center, en San Francisco, me había dado los primeros rollos de película en color nueva que había tenido en mi vida, unos siete rollos de la antigua Ektachrome, qué preciosidad. ASA 15 o 16. Era como oro líquido en mi cámara. Como balas de plata. Llevaba encima un par de esos rollos, así que escuché la música que salía de un pequeño altavoz situado en el mástil mientras navegábamos por el océano Pacífico junto al Golden Gate —como la barca era muy baja, el océano estaba muy cerca—, y casi se podía tocar el mar, así que me limité a filmarlo tal como era. Luego pensé: «Pero ¿qué es esta música?: tiene que ir ahí», y era *Parsifal*, de Richard Wagner. En esa época no sabía nada ni de él ni de su música, aunque sí conocía la leyenda del grial. De manera que todo se mezcló: la espada mágica y la herida de Amfortas, causada por sus propias indiscreciones o imperfecciones.

Technical datasheets for the films *Quixote* and *Mass for the Dakota Sioux*

Quixote (motion picture). Bruce Baillie, 1965.
44 min (1600 ft), sound, b/w & color, 16 mm.
An independently produced, personal, non-theatrical and non-narrative film. Observations, raw material, visual analogies, composite structures and implied commentary, essentially a "film poem" about the United States. The sound track is fragmentary and impressionistic, suggestive rather than expository. The film represents the U.S. as an epic struggle for natural nobility against the odds of folly and abuse of abundance.

ICONOGRAPHIC COLLECTIONS, STATE HISTORICAL SOCIETY OF WISCONSIN, MADISON, WIS.

announcing the completion of a new film by Bruce Baillie, available from Audio Film Center, 406 Clement Street, San Francisco.

MASS (for the Dakota Sioux), a film Mass.
20 minutes, B&W, sound. Rental $10. The film is concerned with the destruction of the individual personality - the non "religious" life.

Recent awards presented the work of this film-maker: Golden Gate Award, San Francisco International Festival, '63, Grand Award, Midwest Festival, '64. Ann Arbor Award, Midwest Festival, '64. First Award, Ann Arbor Festival '64.

New Catalogues this summer: Audio Film Center and Film-maker's Cooperative, 414 Park Ave., S. N.Y. 16, N. Y.

Hortaz, ideia bati itsuki men egiteak dakarren basakeriaren erruz bere maitea galdu zuen gizon bati egindako omenaldia zen. Krishnamurtiri izugarria iruditzen zaio ideien jarraitzaileak izatea, eta zer esanik ez, ideologien jarraitzaileak izatea, txakur txikiak edo soldaduak bagina bezala. Ikasleei zorrotz gomendatu ohi zaie saiatzeko ideietatik haratago jotzen. Ideia zera finko bat da; espirituaren jarraitutasunean existitzen ez den puntu bat, mugikorra baita hura: pentsatzean, sentitzean eta jardutean bilatzen dugun bizitza oinarrizko eta infinitua. Gorrotagarria iruditzen zitzaidan soldadu haiek agindu bati men egiteak ekarri izana unibertsoan eternalki durundika dagoen une tragiko hori: hilketa ez da inoiz amaitzen, eta zerbait esan nahi nuen ezjakintasun horri buruz, autoritateari men egite horri buruz. Iritsi berria nintzen ingurunera, eta bertan egin dudan gauzarik onena film hori izango da, seguru asko.

*A Hurrah for Soldiers*ek orobat izan zuen inspirazio-iturri itxuraz horrekin zerikusirik ez duen gertaera bat. Hondartzan nengoen, eta malekoian zerbait idatzi zuen norbaitek, inork ikusten ez dituela garun xelebreek toki publikoetan idazten dituzten esaldi horietako bat: «Neska kuadrilla batek jipoia ematea nahi dut». Horrek ere interesa sortu zidan, eta, halaxe, elkartu nuen «neska kuadrilla bat» –Canyon Cinemako adin desberdinetako lagunak, guztiak– eta esan nien: «Nahi dut neska kuadrilla batek jipoia emateak pozten duen tipo bati begiratzea». Garai hartan, gaiak ez zuen inolako konnotazio berezirik niretzat, eta ez zidan eragiten inolako konplikaziorik. Ez nion eman aparteko garrantzirik; besterik gabe, dibertitu egiten ninduen malekoian idatzi zuten esaldi batek. Errodatzen hasi aurretik, gainetik margotu nuen esaldia, ilunago ikus zedin, gehiago nabarmen zedin, eta, [barrea] halako batean agertu zen bizilagun bat, eta esan zidan: «Zu zara, beraz, paretan zikinkeria horiek idazten ari dena! Poliziari deituko diot oraintxe!». Eta korrika eta presaka alde egin behar izan genuen. Ez dut uste esaldiari argazkia ateratzeko ere astirik izan genuenez. Jipoia emateko, kautxuzko pneumatiko zahar bat bilatu genuenik, eta hura jipoitu genuen, eremutik kanpo; ez dakit nondik atera nuen haur koru mexikar bitxi hura, «Maria» kantatuz. *A Hurrah for Soldiers* nahas-mahas arraro bat izan zen. Apaizarena egiten zuen nire aitak.

SM Zure filmak ordena kronologikoan ikusten ari nintzela, *To Parsifal*era iritsi, eta irudipena izan nuen iritsita zeundela une batera zeinetan aski baitzenuen munduko gauza ederrei begiratzea. Hau ulertu bazenu bezala: «Tira, hau film bat izan daiteke. Ez diot zertan ezer erantsi».

BB Baliteke film hartan sentitzea lehen aldiz ingurunea menderatzen hasita nengoela. Baditu trakeskeria batzuk, bereziki zuhaitzen arteko argazki finko batzuetan; oraindik ere aztoratzen naute. Baina, oro har, Wagneren eta grial santuaren mitoaren eta Parsifal heroiaren omenaldi nahiko interesgarria da.

Arrantza-ontzi batean nindoan, eta banekien film berri bat sortzen ari zela nire baitan, udaberrian ginela eta omenaldia zetorrela udaberriaren edertasunari, eta entzun nuen musika hori ontzian, eta aldean neraman kamera. San Frantziskoko Audio Film Centerreko Willard Morrison lagun zaharrak nire bizitzan izandako koloretako lehen pelikula berriak eman zizkidan, Ektachrome zaharreko zazpi bat bobina, zoragarriak. ASA 15 edo 16. Urre likidoa bezala ziren nire kameran. Zilarrezko balak bezala. Aldean neramatzan bobina haietako pare bat, eta, hala, mastan kokatutako bozgorailu txiki batetik irteten zen musika hura entzun nuen Ozeano Barean nabigatzen gindoazela Golden Gate inguruan –itsasontzia oso apala zenez, hurbil zen ozeanoa–, eta itsasoa uki zitekeen ia; hortaz, zen bezalaxe filmatu besterik ez nuen egin behar izan. Gero pentsatu nuen: «Baina zer da musika hau? Hor joan behar du», eta *Parsifal*en, Richard Wagner-ena. Garai hartan, ez nekien ezertxo ere ez musikagileaz ez haren musikaz, grialaren legenda ezagutzen nuen arren. Beraz, dena nahastu zen: ezpata magikoa eta Amfortasen zauria, haren arinkeriak edo inperfekzioak eragina.

SM *Mass*eko heroia motorrean doan gizon bat da –motorra du «zaldi zintzoa»–, eta, alde batetik, bereizten da iragaitzan pasatzen dituen etxe identikoetatik eta haiek itxuraz adierazten dutenetik, baina, beste alde batetik, kontsumismo beraren parte da haren motorra. Kalean botata dagoen gizonari laguntzera hurbiltzen den jendea besteren sufrimenduari arretarik ez emateko joera nagusi den gizarte batean ekintzetara jauzi egitearen parabola bat da.

BB Jende arbuiagarria, Tulleyk dioen moduan. Requiem bat da *Mass*, Kennedy presidentearen hilketaren ondoren asmatua. Garai tristea, askorentzat. Dakotara nire jaioterrira bakarrik egindako bidaia luze batetik itzuli berria nintzen. Ez dut oroitzen bidaian ezer filmatu ote nuen, ezetz uste dut; baina banekien film bat sortzen ari zela. Gau batean, itzuli ondoren, begirik bildu gabe eman nuen gau osoa –lorik egiten ez dudan gau apur horietako bat–, eta requiemeko mezak entzun nituen irratian, Mozartena bereziki. Zoragarria izan zen. Badakizu, zeltek oso gustukoa dute edertasunagatik negar egitea. Tristura da munduaren aurrean erreakzionatzeko modurik politenetako bat.

Filmak indar handiko tesi kritiko bat du: gizartearen, eraikinen eta gaur egungo kutsaduraren –eta beste guztiaren– kontra dago, eta naturak, indibidualtasunak eta gizaki izateak –modu tazituan, behintzat– sortzen duten bozkarioaren alde!

SM Irudien eta gainjartzeen geruza trinko batek osatuta dago *Mass*. Estilistikoki, gauzak hasieran zuri iruditu baino konplexuagoak direla adierazteko modu bat da. *Mass*en ondoren zure filmak garatu ahala, gero eta garrantzi handiagoa hartu zuen gainjartzeak, tipiko bihurtzeraino.

BB Baliteke. *Mass* aipatzean, ezin dugu alde batera utzi amerikar aborigenen omenaldia, meza santua ematen zutenek basati fedegabetzat zituzten jatorrizko herrien omenaldia. Filmeko heroia jatorrizko dakota herrien omenaldi bat zen, lakota siux eta haien leinu guztien omenaldi bat, baita filmaren hasieratik espaloian zerraldo zegoen eta gero meza-emaileek eramaten duten gizon hilaren onenarena ere; Eukaristia ospatzean erretiratzen den gizaki arruntaren gorpua. Omenaldia egiten zion, orobat, *poeta*ri (bereziki, Jean Cocteauri). Poesiaren dohaina hilda erretratatu nuen, desagertuta. Gure ingurune materialista eta teknologikoki erreakzionario historikoak abandonatu duen orori kantatzen dio filmak!

SM *Quixote* zen ordura arte zuk egindako filmik luzeena, eta hala izaten jarraitzen du, alde batera utzirik *Quick Billy*

SM El héroe de *Mass* es el hombre que va en moto —su «noble corcel»—, que, por una parte, se distingue de las casas idénticas junto a las que pasa y lo que parecen representar, pero, por otra, su moto forma parte del mismo consumismo. La gente que acude a atender al hombre tirado en la calle es una parábola de lo que supone pasar a la acción en una sociedad en la que se tiende a no prestar atención al sufrimiento ajeno.

BB Gente desechable, como dice Tulley. *Mass* es un réquiem, que se concibió después del asesinato del presidente Kennedy. Para muchos, una época triste. Yo acababa de regresar de un largo viaje que había hecho solo a mi ciudad natal, en Dakota. No recuerdo si filmé algo durante ese viaje, creo que no, pero sí sabía que estaba gestando una película. Una noche, después de regresar, estuve despierto toda la noche —una de esas noches rarísimas en las que no duermo— y escuché misas de réquiem en la radio, sobre todo la de Mozart. Fue precioso. Ya sabes, a los celtas les encanta llorar por la belleza. La tristeza es una de las formas más bonitas de reaccionar ante el mundo.

La película tiene una tesis crítica muy potente: ¡está en contra de la sociedad, los edificios y la contaminación actuales —y de todo lo demás—, y a favor del gozo que producen, al menos de forma tácita, la naturaleza, la individualidad y el hecho de ser humano!

SM *Mass* se compone de una tupida capa de imágenes y superposiciones. Estilísticamente es una forma de expresar el hecho de que las cosas son más complejas de lo que al principio le parecieron a usted. A medida que sus filmes se desarrollaban después de *Mass*, la superposición se fue haciendo cada vez más importante, incluso típica.

BB Quizá. Al hablar de *Mass* no podemos dejar de lado el homenaje a los aborígenes americanos, a los pueblos originarios que los oficiantes de la santa misa consideraban salvajes impíos. El héroe de la película constituía un homenaje a los pueblos originarios de Dakota, al conjunto de los sioux lakota y a todas sus tribus, y también a la mejor parte del ser humano, que yace tendido en la acera, muerto desde el comienzo del filme, y que después se llevan los oficiantes: el cuerpo del hombre corriente que se retira al celebrarse la eucaristía. También era un homenaje al *poeta* (y en particular a Jean Cocteau). El don de la poesía lo retraté muerto, desaparecido. ¡La película es un canto a lo que ha abandonado nuestro histérico entorno materialista y tecnológicamente reaccionario!

SM *Quixote* era la película más larga que había hecho usted hasta ese momento y lo sigue siendo, con la salvedad de *Quick Billy* y *Roslyn Romance* (si tenemos en cuenta todas las partes de esas dos películas). En muchos sentidos, es una prolongación de *Mass*.

BB Yo vivía con mis padres. Nunca me pude permitir tener mi propio cuarto ni nada, y para entonces mi padre decía: «Ya vas a tener treinta y tantos y estás haciendo estas películas, y no vas a ninguna parte. Ya no puedes seguir viviendo aquí». Tuve que abandonar la realización de *Mass* unas tres veces porque no tenía ningún lugar donde realizarla. Siempre estaba viviendo en el cuarto trasero de alguien, donde no podía trabajar. Al final, me fui a casa de mis padres, donde estaba la película, regresé sigilosamente a mi cuarto y me puse a trabajar en *Mass*; nadie dijo nada y yo la terminé. En última instancia, fueron mi padre y mi madre quienes hicieron posible ese periodo de creatividad con su apoyo. Todas las películas y mi vida se las debo a mi madre, Gladys, y a mi padre, E. Kenneth Baillie.

Pero *Quixote* se produjo cuando realmente me enfrentaba a la pobreza. La primera fase tuvo lugar en el suroeste. Me fui con una amiga de Kowloon, llamada Tseng Ching. Era una chica estupenda que había terminado la universidad y su visado estaba a punto de caducar. Me regaló doscientos dólares que su tío le había regalado a ella. Nunca lo he superado. Cuando me los ofreció le dije: «De ninguna manera»; no me lo podía creer, y a medida que pasaba el tiempo yo no podía ganar ni un centavo. Así que acepté el dinero y ella se vino conmigo, y mi perro, Mama Dog, un pastor enorme. En el camino iba leyendo el *Quijote*. Era consciente de la estructura de la obra de Cervantes; las transiciones, en concreto, eran importantes para mí. Por otra parte, también había estudiado algunas notas de John Cage y su música, además de algunas películas y escritos de Stan Brakhage, y algo de E. E. Cummings. Pero, sobre todo, Cervantes. Me gustaba cómo pasaba de un capítulo al otro. Después del título de cada capítulo venía un subtítulo que decía: «De cosas sucedidas en el camino...». Después venían fragmentos secundarios y sangrados, donde, por ejemplo, aparecía el cuento de la pastora. Me gustaba esa estructura. Yo sabía que iba a tener que conjugar materiales muy singulares y dispares, y que iba a ser una labor muy difícil. Me sentía capaz de hacerlo porque ya había realizado bastantes películas y quería realizar una larga con una forma interesante. Quería demostrar cómo, en la conquista de nuestro entorno en el Nuevo Mundo, los americanos se han aislado, tanto de la naturaleza como de los demás. Como usted quizá recordará, en las secuencias del suroeste me alejo de la ciudad y la filmo desde donde están los cactus y las cigarras.

Tseng Ching y yo estuvimos por ahí y tuvimos varias aventuras, y yo registré muchas. Encontramos una antigua escuela en algún lugar de Arizona, donde antes había caminos para las diligencias y la caballería, y encontré un piano antiguo y desafinado que ella tocó y yo filme, cosas así.

Después Tseng Ching tuvo que marcharse a China. No volví a verla más. Regresé a casa de mis padres durante un tiempo, llegó el invierno y entonces es cuando me marché a las montañas y comencé la parte en blanco y negro.

Utilicé película que había robado en Hollywood: Tseng Ching y yo nos habíamos pasado por allí antes de dirigirnos al suroeste y filmar algunas cosas que nunca utilicé, y encontramos, en un callejón, en una caja enorme, unos cuantos montones de vieja película de la que utilizaba Ron Rice. En ese momento supe que era para mí. Así que me lancé a la carretera con esa película y crucé las montañas, desde San Francisco, en invierno. ¡Casi se me había olvidado! Llegué en mi Volkswagen con poca batería, nevaba y nos quedamos tirados en algún lugar de Nevada. ¡Para sobrevivir el perro y yo tuvimos que dormir pegados! A la mañana siguiente nos encontramos con un indio que vivía con su poni en el sótano de un hotel. Consiguió que viniera un tipo a poner en marcha el coche. ¡Hay tantas historias en esa película!

Desde el punto de vista técnico, yo sabía que quería combinar las imágenes de forma más compleja, y que eso de alguna manera se lograría después del rodaje. Así que decidí que esta iba a ser una película larga para dos proyectores. No me gustaba el sencillo efecto de superposición que solo se consigue con la cámara. Era demasiado elemental. Filmé una parte bastante larga en las colinas del valle de San Bernardino una mañana brumosa. Habíamos acampado al aire libre. Después, cuando comencé a editar, utilicé esas tomas para crear una pieza independiente que se proyectaría junto al resto del material. Practiqué con eso durante un tiempo, después lo guardé. En los archivos con el material para *Quixote* hay fragmentos largos que debían acompañar el material que está en la versión de la película que se distribuyó. Pero al final no combiné las imágenes así. Más bien, para combinarlas, utilicé cinta aislante negra. Ponía el material en paralelo sobre una mesa de luz, y tapaba ciertas partes del fotograma, para que después este compartiera dos escenas distintas sin que hubiera efecto de superposición. Tuve que hacerlo manualmente porque no disponía de impresoras ópticas. Y muchos de esos elementos tuve que retirarlos después, poco a poco, porque el resultado era malo, pero así es como se consiguieron algunos de esos pequeños efectos. Gran parte del material no se utilizó porque simplemente no encajaba: muchos fragmentos no se utilizaron.

Al final conseguí que el coche funcionara mejor y me fui al norte. Quería llegar hasta Cut Bank, Montana, porque siempre era donde hacía más frío; quería estar allí en pleno invierno. Hacía tanto frío que se me rompió el mango del trípode mientras tomaba una panorámica durante una ventisca. Fue una locura. Llegué hasta las reservas indias y después me dirigí al este. Quería hacer algo en Nueva York, pero Selma [el conflicto racial en Selma, Alabama] estaba teniendo lugar, así que pedí prestado algo de dinero y me fui en avión para allá. Llegué un día o dos después de los terribles días intensos que me habían conducido hasta allí. Filmé lo que pude.

SM ¿Al principio no tenía idea de qué ruta seguiría?

BB Iba allá donde me llevara el carácter errante del caballero, como Don Quijote.

SM *Castro Street* utiliza otro método para combinar imágenes.

BB Cuando estaba editando *Castro Street*, salía de las sesiones de edición de la mañana alrededor del mediodía, me tumbaba al sol y comía, y pasaba por allí gente con la que vivía en la comuna y no los reconocía. No sabía quiénes eran. Era como si tuviera la enfermedad de Alzheimer. Todas las mañanas me reventaba la cabeza con la edición de esa película. ¡Ahora intento disuadir a mis estudiantes de que tengan obsesiones tan suicidas!

Técnicamente, cuando hice *Castro Street*, volví al exterior con mi «arma», con mis herramientas. Reuní un par de prismas y un montón de vasos de la cocina de mi madre, varias cosas, y un día probé todo eso en el patio trasero de Berkeley. Sabía que no dispondría de un laboratorio que me permitiera combinar blanco y negro y color, y estaba decidido a hacerlo yo solo. Buscaba el color suave que tenía un lado de

eta *Roslyn Romance* (bi film horien atal guztiak kontuan hartuta). Alderdi askotatik da *Mass*en luzapen bat.

BB Gurasoekin bizi nintzen. Inoiz ezin izan nuen niretzako gela bat eduki, eta ordurako zera esaten zuen nire aitak jada: «Hogeita hamarretik gora urte dituzu eta film horiek egiten zabiltza, eta ez zoaz inora. Ezin duzu jarraitu hemen bizitzen». Bertan behera utzi behar izan nuen *Mass*en errealizazioa hiru bat aldiz ez neukalako non errealizatu. Beti bizi nintzen norbaiten etxeko atzeko gelan, eta ez neukan egoera hartan lan egiterik. Azkenean, joan nintzen gurasoen etxera, han baitzegoen filma, eta logelara isilka itzuli, eta *Mass*en lanean hasi nintzen; inork ez zuen ezertxo ere esan, eta amaitu nuen. Azken batean, aita eta ama izan ziren beren sostenguari esker sormenezko azken aldi hura posible egin zutenak. Film guztiak eta nire bizia bera ama Gladysi eta aita E. Kenneth Baillieri zor dizkiet.

Baina aurretik ekoitzia da *Quixote*, benetan pobreziari aurre egin beharra neukanean. Lehen fasea, hego-mendebaldean. Kowlooneko lagun batekin joan nintzen; Tseng Ching zuen izena. Neska zoragarri bat zen, unibertsitatea amaitu berria, eta iraungitzear zuen bisa. Berrehun dolar eman zizkidan, osabak berari emandakoak. Ez dut inoiz gainditu. Eskaini zizkidanean, erantzun zion: «Ezta pentsatu ere»; ezin nuen sinetsi, eta, denborak aurrera egin ahala, ezinezkoa zitzaidan zentabo ziztrin bat ere irabaztea. Hala, dirua onartu nuen, eta nirekin etorri zen, eta nire txakurrarekin, Mama Dog, artzain-txakur erraldoi bat. Bidean, *Kixote* irakurtzen nindoan. Jabetzen nintzen Cervantesen obraren egituraz; zehazki trantsizioak ziren niretzat garrantzizkoak. Aztertuak nituen, halaber, John Cage eta haren musikari buruzko ohar batzuk, baita Stan Brakhageren film eta idatzi batzuk ere, eta E. E. Cummingsen zeozer. Baina, nagusiki, Cervantes. Atsegin nuen nola igarotzen zen kapitulu batetik bestera. Kapitulu bakoitzaren izenburuaren ondoren, azpititulu bat zetorren, esaten zuena: «Bidean gertatutako kontuez...». Gero, bigarren mailako pasarteak eta testu koskadunak, non agertzen baitzen, esaterako, artzaintsaren ipuina. Gustukoa nuen egitura hori. Banekien oso material berezi eta askotarikoak uztartu beharko nituela, eta lan zaila izango zela zinez. Gai sentitzen nintzen, ordea, ordurako hainbat film sortua nintzelako eta lan luze bat egin nahi nuelako forma interesgarria izango zuena. Erakutsi nahi nuen nola, Mundu Berriko gure ingurunearen konkistan, amerikarrak bakartu diren, bakartu, naturaz nahiz besteez. Zuk ere gogoan izango duzu, agian, hego-mendebaldeko sekuentzietan nola hiritik urruntzen naizen eta filmatzen dudan kaktusak eta txitxarrak dauden tokitik.

Tseng Ching eta biok han inguruan ibili ginen, eta abentura batzuk izan genituen, baita nik haietako asko erregistratu ere. Eskola zahar bat topatu genuen Arizonan nonbait, garai batean diligentzien eta zaldien bideak zeuden tokian, eta piano zahar desafinatu bat aurkitu nuen, hark jo eta nik filmatu nuena, eta horrelako gauzak.

Tseng Chingek Txinara alde egin behar izan zuen gero. Ez nuen sekula gehiago ikusi. Gurasoen etxera itzuli nintzen bolada batez, eta negua etorri zen, eta orduan alde egin nuen mendira eta heldu nion zuri-beltzeko parteari.

Hollywooden lapurtutako pelikula erabili nuen: Tseng Ching eta biok handik igaro ginen hego-mendebaldera jo eta sekula erabili ez nituen zenbait gauza filmatu aurretik, eta, halako batean, kalexka batean topatu genuen kutxa erraldoi bat, Ron Ricek erabiltzen zuen pelikula zahar haren pila batzuk. Une hartan jakin nuen niretzat zela. Eta, halaxe, errepidera irten nintzen pelikula hura hartuta, eta zeharkatu nituen mendiak, San Frantziskotik, neguan. Ia ahaztuta neukan! Nire Volkswagenean iritsi nintzen, bateriaz larri; elurra ari zuen, eta ez aurrera ez atzera gelditu ginen Nevadako tokiren batean. Txakurrak eta biok elkarri pega-pega eginda lo egin behar izan genuen bizirik irauteko! Biharamunean, indiar bat ezagutu genuen hotel bateko sotoan bizi zena bere poniarekin. Hark lortu zuen tipo bat etortzea autoa martxan jartzera. Hainbeste historia daude film horretan!

Ikuspegi teknikotik, banekien irudiak modu konplexuagoan konbinatu nahi nituela, eta errodatu ondoren lortuko zela hori nolabait. Halaxe, erabaki nuen hau film luze bat izango zela, bi proiektorerakoa. Ez nuen gustukoa kamerarekin beste inola lortu ezin den gainjartze-efektu soila. Oinarrizkoegia zen. Parte luze samar bat filmatu nuen San Bernardinoko haraneko muinoetan goiz lanbrotsu batean. Kanpoan kanpatuta geunden. Gero, editatzen hasi nintzenean, hartualdi haiek baliatu nituen gainerako materialarekin batera proiektatuko zen pieza independente bat sortzeko. Denbora puska batez aritu nintzen horrekin praktikatzen, eta gorde egin nuen gero. *Quixote*rako materialaren artxiboetan, pasarte luzeak daude banatu zen filmaren bertsioko materialaren lagungarri izan behar zutenak. Baina, azkenean, ez nituen irudiak horrela konbinatu. Zinta isolatzaile beltza baliatu nuen haiek konbinatzeko. Materiala paraleloan jartzen nuen argi-mahai baten gainean, eta fotogramaren parte batzuk estaltzen nituen, gero bi eszena desberdin ager zitezen bertan, gainjartze efekturik gabe. Eskuz egin behar izan nuen, ez neukalako inprimagailu optikorik. Eta elementu haietako asko erretiratu egin behar izan nituen gerora, pixkanaka, emaitza txarra zelako; baina horrela lortu ziren efektu txiki horietako batzuk. Material gehiena ez zen erabili, ez zelako ongi egokitzen, besterik gabe: pasarte asko gelditu ziren erabili gabe.

Azkenean, lortu nuen autoa hobeto ibiltzea, eta iparraldera abiatu nintzen. Cut Bankera iritsi nahi nuen, Montanara, han egiten baitzuen beti hotz gehien; han egon nahi nuen negu minean. Hainbeste hotz egiten zuen, tripodearen giderra hautsi baitzitzaidan elur-bisuts batean panoramika bat ateratzen ari nintzela. Eromena izan zen. Indiarren erreserbetaraino iritsi, eta ekialdera hartu nuen gero. Zerbait egin nahi nuen New Yorken, Selma [Selmako arraza-gatazka, Alabaman] gertatzen ari zen orduan, eta, hala, dirua maileguan eskatu, eta haraxe joan nintzen hegazkinez. Selmara eraman ninduten jipoiak gertatu eta egun bat edo bi geroago iritsi nintzen. Ahal nuena filmatu nuen.

SM Hasieran ez zeneukan zehaztuta zer ibilbide egingo zenuen?

BB Zaldunaren izaera alderraiak nora, haraxe nindoan ni, On Kixote bezala.

SM *Castro Street*en beste metodo bat erabili zenuen irudiak konbinatzeko.

BB *Castro Street* editatzen ari nintzenean, eguerdi aldera goizeko edizio-saioetatik irten, eguzkitan etzan eta bazkaldu egiten nuen, eta igarotzen zen handik komunan nirekin bizi zen jendea eta ez nituen ezagutu ere egiten. Ez nekien nor ziren. Alzheimerra banu bezala zen. Burua lehertu beharrean izaten nuen goizero, film haren edizioarekin. Orain, saiatzen naiz nire ikasleei burutik kentzen halako obsesio suizidak!

Teknikoki, *Castro Street* egin nuenean, kanpora itzuli nintzen nire «armarekin», nire lanabesekin. Bildu nituen prisma pare bat eta amaren sukaldeko edalontzi pila bat, hainbat gauza, eta guztia probatu nuen egun batean Berkeleyko patioan. Banekien ez nuela izango laborategirik zuri-beltza eta kolorea konbinatzeko aukera emango zidanik, eta guztiz erabakita nengoen neure kasa saiatzera. Bilatzen nuen *Castro Street*en alde batek zuen kolore leun hori, Standard Oilen dorreak zeuden aldekoa; bestea zuri-beltza zen, trenak burdinbidez aldatzen zirenekoa. Kolore beltzeko maskarak (*mattes*) kredituetarako erabili ohi nuen kontraste handiko zuri-beltzeko pelikularekin lortzen nituen. Oso jarrera irekiaz filmatzen nuen, koloretako hurrengo hartualdia egiten nuenean, filmatu berria zer nuen besterik ez nekien ongi. Zuria zena beltza izango zen nire negatiboan, eta horrek aukera ematen zidan kolore alderantzikatua mozteko, bi geruzak konbinatu ahal izateko, elkar gainkatu gabe.

Burdinbidearen partea errodatzeko plano laburragoak erabili nituen, «maskulinoagoak». Parte «femeninoa» zen luzeena, jarraituena, kolore sinple eta erregularragoarekin. Hala, niretzat, kalearen alde bat zen femeninoa, eta bestea maskulinoa. Konturatu nintzen nire artxiboetan bazegoela ideia horrekin lotura zuen India hegoaldeko musika, eta, oso ongi ulertzen ez nuen arren zergatik, gustatu egiten zitzaidan musika, eta, inspirazioa behar nuenez, hura jartzen nuen editatzen ari nintzen bitartean. Kontrako muturrek gatazkan nahiz harmonian bat egiten duelako gertaera antzinako eta unibertsal hori adierazi nahi nuen: elkarri kontrajartzen zaizkio, elkar toleratzen dute, eta elkarren beharra dute.

SM Nolabait, bitxia dirudi paisaia industrial bati buruzko film eder bat egitea; baina, kontrakoak konbinatzen badira, nahiko gauza logikoa dirudi. Aukeratuko balitz bezala toki bat non pentsa bailitekeen ez dagoela begiratzeko moduko ezer, edo, gutxienez ezer poetikoa, eta toki horrekin lortuko balitz bezala kontrakoa. Zure filmak halako ekintza magiko bat gauzatzen du.

BB Garai hartan, nire obra ezaguna zen kritika sozialtzat hartzen zelako nagusiki: sistema modernoen izaera gaiztoa beti gogoan banu bezala, itxuraz. Gogoan dut nola pentsatu nuen: «Ba, hori guztia alboratuko dut; film-film bat egingo dut». Eta gero hasi nintzen haren barne-esanahia ulertzen. Jakina, hura izango zen oinarria, beti izan dudalako argi filmak egitean lortu nahi nuena neure burua topatzea zela, eta film bakoitzak eramaten ninduen haratago, harik eta, azkenik, gainditu nuen arte filmak egiteko premia. Hasieran, soinu estereoarekin aurkeztu nuen *Castro Street*. Ampex bozgorailu txiki bat eta anplifikatzaile bat eramaten nituen. Pista optiko bakarra genuen, eta grabagailuan erreproduzitzen genuen B pista magnetikoa. Hori zen jatorrizko plana. Gero, konturatu ginen oso nekagarria zela, eta pista optiko monoauralarekin zirkulatu zuen filmak.

SM Nor zen *Tung*, Tungen?

BB Ba, San Frantziskon bizi den nire lagun min bat zen, izaten jarraitzen du. Garai hartan, elkarri oso lotuta geunden. Uste dut

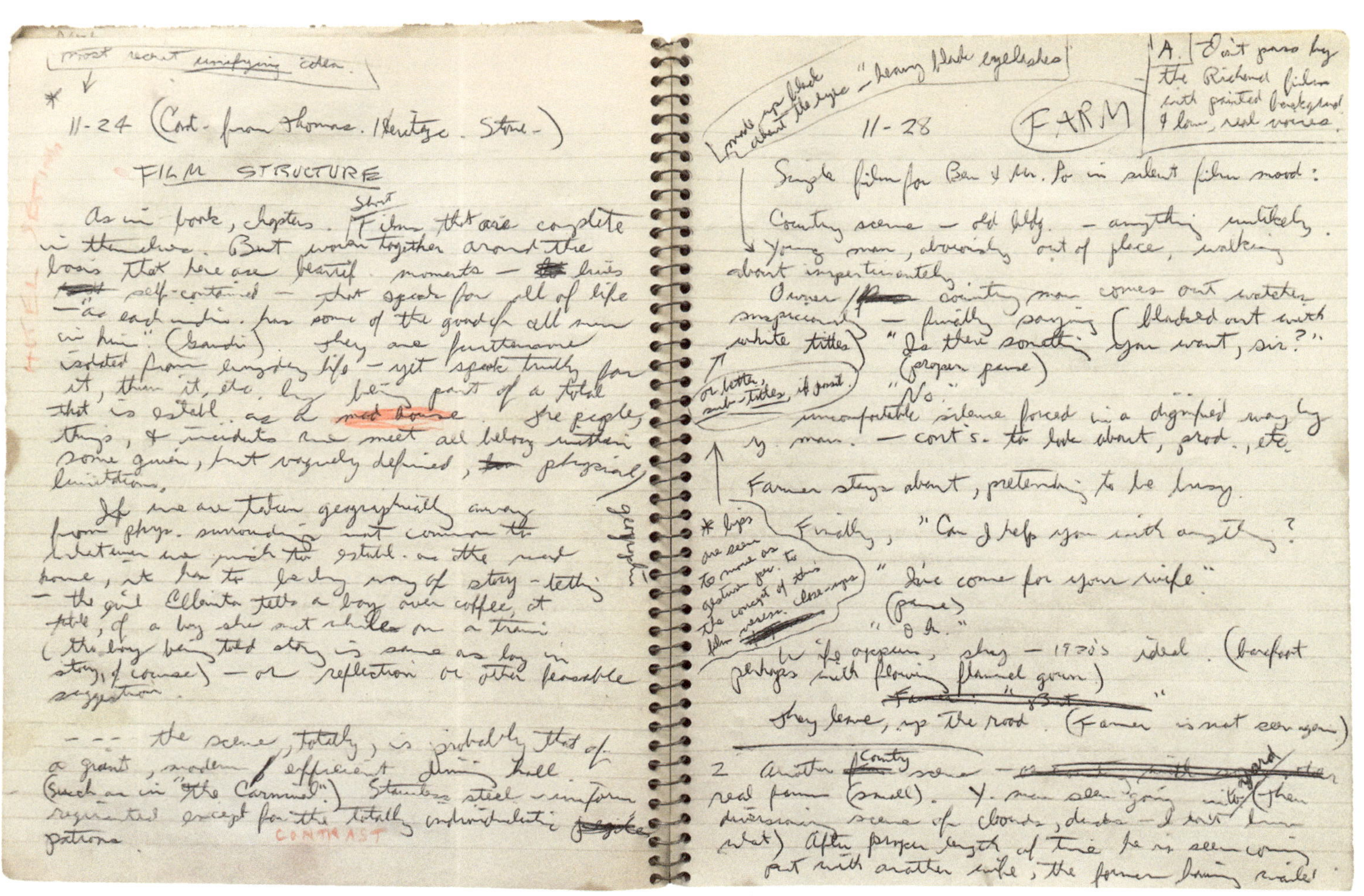

Bruce Baillie's notebook

Castro Street, donde estaban las torres de Standard Oil; el otro era el del blanco y negro, donde los trenes cambiaban de vía. Las máscaras de color negro (los *mattes*) las conseguía con el tipo de película en blanco y negro de alto contraste que se solía utilizar para los créditos. Filmaba con la mente muy abierta, de manera que, cuando hacía la siguiente toma en color, solo sabía bien lo que acababa de filmar. Lo que era blanco sería negro en mi negativo, lo cual me permitiría recortar el color invertido para que las dos capas no se superpusieran, sino que se combinaran.

La parte del ferrocarril la rodé con planos más cortos, «masculinos». La parte «femenina» era la más larga, más continua, con un color más sencillo y regular. De manera que, para mí, una parte de la calle era femenina y la otra masculina. Descubrí que en mis archivos había música del sur de la India que tenía que ver con esa idea, y aunque no entendía realmente por qué era así, la música me gustaba, y, como necesitaba inspiración, siempre la ponía mientras editaba. Quería plasmar ese hecho antiguo y universal de que los opuestos se funden, tanto en el conflicto como en la armonía; se oponen, se toleran y se necesitan mutuamente.

SM En cierto sentido, parece extraño hacer una película hermosa sobre un paisaje industrial, pero, si se combinan opuestos, resulta bastante lógico. Es como si se tomara un lugar en el que se podría pensar que no hay nada que contemplar, o al menos nada poético, y después se consigue lo opuesto con él. Su película realiza una especie de acto mágico.

BB En esa época mi obra se reconocía sobre todo porque se consideraba de crítica social: parecía que yo siempre tenía presente el carácter maligno de los sistemas modernos. Recuerdo que pensé: «Pues voy a abandonar todo eso; voy a hacer una película película». Y después comencé a reconocer su significado interno. Naturalmente, eso sería la base, ya que siempre tuve claro que lo que pretendía al hacer películas era encontrarme a mí mismo, y cada una me llevaba algo más allá, hasta que finalmente superé la necesidad de hacerlas. Al principio presenté *Castro Street* con sonido estéreo. Me llevaba un pequeño altavoz Ampex y un amplificador. Teníamos la única pista óptica y reproducíamos la pista magnética B en la grabadora. Ese era el plan original. Después comprobamos que era demasiado engorro, y la película solo circuló con la pista óptica monoaural.

SM ¿Quién era Tung en *Tung*?

BB Pues sigue siendo una íntima amiga mía que vive en San Francisco. En esa época estábamos muy unidos. Creo que fue durante un Año Nuevo cuando me di cuenta de que me había vuelto a enamorar de ella, que la quería mucho. Recuerdo que una vez que dormía en el suelo de mi habitación en casa de mis padres me desperté con una impresión súbita —era una idea que precedía a las imágenes— y me levanté y me puse a trabajar antes de que desapareciera, para captar exactamente lo que había visto solo durante una décima de segundo. Llevaba toda la vida aprendiendo a retener algunos de esos momentos; no solo visualizaciones, también ideas.

Recuerdo que mis padres se fueron a la iglesia y que yo me subí al tejado de la casa. Tenía un cristal azul que me había traído de Japón, lo pegué con adhesivo a las gafas y tomé una larga panorámica de los alrededores de la casa, tamizaba la imagen y le daba ese color púrpura azulado a todo, y filmé el sol como si fuera la luna. La parte de la propia *Tung* la rodamos junto al hipódromo de Berkeley, donde nada impedía ver la línea del horizonte. Desde el suelo filmé el suelo en contrapicado con película en blanco y negro ortocromática, de manera que si utilizaba el negativo a la inversa el cielo negro sería como un *matte* con ella recortada encima. La filmé en patines a cámara lenta para captar la imagen que me había asaltado esa mañana.

SM ¿El breve poema también se le ocurrió durante esa impresión matutina?

BB Creo que había escrito el poema la noche anterior, cuando me estaba durmiendo. A la película ya solo le faltaba la edición lineal. Después me fui al jardín de mi madre para captar unos rojos entre las flores. Tenía varios rollos —A, B y C—, como en *Castro Street*. Si no se dispone de impresora óptica, mi técnica era la más eficaz que conozco. Coloqué los rollos A, B y C haciendo encadenados entre A y C (entonces tenía un motor de cuerda con el que, como máximo, podía hacerlos de 25 segundos), y pasaba de una toma del cielo a otra, para que pareciera una toma larga. Y con el rollo B salía del negro suavemente para ir mostrando las imágenes en blanco y negro de *Tung*. Bastaba con mirar la película en la mesa de luz para ver dónde podía hacer el fundido desde negro o hacia negro. Eso era lo bueno de trabajar con película reversible.

SM Cuando entrevisté a Yoko Ono, me contó una idea para hacer un documental sobre un viaje por Japón, en el que todo serían primerísimos planos: no tendrías que

Urte Berri egun batez konturatu nintzela berriro maitemindu nintzela berarekin, izugarri maite nuela. Gogoan dut behin gurasoen etxeko nire logelan lurrean lo nengoela nola esnatu nintzen bat-bateko inpresio batekin –irudien aurretiko ideia bat zen–, eta altxatu nintzen eta lanari ekin nion hura desagertu baino lehen, zehatz-mehatz atxikitzeko segundo hamarren huts batez ikusi nuen hura. Bizi guztia neraman une horietako batzuk nola atxiki ikasten; ez soilik ikuskariak, baita ideiak ere.

Gogoratzen naiz gurasoek elizara alde egin zutela eta etxeko teilatura igo nintzela. Kristal urdin bat neukan, Japoniatik ekarria; itsatsi nien betaurrekoei itsasgarriz, eta panoramika luze bat hartu nuen etxearen inguruena; irudia iragazten zuen, eta kolore urdin purpura ematen zion guztiari, eta eguzkia filmatu nuen ilargia balitz bezala. Tungen beraren partea Berkeleyko hipodromoaren alboan errodatu genuen, ezerk eragozten ez zuela zerumugaren lerroa ikustea. Lurretik filmatu nuen lurra kontrapikatuan, pelikula zuri-beltz ortokromatikoarekin, halako eran non negatiboa alderantziz erabiltzen banuen zeru beltza izango baitzen *matte* moduko bat *Tung* gainean ebakita zuena. Patinetan filmatu nuen, kamera geldoan, goiz hartan aztoratu ninduen irudia atxikitzeko.

SM Poema laburra ere goizeko inpresio hartan bururatu zitzaizun?

BB Uste dut bezpera gauean idatzi nuela olerkia, lokartzen ari nintzenean. Filmari edizio lineala besterik ez zitzaion falta. Gero, amaren lorategira joan nintzen, loreen artean gorri batzuk atzemateko. Zenbait bobina neuzkan —A, B eta C—, *Castro Street*en bezala. Inprimagailu optikorik gabe, nire teknika da ezagutzen dudan eraginkorrena. A, B eta C bobinak kokatu nituen kateak osatuz A eta C artean (garai hartan, giltzako motor bat neukan, eta hogeita bost segundokoak izan zitezkeen, gehienez ere), eta zeruaren hartualdi batetik bestera igarotzen nintzen, hartualdi luze bat itxuratzeko. Eta B bobinarekin, leun-leun irteten nintzen beltzetik, *Tungen* zuri-beltzeko irudiak erakusten joateko. Aski zen pelikula argi-mahaian jartzea, konturatzeko non egin nezakeen iraungitzea beltzetik edo beltzera. Hori zen pelikula alderantzikagarri batekin lan egitearen alde ona.

SM Yoko Onori elkarrizketa egin nionean, ideia bat kontatu zidan Japoniako bidaia bati buruzko dokumental batena, non dena izango baitziren lehen-lehen planoak: ez zenukeen zure gelatik ateratzeko premiarik horrelako dokumental bat egiteko. Hitz egin zenezakeen noodleei buruz, eta horien lehen-lehen plano bat eduki...

BB [barrea]

SM *Valentín de las sierras* gogorarazten dit ideia horrek.

BB Bai.

SM Testurez egindako film etnografiko moduko bat.

BB Hala da.

SM Nola iritsi zinen Mexikora? Beti bidaiatzen zinen kamera aldean hartuta?

BB Hori zen hirurogeita hamarreko urteen ikurretako bat: zinemagileak, kamera aldean daramatela. Denborak aurrera egin ahala, astunegiak bihurtu ziren.

*Valentín*en, filmatu besterik ez nuen egin, baina luzapen-tutu batez hornitutako teleobjektibo bat erabili nuen, eta horrek foku-plano oso mugatua eskaintzen dizu, hazbete gutxi batzuetakoa. Ez dut ezagutzen lente luzeekin halakorik erabiltzen duen inor, bereziki objektu mugikorrekin; baina niri asko gustatzen zitzaidan nola ateratzen zen. Herri haren azalean sartu behar nuen, eguzki errukigabe hura kaleko adreiluei erasoan eta hildako haiek guztiak han zirela: gauero zerbait edo norbait hiltzen zen modu biolentoan, eta, goizean, kalean botata agertzen zen. Neska (tipiko) bat ezagutu nuen, ponian ibiltzen zena. Eta beldurra ematen zidan haren aita ezagutzeak. Mezu bat bidali nion esanez ikusi nahi nuela, eta aitak erantzun zidan joateko bera ikustera, eta pentsatu nuen: «Ene ba!». Baina tipo oso jatorra zen. Manuel Sasa Zamora, Jaliskokoa. Oso pobreak ziren, atetzar izugarri baten atzean bizi ziren eta zaldi bat zuten, eta txakur bat, Penquina izenekoa. Zaldiak ez ninduen begiko, eta ez zidan uzten errodatzen. Gelditu egin behar izan nuen denbora puska batean. Gerora, filmaren izena jarri nion nire behorrari: Valentina.

SM Zure filmak ikuskatzen ari nintzela, *Quick Billy* izan zen nirentzat aurkikuntza handiena. Film harrigarria da, eta, zalantzarik gabe, interesa sortzen du, oso dibertsoa delako. Lehen bobinak zerikusi estua du goizarekin eta sorkuntzarekin.

BB Uste dut zineman ikusi ditudan gauzarik ederrenetako bat dela hasierako parte hori. Ohetik altxatu behar izan zuen hartualdi horietako bakoitza egitera. Oso gaixo nengoen, hepatitisak jota. Tulley ni ikustera etortzen zen, eta nik esaten nion etxeko zer tokitara joan behar nuen, eta altxatzen laguntzen ninduen. Korapilo bat egiten nuen hondartzako toalla handi batean, eta gibelaren inguruan jartzen nuen. Tulleyk laguntzen ninduen, adibidez, arrainontziraino, jartzen zuen tripodea eta kamerari eusten zion. Gero, nik hartualdia egin, eta berriro oheratzen nintzen.

SM Lehen zatiko lehen fotograma oso misteriotsua da. Ikusleak ez du lortzen ezer ikustea, tonalitate arrosa antzeko bat baino ez, hasieran trinkoagoa, arinagoa gero, bi minutu eta erdi inguruz. Eta ez dago oso argi zer entzuten duzun: batzuetan dirudi zirkulazioa; beste batzuetan, ozeanoa.

BB Ozeanoa da. Gero, enborrak garraiatzen dituzten kamioiak igarotzen entzuten dira.

Ustez, hasiera da obra osoko une argiztatuena. Bizitzaren eta heriotzaren arteko denborari buruzko tibetar deskribapenari jarraitzen ari nintzaion, eta hori da edo perfektutasunaren oroitzapen argiztatua edo aurkikuntzaren une argitua. Bi gauzak izan daitezke. Sekula ez nuen erreproduzitu zinta alderantziz, baina aurretik atzera nahiz atzekoz aurrera proiektatzeko moduan sortua zen.

SM Esan nahi duzu film osoa, lau zatiak?

BB Ea, azken bobinak egitura narratiboa zuen, eta, hortaz, aurrerantz egin behar zuen beti. Ondoren, hirugarren partearen amaiera zetorren, amaieratik hasierara; jarraian, bigarren atalaren amaiera, eta, ondoren, lehen atalaren amaiera. Film osoaren amaiera hasierako hartualdi hori litzateke, argi puru horrekin.

SM Hortaz, bertsio hori hasiko litzateke kontakizun konbentzionalaren izaera mundutarretik argiztatze goreneko une horretara, txakraz txakrako behetik gorako bidaia bat bezala?

BB Ez dut oroitzen historia osoa. Ni deskribatzen ari nintzena zen nire heriotzaren esperientzia, hepatitisa harturik katalizatzaile modura. Aztertuta neukan Hilen liburu tibetarra, non hiltzen denak egiten baitu bidaia bat, «ziurgabetasunaren denbora». Espektroak gugana datoz, zinema pribatu batean bezala: behartuta gaude gure ekintzen ondorioei aurre egitera. Gero eta beldur handiagoa ematen du. Esperientzian sakontzean, aurkitu nuen une liluragarri bat, miragarri bat, gero amaitzen zena ekaitz kosmiko beldurgarri baina zoragarri batean.

*Quick Billy*en atal guztietan neukan forma gidari edo jainko bat. Bat zen behor zahar jakintsu bat, Amber izenekoa, gurekin bizi zena. Haren zurdak filmatu nituen, zeru beltz ekaiztsu baten kontra ebakita. Gero, bazen beste forma bat, beste izaki edo pertsona bat. Haien kontrakoak bigarren bobinan agertzen ziren, ordena berean zehazki, baina kontrako esanahiarekin. Lehen bi bobina haiek bikotea osatzen zuten; luzera bera zuten ia. Degenerazio iraunkor eta gradual bat dago, eta animalia argitsuak bihurtzen dira ilunpetako animalia beldurgarri, eta horiek dira, hain zuzen, bigarren bobinako izaki gidariak.

Hasierako enkargua, filma egin nuen baldintzek agintzen zidatena, ez zen film eder bat egitea, baizik eta dokumentu bat egitea barne iragaitza horri buruz, giza bilakaeraren fase gutxitan deskribatu baina oso ohiko –berez, unibertsal– bati buruz: gizon guztiek eta emakume guztiek azkenean igaro behar duten kontzientziaren bilakaera. Gaur egun, ez dago horri buruzko informaziorik ia, baina iragaitza hori egiteko moduari buruzko informazioa ohikoa da antzinako zibilizazio batzuetan; guztietan, agian. Kultura garaikidean beisboleko partidak edo gerren ondorioak ditugu telebistan; albistegien aurkezle homogeneizatuak, albiste berak irakurtzen beti.

Uste dut *Quick Bill*eko nire ikusmoldea ia guztiz bat datorrela Stan Brakhagek *Scenes from Under Childhood* [1967-1970] lanean erakutsitakoarekin, non ikertzen baititu haurtzaroaren aurreko «eszenak», izatearen eta izatearen artean kokatutako garaiari atxikitakoak. Ni hura guztia bizitzen ari nintzen garaian, film haiek igortzen zizkidan Brakhagek, eta iruditzen zitzaidan zirela ni egiten ari nintzenaren ia berdinak.

SM *Roslyn Romance* ere pelikula-bobina txiki askok osatuta dago.

BB Bai. Ez dira guztiak txikiak, baina, oro har, «bobina» gisa hartzen denarekin bat datoz, edo «postal» tankerakoak dira, sarreran azaltzen den moduan. Denak dira desberdinak, baina elkarren arteko lotura nagusia da «erromantzeak» direla. Hitz hori erabiltzen dut frantseseko «istorio» adieran, eta baita beste zentzuan ere, adierazten baitu nola, itxuraz, giza gogoak, une batetik bestera igarotzen denean, nahiago duen onartu baino asmatzea zer den bizitza/errealitatea.

abandonar tu cuarto para hacer un documental así. Podrías hablar de *noodles* y tener un primerísimo plano de unos...

BB [risas]

SM Su idea me recuerda a *Valentín de las sierras*.

BB Sí.

SM Que es una especie de película etnográfica hecha de texturas.

BB Así es.

SM ¿Cómo terminó en México? Cuando viajaba, ¿llevaba siempre una cámara?

BB Ese era uno de los emblemas de los sesenta: cineastas llevando a cuestas su cámara. Con el paso del tiempo se volvieron demasiado pesadas.

En *Valentín* me limité a filmar, pero utilicé un teleobjetivo con un tubo de extensión, lo cual te proporciona un plano focal muy limitado, de unas pocas pulgadas. Yo no conozco a nadie que lo utilice con lentes largas, sobre todo con un objeto móvil, pero a mí me gustaba mucho cómo salía. Tenía que meterme en la piel de ese pueblo, con ese sol inclemente arremetiendo contra los ladrillos de la calle y todos esos muertos: todas las noches algo o alguien moría violentamente, y por la mañana aparecía tirado en la calle. Había conocido a una (típica) muchacha que iba en poni. Y me daba miedo conocer a su padre. Le había enviado un mensaje diciendo que quería verla, y entonces me respondió el padre que fuera a verle a él, y yo pensé: «¡Madre mía!». Pero resultó que era un tipo muy simpático. Manuel Sasa Zamora, de Jalisco. Eran muy pobres, vivían tras un enorme portón y tenían un caballo y un perro llamado Penquina. Al caballo yo no le caía bien y no me dejaba rodar. Durante un tiempo tuve que parar. Después, a mi yegua le puse el nombre de la película: Valentina.

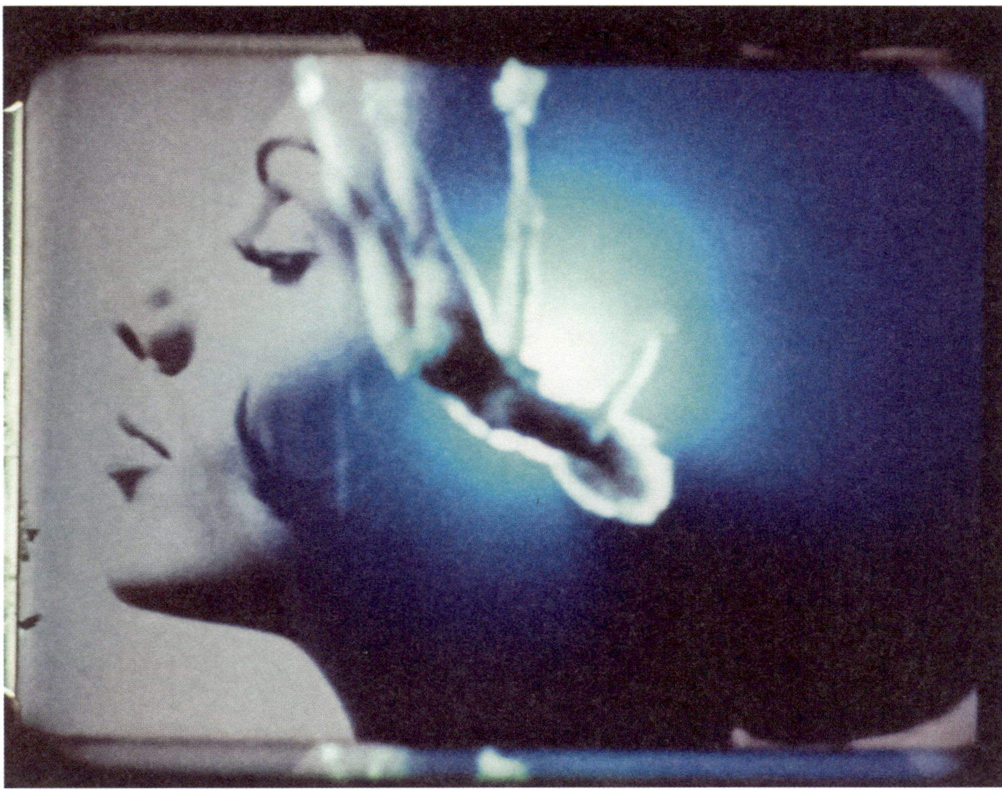

Quixote, 1965

SM Cuando estaba revisando sus películas, el principal descubrimiento fue *Quick Billy*. Es un filme bastante sorprendente y, desde luego, suscita interrogantes porque es muy diverso. El primer rollo tiene mucho que ver con la mañana y la creación.

BB Creo que esa parte inicial es una de las cosas más hermosas que yo he visto en cine. Tuve que levantarme de la cama para hacer cada una de esas tomas. Estaba muy enfermo, con hepatitis. Tulley venía a verme y yo le decía a qué parte de la casa tenía que ir, y él me ayudaba a levantarme. Hacía un nudo en una gran toalla de playa y me rodeaba la zona del hígado con ella. Tulley me acompañaba, por ejemplo, hasta la pecera, colocaba el trípode y cargaba la cámara. Después yo hacía la toma y me volvía a acostar.

SM El primer fotograma de la primera parte es muy misterioso. El espectador no llega nunca a ver nada, solo una tonalidad rosada que primero se va haciendo densa, luego menos, durante alrededor de dos minutos y medio. Y no se sabe muy bien lo que escuchas: a veces parece tráfico; otras, el océano.

BB Es el océano. Después se escucha el paso de camiones de transporte de troncos.

Se supone que ese inicio constituye el momento de iluminación supremo en toda la obra. Estaba siguiendo la descripción tibetana del tiempo que pasa entre la vida y la muerte, y eso es, o bien el recuerdo iluminado de la perfección, o bien el momento iluminado del descubrimiento. Puede ser ambas cosas. Nunca reproduje la cinta al revés, pero se concibió para que pudiera proyectarse hacia delante o hacia atrás.

SM ¿Quiere usted decir toda la película, las cuatro partes?

BB Vamos a ver, el último rollo tenía estructura de relato, de manera que siempre debía ir hacia adelante. Después debía ir el final de la tercera parte, desde el final hasta el inicio; después el final de la segunda parte, y a continuación el final de la primera. El final de todo el filme sería la toma inicial con esa luz pura.

SM ¿De manera que esa versión iría desde la naturaleza mundana del relato convencional hacia este momento de iluminación suprema, como un viaje, de abajo arriba, por los chakras?

BB No recuerdo la historia entera. Lo que yo estaba describiendo era la experiencia de mi propia muerte a través del catalizador que suponía la hepatitis. Había estudiado el *Libro tibetano de los muertos*, donde el que fallece hace un viaje, «el tiempo de la incertidumbre». Los espectros acuden a nosotros como en un cine privado: nos vemos obligados a enfrentarnos a los resultados de nuestros propios actos. Cada vez da más miedo. Al ahondar en la experiencia, al principio descubrí un momento encantador, maravilloso, que luego acababa en una tormenta cósmica, aterradora pero preciosa.

En todas las partes de *Quick Billy* yo tenía una forma rectora o deidad. Una era una yegua vieja y sabia llamada Amber que vivía con nosotros. Filmé sus crines recortándose sobre un tormentoso cielo negro. Después había otra forma, otra criatura o persona. Su opuesto aparecía en el segundo rollo, exactamente en el mismo orden, pero con el significado opuesto. Esos dos primeros rollos formaban una pareja; tenían prácticamente la misma longitud. Hay una degeneración continua y gradual y los animales luminosos se convierten en animales aterradores de las tinieblas que son las entidades rectoras del segundo rollo.

El encargo inicial, lo que me dictaban las condiciones en las que hice la película, no era hacer un filme hermoso, sino un documento sobre ese tránsito interior, sobre una fase del devenir humano pocas veces descrita pero muy habitual —en realidad, universal—: la evolución de la conciencia por la que al final tienen que pasar cualquier hombre y cualquier mujer. En la época actual apenas hay información sobre ella, pero esa información sobre cómo hacer ese tránsito es habitual en algunas civilizaciones antiguas, quizá en todas. En la cultura contemporánea tenemos partidos de béisbol o resultados de guerras en la televisión, presentadores de telediarios homogeneizados que siempre leen las mismas noticias.

Creo que mi concepción de *Quick Billy* es casi la misma de Stan Brakhage en *Scenes from Under Childhood* [1967-1970], que indaga en las «escenas» anteriores a la infancia: las que están pegadas a la época situada entre el ser y el ser. Cuando yo estaba pasando por todo eso, Brakhage me enviaba esas películas, y yo pensaba que eran prácticamente iguales a lo que yo estaba haciendo.

SM *Roslyn Romance* también se compone de muchos pequeños rollos de película.

BB Sí. No todos son pequeños, pero en general sí son lo que se entiende por un «rollo», o son como «postales», tal como explica la introducción. Son todos distintos pero el vínculo fundamental entre ellos es que son «romances». Utilizo esa palabra en el sentido francés de «historia», y también en el sentido de que la mente humana, cuando

Roslyn (Washington) zen Europa zaharrean XX. mendearen hasieran amaitu zen eta, nolabait, honaino hedatu zen landako bizimoduaren adibide bakarretakoa Ipar Amerikan. Herri hartan nengoen, «Mundu Zaharreko» jendearekin. Haientzat, hauxe zen errealitatea: «Ba, etxe honetan nago, badut lan bat, errespetagarria naiz, jaten ematen diet seme-alabei, maite ditut eta babesten ditut; etxe hau altxatu nuen neure burua, nire familia eta herri hau babesteko besteetatik eta inguratzen gaituen paisaia basatitik». Bizitza horixe erregistratu nuen zehatz-mehatz *Roslyn*en, eta garrantzi handiko gaia izan zen, halaber, haren aurrekoan, *Quixote*n.

Stendhalek bezala, hauxe jakin nahi nuen: *Ez ote dago hau besterik?* Etengabe egiten nien galdera hori. Egunero, etxetik atera eta oinez joaten nintzen postetxera, herriko beste edozein bezala, eta gelditu egiten ninduten eta gonbidatzen ninduten italiar tankerako opilak edo beste gutiziaren bat jatera, eta ordubeteko berriketara. Neure buruari galdetzen nion: «Egia da, benetan?», eta horixe da obraren bigarren izenburua. Erantzunik gabeko galdera hori planteatzen da bobina eta bobina asko eta askotan sarreraren ondoren, zeina lortu bainuen ia amaitzea hirurogeiko hamarkadan Bard Collegen egindako egonaldi batean, berriro ere lekualdatu aurretik. *Roslyn Romance*rako bobina eta oharrek Washingtoneko nire artxiboan jarraitzen dute, amaitzeko eta erakusgai jartzeko zain.

Azken zatia, «Kardinalaren bisita» izenekoa, film narratibo bat da, nire lagun min Elliot Caplan zinemagilearekin sortua. Eskuratu nuen azken bekarekin filmatu nuen (National Endowment for the Artsen bekarekin), laguntzaile nituela Elliot eta ikasle eta lagun zoragarri bat, Harley andereñoa, zeina egon baitzen ostatuz New York estatuko iparraldean neukan trailer txikian, 1979 eta 1981 artean. Garai batean, intentsitate handiz lan egin genuen. Ni nintzen kardinala (oraindik gordeta daukat mozorroa). Lau bat ordu filmatu genituen kolore zoragarri batez negatiboan, argiztapen-sistema konplexuak baliatuz. Bi edo hiru muntatzen genituen egunean, Hollywoodeko film batean bezala ia. Hiru lagun aritzen ginen: ni, neska eta apaiz gaztearena egiten zuena. Gorabehera dramatiko gehienak gure eguneroko bizitzatik ateratzen nituen. Adibidez, bizitza errealean, neskaz maitemindu zen mutil gaztea. Ez zen konturatzen kardinalak harekiko zuen interesaz, eta nik ez nion kontatu nahi. Ez zegoen hura kontatzeko inolako arrazoirik. Baina erromantiko jartzen ari zen neskarekin; gauero deitzen zion, eta neskak gauero arbuiatu. Kardinalak Eliza ordezkatzen zuen, baina orobat zen/da oso pertsona sentsuala. Haren janzkera gorriak karguaren santutasuna adierazten du, eta baita infernuko suak, aldi bateko estirak eta hilkortasuna.

Dirutza xahutu nuen film hartan. Ia amaituta dago. Nire lagun batek, Bonnie Jonesek, kreditu-titulu zoragarri batzuk margotu zituen, Erdi Aroko tankerakoak, liburuetakoen tankerako pasarte asko daudelako kapitulu-izenburuekin. Zinemako ikasle serio baten bila nabil hark amaitu dezan filma, master amaierako proiekturako edo horrelako zerbaitetarako. Gauza bakoitzarekin zer doan aukeratu, eta editatu egin genezake. Edo ikasle horrek muntatu lezake. Nik ez dut jada hori guztia egin nahi, nekatuegi nago.

Peter Kubelka aditu nuen horretaz hizketan, Bard Collegen. Hortxe aurrean dela, hara non botatzen dion gazte xume batek bat-batean: «Ene, Peter, zein dibertigarria izan behar duen kamera hartuta kanpora irtetea, munduari begira jartzea, artea sortzea eta jendeari erakustea». Kubelka isilik gelditzen da minutu batez; gero, bere azentu aleman izugarriarekin, esaten dio: «Tira, alderantziz da, ba: ez dakizu zein nekagarria den!». Eta esaten dio, gainera, bere ahots altu horrekin: «Kamera astun bat kanpoko mundura ateratzea, tramankulu hori hogei urtez besapean eramatea eta behartuta egotea guztia erregistratzera, hori guztia bizitzera mugatu ordez, zama astuna da arimarentzat, eta akigarria hezur eta giharrentzat. Ezinezkoa da, *ezinezkoa*, zeren eramaten zaitu leku batzuetara... etengabe azpimundura. Ez dakizu zein etsigarria den zure gorputzarentzat, gizaki arrunt batentzat. Ez ezazula halakorik egin, gero!».

Bere garaian, artista desinhibitu bat izan nintzen, antzeko beste artista batzuez inguratua, eta etengabe ibiltzen ginen batetik bestera, ahal genuen guztia emanez; baina zegoenaz ere aprobetxatzen ginen.

Neurri batean, desegin zen hori, niretzat, behintzat. Lagundu zigutenetako asko eskuzabalak izan ziren benetan, eta ez nieke kritikarik egin nahi. Bakarrik dakit jada ez dakidala nor diren, non diren. Ez dakit ezertxo ere haiei buruz. Jada ez dago trukerik. Canyonek, nik erditu nuen kooperatiba oparo eta txiki hark, galdu egin zuen, nolabait, osagai espirituala; baliteke orain berreskuratzen ari izatea osagai hori. Denbora batez, eliza metodista bezala izan zen; erabaki dute egoztea berezitasun guztiak, eromen poetikoa. Baina horrelakoxea da garai hau. Aldi berean, izugarri pozten naiz hain ongi funtzionatzeaz! Aurten, egundoko royaltya jaso genituen Canyonetik; harrigarria da, egia esateko. Ez dakit nork edo zergatik alokatzen dituen film horiek, baina jarraitzen dute haiek alokatzen. Artista ikusi nahi ez duten arren: ez dute nahi agertzea ez beren saloian ez beren ikasgeletan. Eta, halaxe nago ni hemen, nire familia txikiarekin, Bish doktorearen nire irratsaio txikiak egiten, kanbodiar neskatilei argazkiak ateratzen, oharrak idazten eta bideo batzuk egiten.

Irudimena izan da nire dohaina. Beti dago adi eta erne: txoratu egiten du antzezpenak. Niri iruditzen zait dohain horrekin sortu denak baliatu egin behar duela, denontzako onura izan baitaiteke sormen bizia. Boxeorako sortzetiko dohainak dituena horretantxe aritu beharko litzatekeen bezala. Ez luke pasatu behar inprimaki pila bat eskatzen dituen sistema batetik eta esan: «Tira, boxeatzea gustatuko litzaidake, txapelduna izan ninteke». Eta erantzun hau jaso: «Zure eskabidea gordeko dugu. Eskerrik asko zure interesagatik». Esan ahal izan beharko zenuke: «Hauxe da nik egiten dakidana, eta hauxe da hori egiteko unea!». Politikakeria eta «kudeaketa politika» horien guztien ordez: zinemaren industrian eta arlo akademikoan, beste kudeatzaile batzuekin hitz egiten duten kudeatzaileak besterik ez daude. Maizegi sormena kontrolatzen duen kasta bat da, sormena izan arren, Joseph Campbellek dioen bezala, gizartearentzat guztiz funtsezkoa. Artea eta mitoa dira gure nortasuna, prozesua eta historia islatzen dutenak. Ibiltzen dugun poetaren bidea da: arrasto bakartiak, memoriaren toki beltz eta elurtuetan eta zerumuga ezezagun batean.

pasa de un momento a otro, parece que, más que aceptar, prefiere inventar qué es la vida/la realidad.

Roslyn, Washington, era uno de los pocos ejemplos que quedaban en Norteamérica del tipo de vida rural de la vieja Europa que había acabado al comenzar el siglo XX y que en cierto modo se había trasladado hasta aquí. Me encontraba en ese pueblo, con gente del «Viejo Mundo». Para ellos, la realidad era: «Pues estoy en esta casa, tengo un trabajo, soy respetable, doy de comer a mis hijos y los quiero y protejo; levanté esta casa para protegerme a mí, a mi familia, y este pueblo de los demás, y del paisaje agreste que nos rodea». Esa fue la vida que registré muy pormenorizadamente en *Roslyn*, y un tema muy importante también en *Quixote*, que la precedió.

Como Stendhal, yo quería saber: *¿No hay más que esto*? Era una pregunta que les hacía constantemente. Todos los días salía de mi casa y caminaba por la calle camino de la oficina de correos como cualquier otro del pueblo, y me paraban y me invitaban a tomar bollos de tipo italiano o algún otro manjar, y a una hora de cotilleo. Y yo me preguntaba: «¿De verdad que es cierto?», que es el subtítulo de la obra. Esa pregunta sin respuesta se plantea durante un montón de rollos y bobinas después de la introducción propiamente dicha, que prácticamente conseguí terminar en la década de 1970 durante una estancia en Bard College, antes de tener que trasladarme otra vez. Los rollos y notas para *Roslyn Romance* siguen en mi archivo de Washington, pendientes de terminarse y mostrarse.

La parte final, que se titula «La visita del cardenal», es una película narrativa, concebida junto a mi íntimo amigo, el cineasta Elliot Caplan. La filmé con la última beca que tuve (del National Endowment for the Arts), con la ayuda de Elliot y de una encantadora aprendiza y amiga, la Srta. Harley, que entre 1979 y 1981 se alojó en el pequeño tráiler que yo tenía en el norte del estado de Nueva York. Durante un tiempo trabajamos muy intensamente. Yo era el cardenal (todavía tengo el disfraz). Filmamos unas cuatro horas de negativo en color precioso con complejos sistemas de iluminación. Montábamos dos o tres cada día, casi como en una película de Hollywood. Solíamos ser tres personas: yo, la chica y el que hacía de cura joven. Gran parte de los pormenores dramáticos los sacaba de nuestra vida cotidiana. Por ejemplo, en la vida real el joven se enamoró de la chica. No se daba cuenta del interés del cardenal en ella y yo no quería contárselo. No había razón alguna para contarlo. Pero se estaba poniendo romántico con ella, la llamaba todas las noches, y todas las noches ella le rechazaba. El cardenal representaba a la Iglesia, pero también era/es una persona muy sensual. Su indumentaria roja representa la santidad de su cargo y también los fuegos del infierno, los tormentos temporales y la mortalidad.

Me gasté mucho dinero en la película. Está casi terminada. Un amigo mío, Bonnie Jones, creó preciosos títulos de crédito de aire medieval porque hay muchos tramos librescos con encabezamientos para los capítulos. Estoy buscando a un estudiante de cinematografía serio que quiera terminar el filme para su proyecto de fin de máster o algo así. Podríamos seleccionar qué va con cada cosa y editarlo. O ese estudiante, hombre o mujer, podría montarlo. Yo ya no quiero hacer todo eso, estoy demasiado cansado.

Escuché a Peter Kubelka hablar sobre eso en Bard College. Está ahí delante y un inocente joven le dice: «Madre mía, Peter, debe de ser divertido sacar al exterior una cámara, dirigirla hacia el mundo, crear arte y mostrárselo a la gente». Kubelka se queda callado un minuto, después, con su acentazo alemán, dice: «Bueno, pues más bien al contrario, ¡no sabes lo agotador que es!». Y lo dice con esa voz tan aguda suya: «Sacar al mundo exterior una cámara pesada, llevar ese armatoste debajo del brazo durante veinte años y estar obligado a registrarlo todo en lugar de limitarte a vivirlo; te pesa muchísimo en el alma, y es agotador para los huesos y los músculos. Es imposible hacerlo, *imposible*, porque te lleva a unos sitios... constantemente al inframundo. No te puedes imaginar lo angustioso que es para tu propio cuerpo, el de un simple ser humano. ¡Ni se te ocurra hacerlo!».

En su día fui un artista desinhibido, rodeado de otros artistas similares, y no parábamos de movernos, dábamos todo lo que podíamos, pero también nos aprovechábamos de lo que había.

En parte, eso se desintegró, al menos para mí. Muchos de los que nos apoyaron fueron muy generosos, así que no querría criticarlos. Solo sé que ya no sé quiénes son, ni dónde están. No sé nada de ellos. Ya no hay intercambios. Canyon, esa floreciente y pequeña cooperativa que yo alumbré, perdió cierto componente espiritual, que quizá ahora esté volviendo. Durante un tiempo fue como la Iglesia metodista; han decidido expulsar todas las peculiaridades, la locura poética. Pero así es esta época. Al mismo tiempo, ¡me alegro mucho de que funcione tan bien! Este año recibimos unas buenas regalías de Canyon; la verdad es que es asombroso. Yo no sé quién alquila esas películas o por qué, pero no dejan de hacerlo. Aunque no quieren ver al o a la artista; no quieren que aparezca ni en su salón ni en sus aulas. Así que, aquí estoy yo con mi pequeña familia, haciendo mis programitas de radio del Dr. Bish, fotografiando a muchachas camboyanas, tomando notas y haciendo algunos vídeos.

Mi don ha sido la imaginación. Siempre está vivita y coleando: le encanta lo teatral. A mí me parece que alguien que ha nacido con ese don debe utilizarlo, porque todo el mundo se puede beneficiar cuando la creatividad está viva. Del mismo modo que alguien con dotes innatas para el boxeo debería dedicarse precisamente a eso. No tendría que pasar por un sistema con un montón de formularios y decir: «Bueno, a mí me gustaría boxear, puedo ser un campeón», y que le respondan: «Guardaremos su solicitud. Gracias por su interés». Tendrías que poder decir: «Esto es lo que yo sé hacer, ¡este es el momento de hacerlo!». En lugar de todas esas politiquerías y «políticas de gestión»: en la industria del cine y el sector académico solo hay gestores que hablan con otros gestores. Son una casta que con demasiada frecuencia controla la creatividad, que, como dice Joseph Campbell, es absolutamente esencial para la sociedad. Lo que refleja nuestra identidad, nuestro proceso y nuestra historia son el arte y el mito. Lo que seguimos es el sendero del poeta: huellas solitarias en los negros y nevados lugares de la memoria y en un horizonte desconocido.

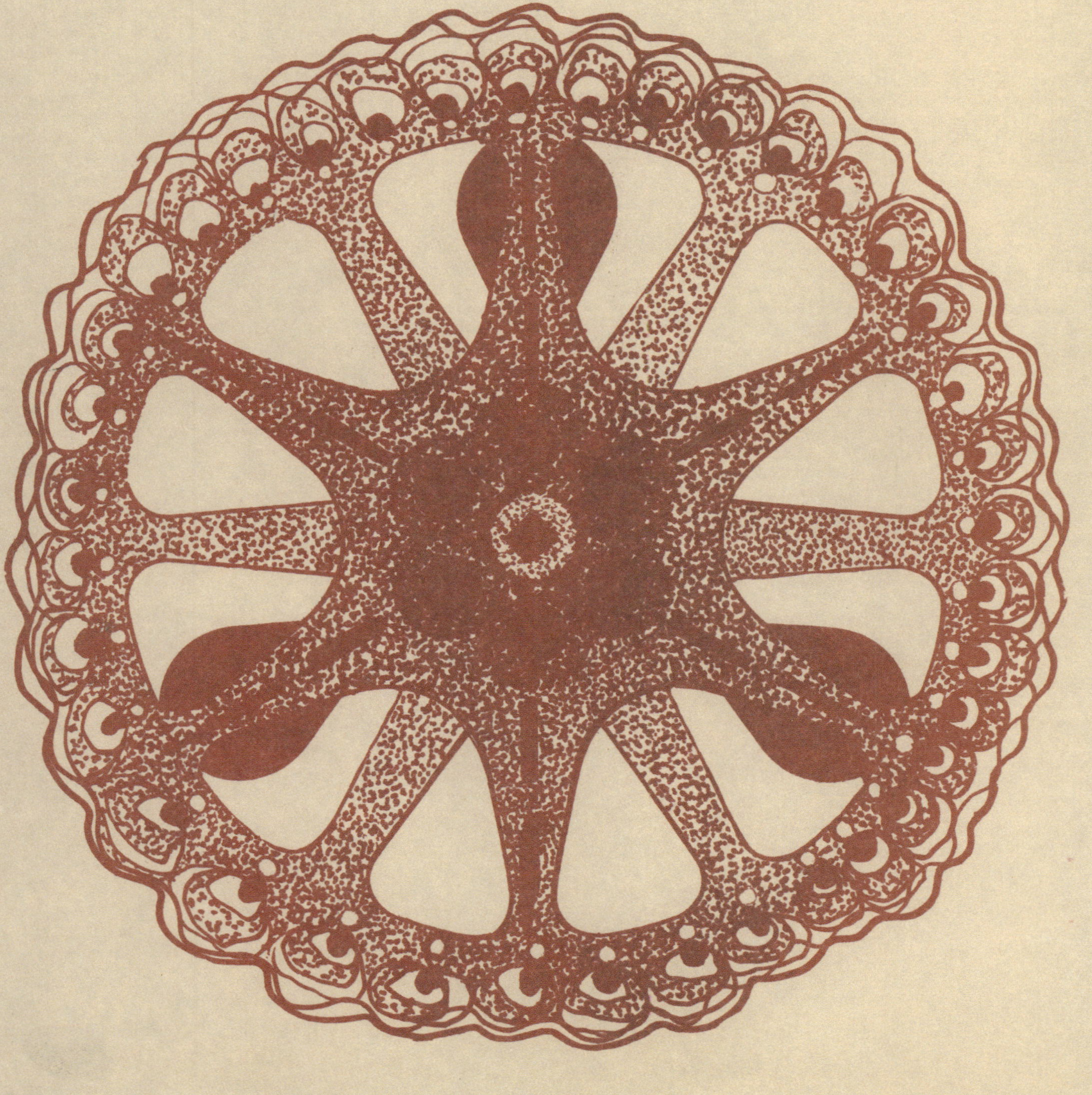

Cover of *Canyon Cinemanews*

Cinemanews
Max Goldberg

Bruce Baillie (1931-2020), Canyon Cinema's founding filmmaker, brought to life exceptional works of film art and a thriving cinema counterculture. He died in April 2020 at his home on Camano Island, nearly sixty years after first welcoming friends and neighbors for a night of backyard cinema in Canyon, California. Long after the fact, Baillie recounted the story of Canyon Cinema's founding with a fresh sense of possibility. "Disregard established forms, invent those forms which you can see you need Now," he counseled *Canyon Cinemanews* readers in 1976. "This is, in fact, the way Canyon Cinema occurred in the world."

Collected here are some of Baillie's many dispatches to and about Canyon Cinema, beginning with a 1962 announcement co-signed with Chick Strand. The bulk of this material derives from the *Canyon Cinemanews*, which was launched in 1962 as a newsletter to solicit and circulate "fugitive information" related to a fledgling independent film movement. Years before Canyon was formally organized as a distribution cooperative, the lively pages of the *Cinemanews* demonstrated that there was such a community of filmmakers to be incorporated.

Baillie's byline only became a *Cinemanews* staple after he took to the road with his films, eventually coming to reside at various points up the West Coast. Beyond offering sparkling early glimpses of now classic titles like *Quixote* (1965), *Castro Street* (1966), *Valentin de las Sierras* (1968), *Quick Billy* (1970), and *Roslyn Romance (Is It Really True?)* (1974), the letters report on film stocks and dream visions, remedies for the common cold and poor film projection, friends in need and community prospects. With Franciscan simplicity, he is forever pointing back to first principles: "Really like to emphasize in NEWS again for everybody to send notes on what they are doing, seeing, feeling," he wrote at the end of 1967. "It's odd when you discover it, how so many people give little value to who they are: hardly anyone seems to celebrate themselves by forwarding their thoughts." And a few years later:

"We used to make up a lot of [things] in the News, that's why it felt so good in those days...When you've got too many things to do it all comes out the same. It needs all the ups and downs of an open life."

Baillie's letters plot just such a course, relaying the ideals of an independent cinema in terms of lived experience. What jumps off the page is the abundant sense of freedom in matters large and small. The letters make it easy to see why Baillie's emboldening example meant the world to younger filmmakers looking to pick up a camera and make a life of it. A voice like his never grows old.

Cinemanews Max Goldberg

Bruce Bailliek (1931-2020), Canyon Cinema sortu zuen zinemagileak, artelan zinematografiko bikainak eta kontrakultura loretsua sortu zituen arlo horretan. 2020ko apirilean hil zen Camano uharteko bere etxean, Kaliforniako Canyon hiriko atzeko patio batean, gaueko zinema-saioetan, lagun eta bizilagunei harrera egiten hasi eta ia hirurogei urte igarotakoan. Askoz geroago, Bailliek kontatu zuen nola sortu zen Canyon Cinema, dena posible zelako sentsazio berriari esker. «Ez egin kasurik ezarritako formei, asmatu orain behar dituzunak», aholkatu zien *Cinemanews*eko irakurleei 1976an. «Horrela agertu zen munduan Canyon Cinema».

Hemen komunikazio batzuk bildu dira, 1962an Chick Strand-ekin batera sinatu zuen iragarkiaz geroztik, Bailliek Canyon Cinemara bidaltzen edo proiektu horri buruz idazten zituenetatik asko. Material gehiena *Canyon Cinemanews*ekoa da. 1962an jarri zuten abian, aldizkari moduan, zinema-mugimendu hasiberriarekin lotutako «informazio iheskorra» eskatu eta zabaltzeko. Canyon banaketa-kooperatiba bihurtu baino urte batzuk lehenago, *Cinemanews*eko orrialde biziek erakutsi zuten bazegoela zinegileen komunitate bat, era horretan eratzeko gaitasuna zuena.

Baillieren sinadura ez zen *Cinemanews*eko funtsezko elementua izan, harik eta bere filmekin errepidera jo eta mendebaldeko itsasaldeko hainbat lekutan bizitzera iritsi zen arte. Titulu klasikoen hasiera txinpartatsuak sumatzeko aukera emateaz gain —*Quixote* (1965), *Castro Street* (1966), *Valentín de las Sierras* (1968), *Quick Billy* (1970) eta *Roslyn Romance (Is It Really True?)* (1974)—, gutunek hainbat gai dituzte hizpide: film-erreserbak eta ikuspegi onirikoak, hotzeria arrunterako erremedioak eta kalitate gutxiko proiekzioak, premia duten lagunak eta aukera komunak. Frantziskotarren soiltasunez, Bailliek funtsezko printzipioetara jotzen du beti. «*News*en berriz esan nahi dut mundu guztiak oharrak bidal ditzala egiten, ikusten eta sentitzen ari denaz», idatzi zuen 1967ko amaieran. «Harritzekoa da ohartzea jende askok ia ez diola garrantzirik ematen bera den horri: itxuraz, ia inor ez da pozten bere pentsamenduak bidaliz». Eta handik urte gutxira:

«*News*en gauza asko asmatzen genituen, horregatik sentitzen ginen hain ondo garai hartan... Gauza gehiegi dituzunean egiteko, azkenean dena ateratzen da. Bizitza ireki baten joan-etorri guztiak behar ditu».

Hain zuzen, Baillieren gutunek ibilbide hori deskribatzen dute, bizi izandako esperientzian oinarritutako zinema independentearen idealak transmitituz. Orri horietan, kontu handi eta txikietan nagusi den askatasun-sentsazio biziak asaldatzen zaitu. Gutunei esker, erraz suma daiteke zergatik izan zen garrantzitsua Baillieren eredu adore-emailea, kamera bat hartu eta harekin bizimodua atera nahi zuten zinemagile gazteentzat. Harena bezalako ahots bat ez da sekula zahartzen.

Cinemanews Max Goldberg

Bruce Baillie (1931-2020), cineasta fundador de Canyon Cinema, alumbró excepcionales obras de arte cinematográfico y una floreciente contracultura en ese campo. Murió en abril de 2020 en su casa de la isla de Camano, casi sesenta años después de empezar a recibir a amigos y vecinos en sesiones nocturnas de cine en un patio trasero de Canyon, California. Mucho después, Baillie relataba cómo se creó Canyon Cinema gracias a la refrescante sensación de que todo era posible. «Desoye las formas establecidas, inventa las que ahora ves que necesitas», aconsejaba a los lectores de *Cinemanews* en 1976. «Así es como Canyon Cinema apareció realmente en el mundo».

Aquí se reúnen algunas de las muchas comunicaciones que, desde el anuncio que Baillie firmó junto a Chick Strand en 1962, el primero enviaba a Canyon Cinema o escribía acerca de ese proyecto. El grueso del material procede de *Canyon Cinemanews*, que comenzó su andadura en 1962 en forma de boletín para solicitar y difundir «información fugitiva» relacionada con el incipiente movimiento cinematográfico. Años antes de que Canyon se convirtiera realmente en cooperativa de distribución, las animadas páginas de *Cinemanews* demostraron que ya existía una comunidad de cineastas susceptible de constituirse como tal.

La firma de Baillie no se convirtió en un elemento fundamental de *Cinemanews* hasta que él no se lanzó a la carretera con sus películas y llegó a residir en varios lugares de la Costa Oeste. Además de permitirnos atisbar los chispeantes inicios de títulos clásicos como *Quixote* (1965), *Castro Street* (1966), *Valentín de las Sierras* (1968), *Quick Billy* (1970) y *Roslyn Romance (Is It Really True?)* (1974), las cartas hablan sobre reservas de película y visiones oníricas, remedios para el resfriado común y proyecciones de escasa calidad, amigos necesitados y posibilidades comunes. Con franciscana sencillez, Baillie siempre remite a principios esenciales. «Quisiera insistir de nuevo en *News* en que todo el mundo envíe notas sobre lo que está haciendo, viendo, sintiendo», escribía a finales de 1967. «Resulta raro descubrir que haya tanta gente que apenas dé importancia a quién es: casi nadie parece regocijarse mediante el envío de sus pensamientos». Y pocos años después:

«En *News* nos inventábamos muchas cosas, por eso se sentía uno tan bien en esa época... Cuando tienes demasiadas cosas que hacer, al final todo acaba saliendo. Necesita todas las idas y venidas de una vida abierta».

Las cartas de Baillie describen precisamente esa trayectoria, trasmitiendo los ideales de un cine independiente basado en la experiencia vital. Lo que te asalta en esas páginas es la intensa sensación de libertad imperante en cuestiones grandes y pequeñas. Las cartas permiten apreciar con facilidad por qué el alentador ejemplo de Baillie fue trascendental para jóvenes cineastas que aspiraban a coger una cámara y ganarse la vida con ella. Una voz como la suya nunca envejece.

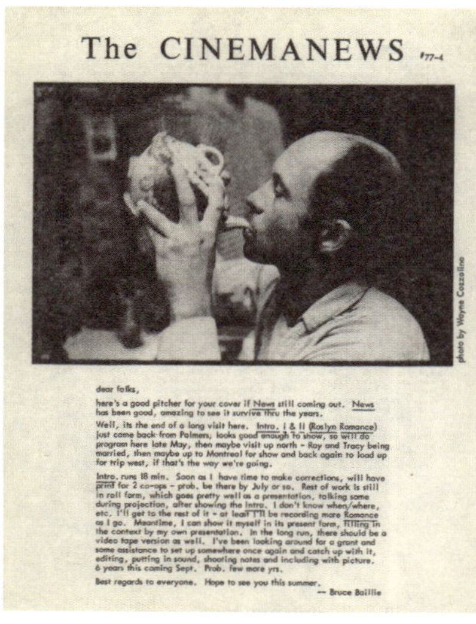

The CINEMANEWS #77-4

dear folks,

here's a good pitcher for your cover if News still coming out. News has been good, amazing to see it survive thru the years.

Well, its the end of a long visit here. Intro. I & II (Roslyn Romance) just came back from Palmers, looks good enough to show, so will do program here late May, then maybe visit up north – Ray and Tracy being married, then maybe up to Montreal for show and back again to load up for trip west, if that's the way we're going.

Intro. runs 18 min. Soon as I have time to make corrections, will have print for 2 co-ops – prob. be there by July or so. Rest of work is still in roll form, which goes pretty well as a presentation, talking some during projection, after showing the Intro. I don't know when/where, etc. I'll get to the rest of it – at least I'll be recording more Romance as I go. Meantime, I can show it myself in its present form, filling in the context by my own presentation. In the long run, there should be a video tape version as well. I've been looking around for a grant and some assistance to set up somewhere once again and catch up with it, editing, putting in sound, shooting notes and including with picture. 6 years this coming Sept. Prob. few more yrs.

Best regards to everyone. Hope to see you this summer.

— Bruce Baillie

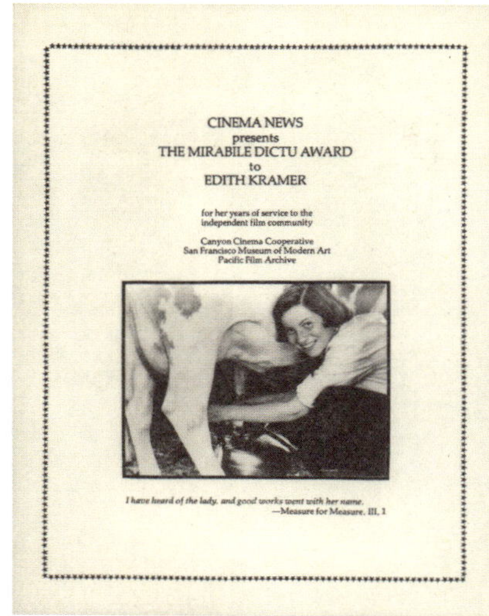

CINEMA NEWS
presents
THE MIRABILE DICTU AWARD
to
EDITH KRAMER

for her years of service to the
independent film community

Canyon Cinema Cooperative
San Francisco Museum of Modern Art
Pacific Film Archive

I have heard of the lady, and good works went with her name.
—Measure for Measure, III, 1

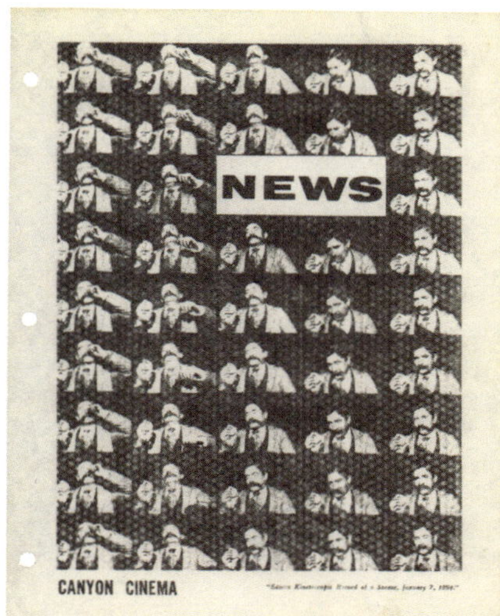

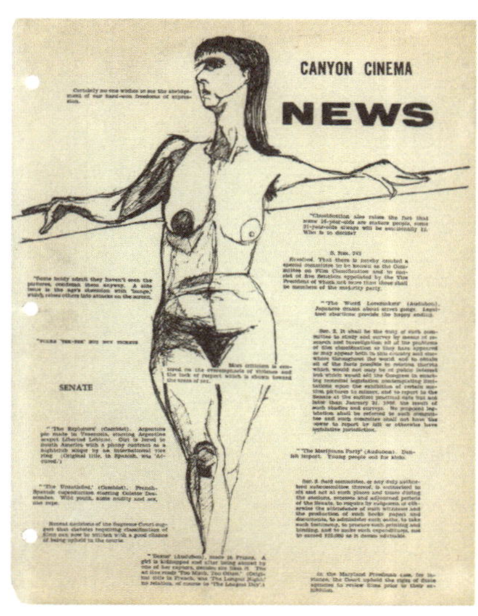

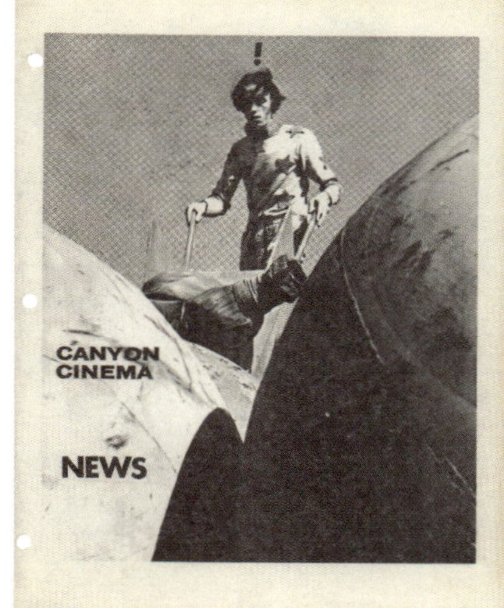

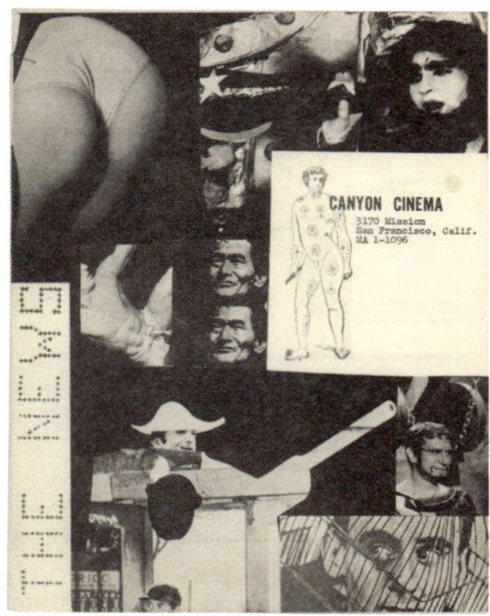

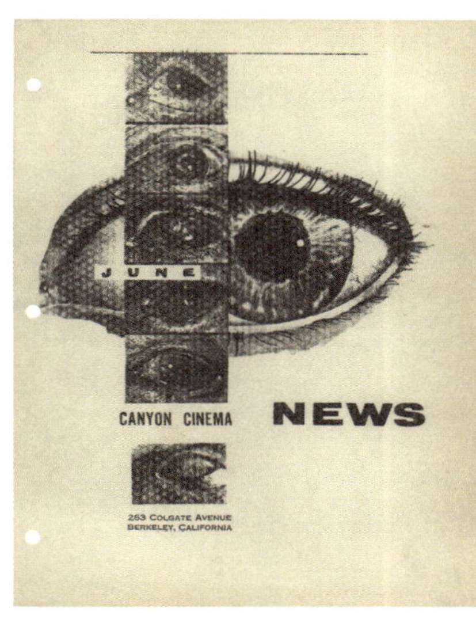

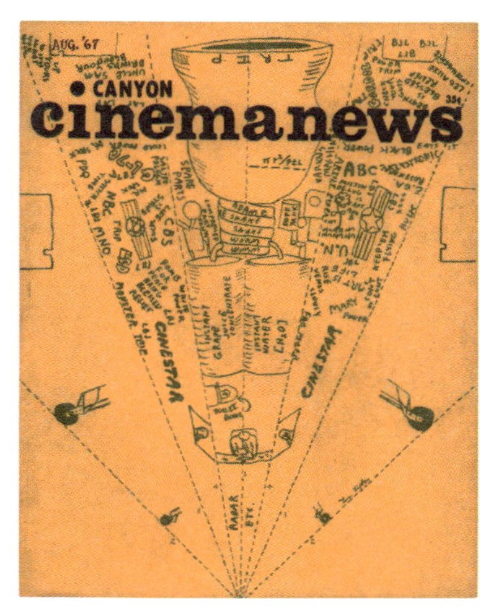

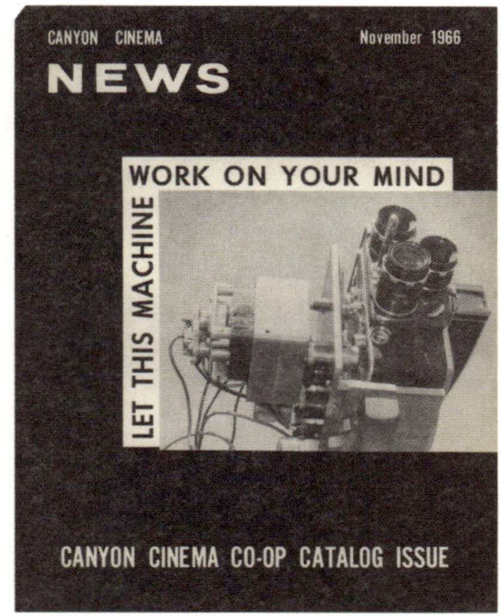

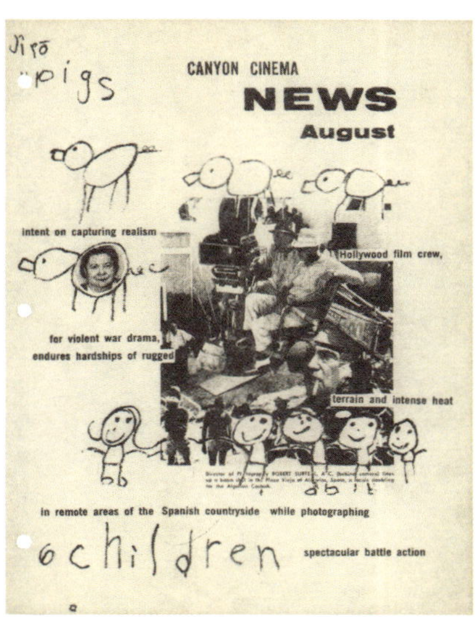

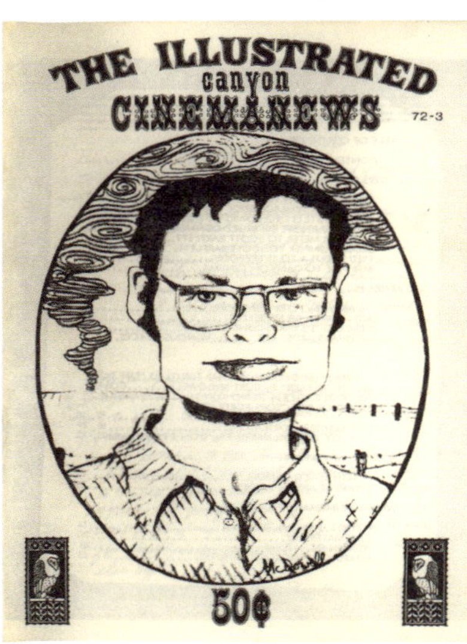

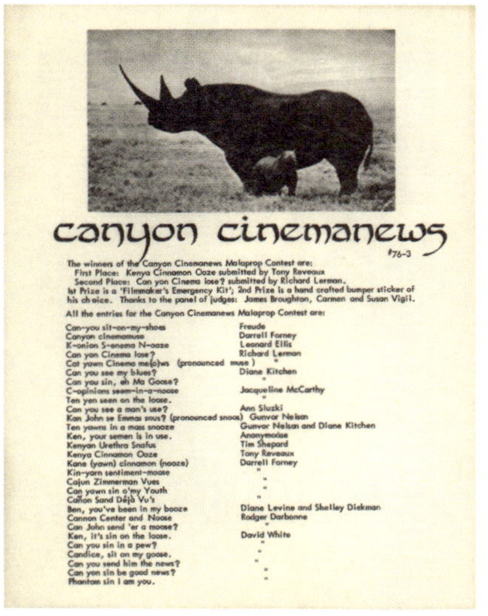

canyon cinemanews #76-3

The winners of the Canyon Cinemanews Malaprop Contest are:
First Place: Kenya Cinnamon Ooze submitted by Tony Reveaux
Second Place: Can yon Cinema lose? submitted by Richard Lerman.
lst Prize is a 'Filmmaker's Emergency Kit'; 2nd Prize is a hand crafted bumper sticker of his choice. Thanks to the panel of judges: James Broughton, Carmen and Susan Vigil.

All the entries for the Canyon Cinemanews Malaprop Contest are:

Can-you sit-on-my-shoes	Freude
Canyon cinemamuse	Darrell Forney
K-onion S-enema N-ooze	Leonard Ellis
Can yon Cinema lose?	Richard Lerman
Cat yawn Cinema me(o)ws (pronounced muse)	"
Can you see my blues?	Diane Kitchen
Can you sin, eh Ma Goose?	"
C-opinions seem-in-a-noose	Jacqueline McCarthy
Ten yen seen on the loose.	"
Can you see a man's use?	Ann Sluzki
Kan John se Emmas snus? (pronounced snoos)	Gunvor Nelson
Ten yawns in a mass snooze	Gunvor Nelson and Diane Kitchen
Ken, your semen is in use.	Anonymoose
Kenyan Urethra Snafus	Tim Shepard
Kenya Cinnamon Ooze	Tony Reveaux
Kane (yawn) cinnamon (nooze)	Darrell Forney
Kin-yarn sentiment-moose	"
Cajun Zimmerman Vues	"
Can yawn sin o'my Youth	"
Cañon Sand Déjà Vu's	"
Ben, you've been in my booze	Diane Levine and Shelley Diekman
Cannon Center and Noose	Rodger Darbonne
Can John send 'er a moose?	"
Ken, it's sin on the loose.	David White
Can you sin in a pew?	"
Candice, sit on my goose.	"
Can you send him the news?	"
Can yon sin be good news?	"
Phantom sin I am you.	"

Covers of Canyon Cinemanews

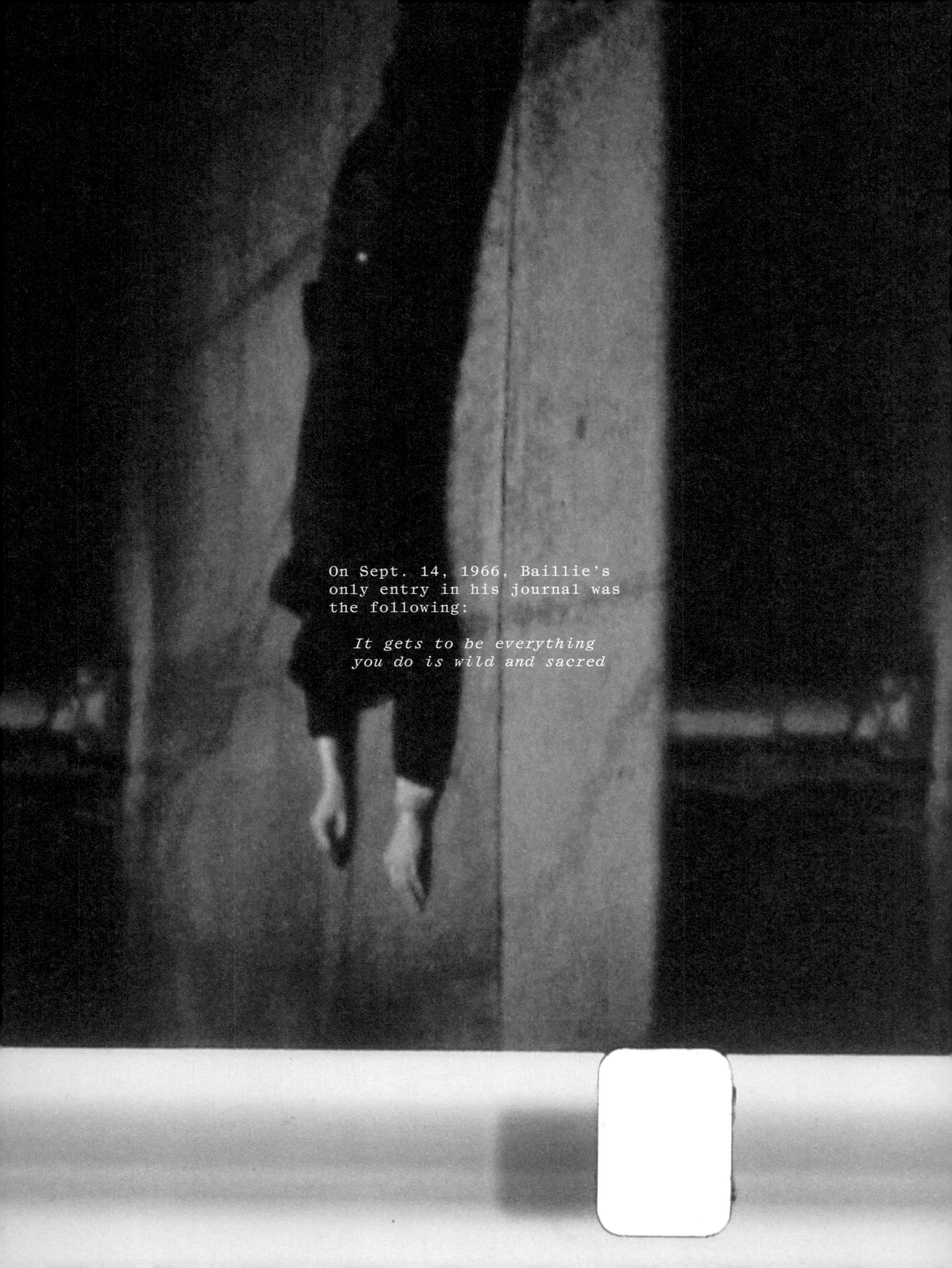

On Sept. 14, 1966, Baillie's
only entry in his journal was
the following:

*It gets to be everything
you do is wild and sacred*

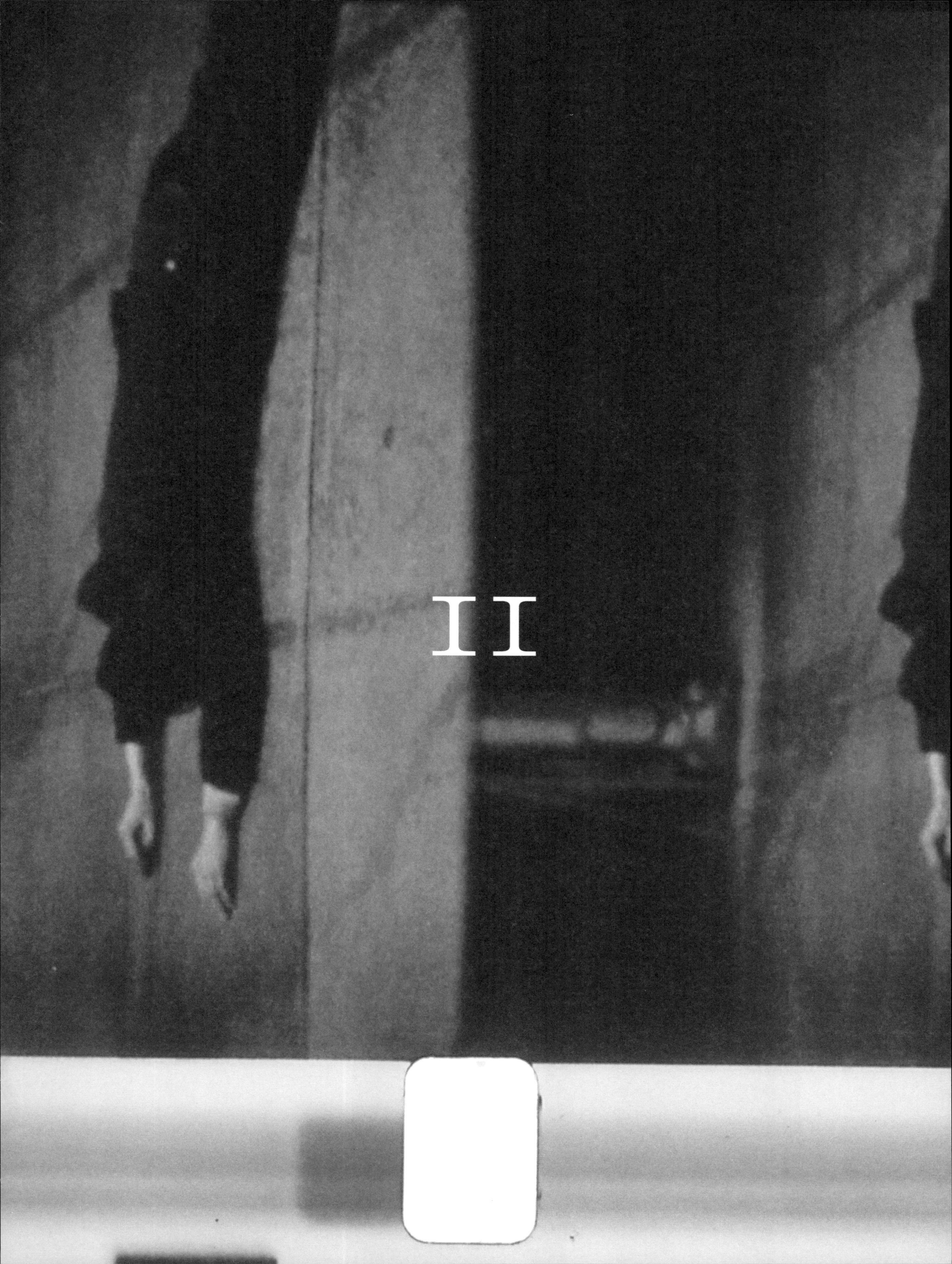

II

Installation view of the exhibition *Somewhere from Here to Heaven* in Azkuna Zentroa - Alhóndiga Bilbao

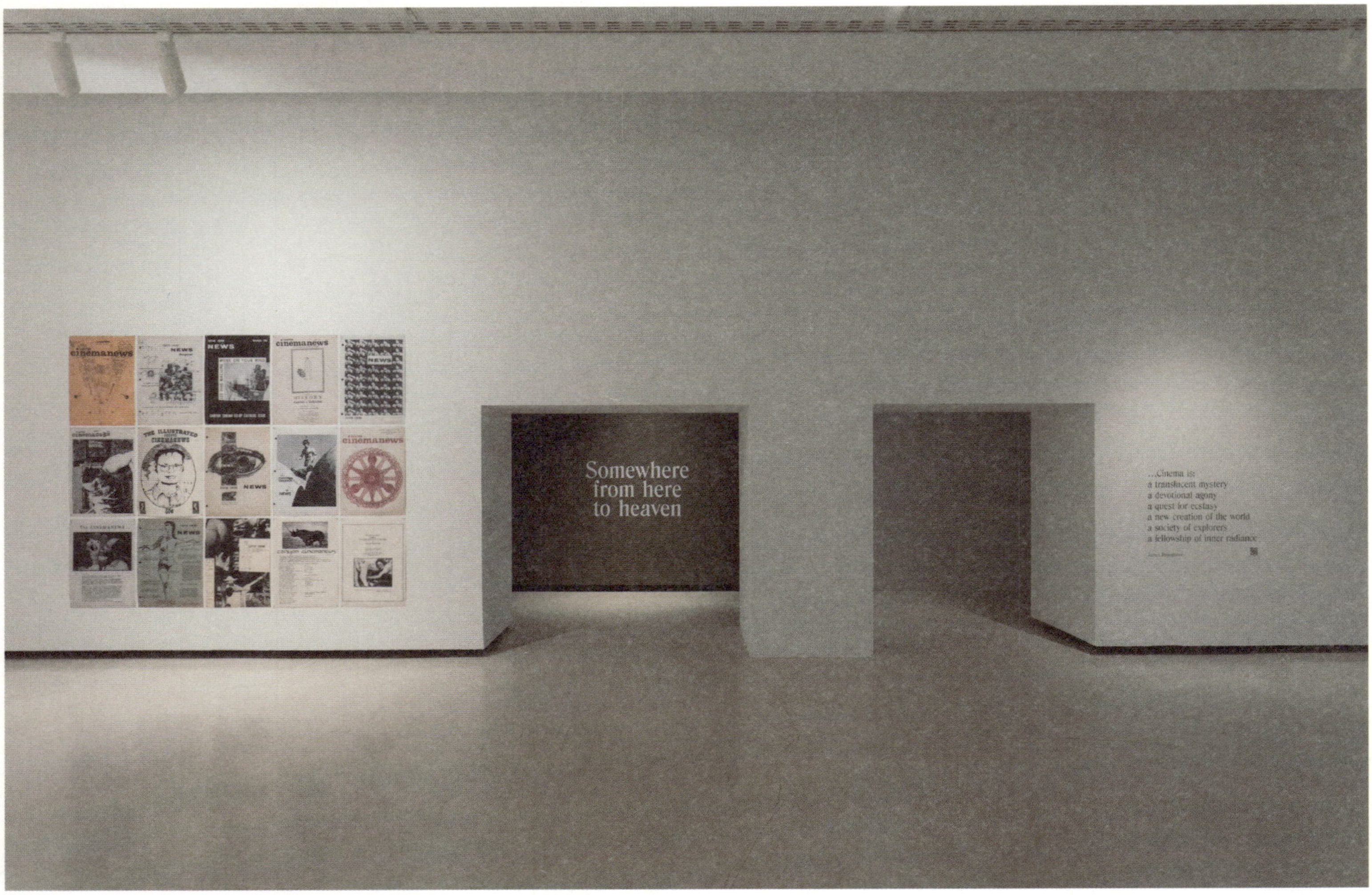

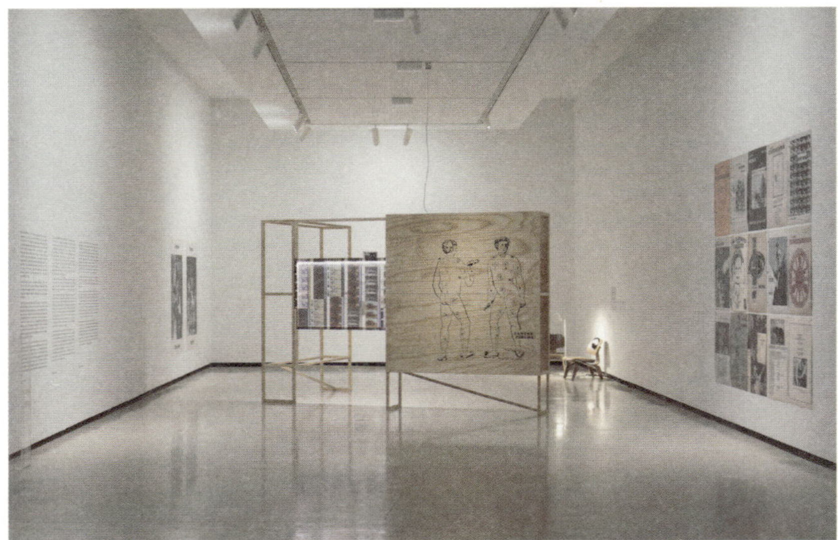

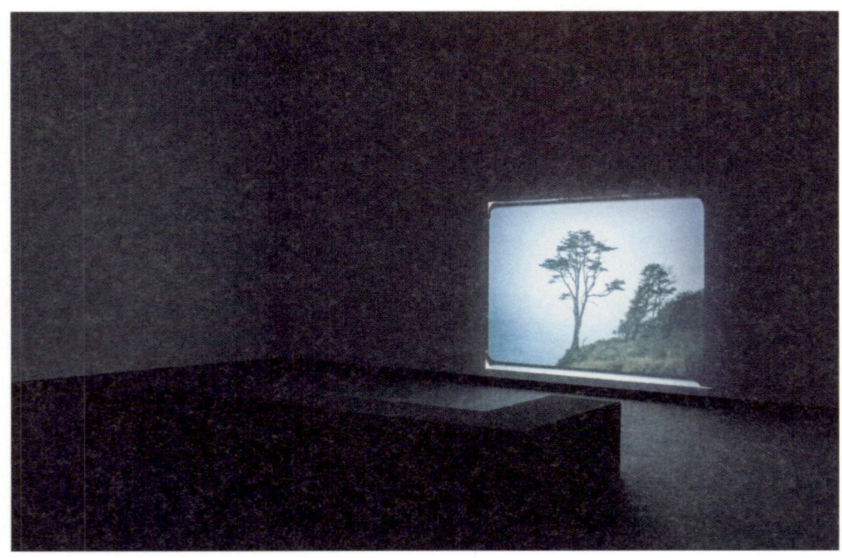

The Wayward Ones

Erika Balsom

In J.P. Sniadecki's *We Was Here* (2022), a portrait of Bruce Baillie shot between 2015–20 in and around the filmmaker's home on Camano Island, the elderly Baillie is seen with curator Garbiñe Ortega, rummaging through the contents of his storage unit. Reels of 16mm are nestled amongst sheets of crumpled paper, their contents identifiable by the handwritten inscriptions found on the tarnished tins and marigold-yellow Kodak boxes that house them. A lifetime in film; a lifetime of film. There are prints of completed works but also undeveloped negatives, footage shot but never used. Baillie holds up the latter for Sniadecki's camera to see—and for Ortega, too, who snaps a digital photo to take inventory of what is there. As he does so, he remarks that he is positioning the objects for "perfect documentation, which we don't like ... as a genre."

"Perfect documentation" might have its place in archival conservation, but not in Baillie's oeuvre. Although his films are anchored in actuality and often said to be marked by an ethnographic impulse, they renounce the objectivity and instrumental communication that are frequently associated, whether fairly or not, with documentary as a genre. Instead, he cultivates a lyrical and impressionistic sensitivity to the world. The sensuous textures and microevents of everyday life join forces with the transformational capacities of the film medium to defy the regime of the informational. His is a first-person cinema unafraid of beauty and determined to find it in those places where most would fail to discern its presence.

Many of Baillie's films are widely recognized as landmark works of US experimental cinema: *All My Life* (1966), *Castro Street* (1966), *Valentin de las Sierras* (1968), and more besides. Yet what of the other material glimpsed here in boxes, all those unseen images that remain hidden away in storage? In *We Was Here*, shot only a short time before Baillie's death in 2020 at the age of eighty-eight, the filmmaker suggests that someone else might like to engage with the footage he accumulated but did not manage to shape into completed works: "Nobody's paying any attention to it and it's not getting finished, and that's what its purpose in life is: to be born, to come alive." The reels languish in an embryonic state of latency, awaiting their entry into public life—a life that would begin only belatedly and would necessarily depend on the midwifery of a collaborator.

Editing these materials would be one way of extending Baillie's cinema into the present. But it is not the only possible means of continuing his life's work in his absence, of bringing his sensibilities and convictions forth into an era that so desperately needs them. Diverse moving-image artists today could be said to be already engaged in this task, working in the ripples of Baillie's wake as they extend a tradition of personal filmmaking that is grounded in a practice of care for the flux and mystery of life. With the exhibition *Somewhere from Here to Heaven*, Ortega continues her engagement with Baillie's legacy by bringing together four such figures: Apichatpong

Weerasethakul, Ben Rivers, Ana Vaz, and Eduardo Williams. By inviting them to respond to Baillie—however they see fit, in ways more or less direct—the project suggests a second manner of activating the late filmmaker's oeuvre, approaching it as a reservoir of inspiration ready to speak across decades.

"There's too much abstraction in the modern world," Baillie remarks in *We Was Here*. It is perhaps the filmmaker's attentiveness to the concreteness of reality that Apichatpong Weerasethakul has in mind when he writes that Baillie's approach is "centered on presence." This sense of an attunement to the inconspicuous, contingent details of a fleeting now is powerfully felt in *For Bruce*, an installation depicting a small footbridge over water that Apichatpong came across while hiking in the Peruvian jungle at a time when he was recovering from COVID-19. Apichatpong combines an array of views of the bridge and its environs, punctuating each passage with black intervals and making frequent use of superimposition—two strategies that Baillie employs to great effect in *Castro Street*, here reiterated far from the industrial Californian landscape of that film. Bridges are conventionally understood as thresholds connecting one space to another; they exist to be crossed, to lead somewhere. Crucially, Apichatpong foregoes any sense of the forward progression suggested by his motif, choosing rather to dwell in a watery in-between. The ostensible function of the bridge is of no concern. What matters is luminosity and texture, vibrating light and vibrating matter. Tadpoles, butterflies, insects, plants, and birds are all there, part of the hum of life. The film's concern with the entanglements of the human and more-than-human is subtly suggested, too, in Apichatpong's cough. Registered once on the soundtrack, it betrays the lingering effects of the virus that had made his permeable body its involuntary host.

How can one account for influence? Sometimes easily, others less so. Apichatpong has spoken on many occasions of the important impact Baillie's films had on him while a student at the Art Institute of Chicago. Influence can be conscious, declared, resulting in an act of dedication like *For Bruce* —but it can also be something harder to pin down.

In *Un GIF Larguísimo*, Eduardo Williams's relationship to Baillie is more diffuse, even if it is tempting to connect the installation's circular apertures and superimpositions once more to *Castro Street*. In a central field, imagery of the interior of a human stomach and intestines summons again the permeability of the body, now understood not in relation to viral infection but as it concerns processes of consumption and digestion. Two rounded frames on either side of this largest circle move horizontally, exchanging positions, forming palimpsestic compositions as they overlap with the central field and each other. Within each of the flanking channels are heterogeneous images of the outside world that stand in stark opposition to the fleshy interiors that hold sway in the middle. Figuration bleeds into and out of abstraction in a mobile triptych.

Given that *Un GIF Larguísimo* was commissioned to respond to Baillie's work, an allegory suggests itself: influence as a form of digestion. When a filmmaker encounters—or ingests, so to speak—the images of another, what will be metabolized as nourishment and what will be expelled as waste? The digital-file format referenced in the installation's title and the tiny camera used to photograph the body's interior are bound to a historical moment and a mode of image-making resolutely distant from Baillie. Williams seems to insist on a disjunction. Yet *Un GIF Larguísimo* does something for which Baillie was renowned: it takes myriad traces of actuality as its raw material, employing striking formal operations to engineer a metamorphosis of this footage into apparitions with only the most tenuous connection to our unassisted sight. In his exploration of the imaginative, plastic capacities of camera vision, Williams recalls something of the spirit that animates Baillie's practice and which connects them both to a long tradition of filmmakers and theorists for whom cinema's status as an art depends on breaking with the mimetic copying of appearances.

As Scott MacDonald has noted, Baillie's interest in combining multiple layers of images—a technique echoed by Apichatpong and Williams—was "a way of expressing the complexity of experience." It provided a formal means of conveying "the discovery that reality is not simply a set of surfaces

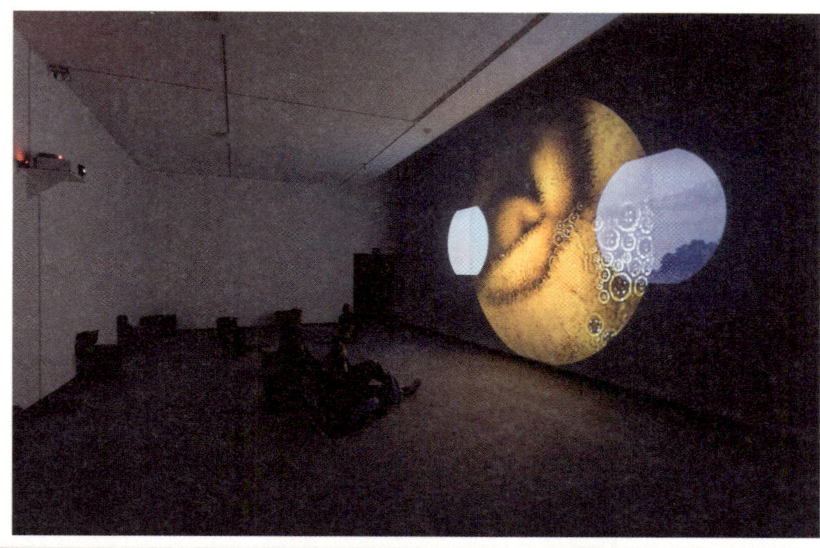

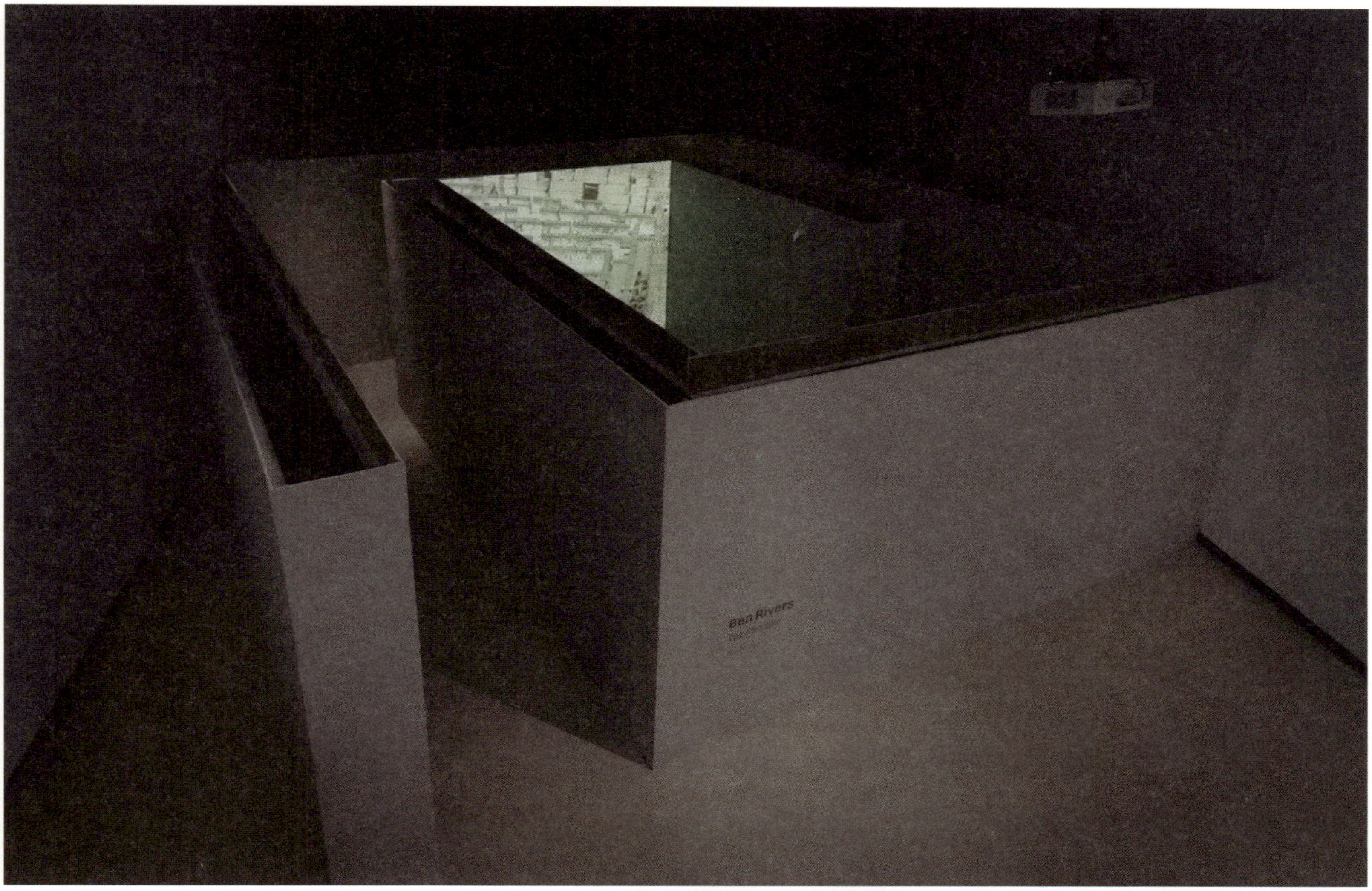

Installation view of the exhibition *Somewhere from Here to Heaven* in Azkuna Zentroa - Alhóndiga Bilbao

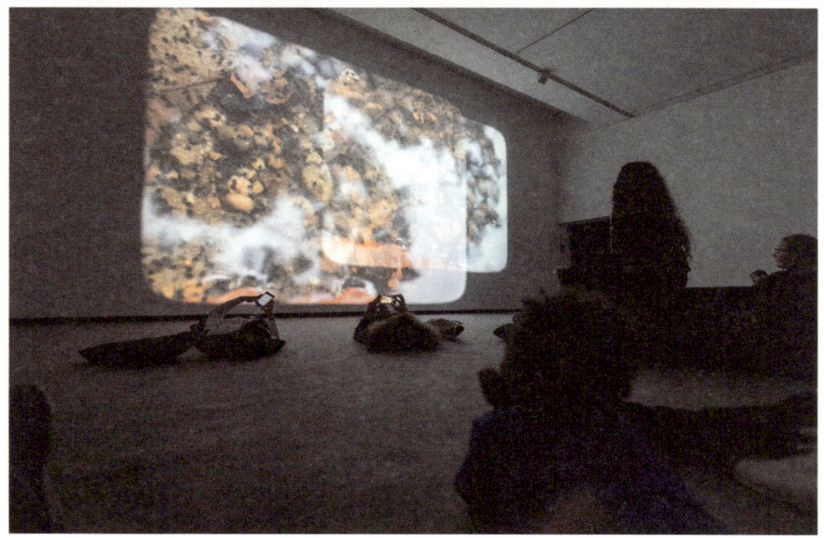

available to perception and intelligence, but a composite of surface and of spirit." At the same time, another important dimension of Baillie's work entails recording the radiance of the world's becoming with an assured directness. Take, for instance, the jewel-like perfection of *All My Life*: a single pan leftward, past a fence and bushes, and then up to meet the azure expanse of the sky. Or consider the fragments that comprise *Valentin de las Sierras*: it is a portrait snatched in glimpses, made by staying close to movements and gestures, never dominating its subject with an authoritative or objectifying gaze. Still keyed to a desire to express the complexity of experience but manifesting it by other means, these films are exemplary of Baillie's conviction that the ordinary and the magical are not so far apart if one looks carefully enough.

It is this aspect of Baillie's ethos that emerges with quiet force in Ana Vaz's *A Árvore.* Rather than Baillie, it is the filmmaker's father, Guilherme Vaz, who most haunts this work. As Vaz has put it, "In *A Árvore,* I seek to honour my ghosts rather than a stranger. The film is not an elegy for Bruce Baillie but a reflection on everything that underpins his work: the frontier, the desire for encounter, metamorphosis, the Americas." Shot over four years in six locations across four countries, the film is rooted in the myriad happenings that make up the rumble of everyday experience. From an opening passage, in which a disembodied voice discusses Roland Barthes's *Camera Lucida: Reflections on Photography* over images of fossils, Vaz signals her concern with the braid of finitude, memory, and loss, and with the possibilities of using photochemistry to preserve lasting traces of what will disappear. As a form, the diary film records what happens in a life, but in a manner devoid of the pretence to objectivity that has at times marked the observational mode of documentary. Situatedness and subjectivity are paramount, shaping how the camera preserves its slices of time, insisting on them as so many first-person utterances. So it is in *A Árvore,* a film carved out of the passing days—out of conversations, landscapes, and displacements—but also out of a reckoning with all that vanishes.

Ben Rivers is the sole filmmaker of the four to connect his contribution to a specific work of Baillie's. He links *The Minotaur*, a retelling of the classical story he populates exclusively with children, not just to Baillie's interest in myth but also to *Here I Am* (1962), a lesser-known early work. Shot at the East Bay Activities Centre, a place described in the credits as "a day program for emotionally disturbed children," *Here I Am* is a film of joy and dignity that plays against how its marginalized subjects are conventionally represented. These young people are liminal twice over—first, as children in an adult world, and second, as children who have been deemed "disturbed"—but for Baillie they are lodestones. Who is the "I" declaring its presence in the title, he or those he depicts? The undecidability of this question gets to the heart of his gesture. He films the girls and boys as they interact with one another, aligning his perspective with them rather than with their supervisors. The latter are rarely seen, and even when they are, they are not the focus of attention. Baillie keeps the frame in line with the children's height, such that the body of an adult woman is cut off at the shoulders, her neck and head held too high to appear within an image that knows where its loyalties lie.

Children are creatures marked by innocence, yes, but can equally be feral and cruel. Rivers limns these aspects in *The Minotaur*, revisiting a theme that has been of perennial interest to him for some two decades: the ambivalence of group belonging, the feeling of being torn between a desire for community and a wariness of conformism. Shot in an abandoned quarry on the island of Menorca on 16mm stock that Rivers processed by hand, *The Minotaur* revisits an early moment of a myth dear to Pablo Picasso and many Surrealists alike. Rivers's minotaur is less half-bull and half-man than he is half-calf and half-boy; not yet exiled to the labyrinth where he will eventually be killed by Theseus, he attempts to live amongst humans his age. The handheld camera swirls around, chasing after the unpredictable movements of the children as they interact with the chimerical being, registering not only their fear and curiosity when faced with an outsider, but also the violence that can surge up when the group identifies a target.

Blotches and flares of filmic materiality overtake the picture momentarily, leaving the minotaur's bloodied horn and a bleeding girl in their aftermath. The moment of harm exceeds representation: was it a premeditated act of aggression, a gesture of self-defence, roughhousing play gone awry? No matter, it is the minotaur who will now suffer, sent into exile in the labyrinth to live out his days alone.

In Rivers's hands, the minotaur myth becomes a tale of tragedy, not triumph. Like Baillie, he expresses a strong identification with liminal figures, evident in his interest in child performers and in his treatment of the minotaur, who is here represented with empathy rather than as a vicious anthropophage to be killed off by story's end. Rivers's solicitation of care for the ostracized creature rests on a suspicion of normative belonging and suggests that being inassimilable to the standard rule is something to be valued—a state of beauty and grace, even. Is this not a way of understanding the status of Baillie's cinema, and that of the practices comprising *Somewhere from Here to Heaven*? Far from the capital-intensive form of production and division of labour that marks the film industry, in these works Apichatpong, Rivers, Vaz, and Williams affirm divergent ways of making, seeing, and being.

As different from one another as they are, in this regard these filmmakers might together be understood as "wayward ones," to borrow from something Baillie says in *We Was Here*. In conversation with Sniadecki, relating a story from his time in the navy, Baillie gives the phrase a specifically gendered inflection, naming a particular condition of masculinity that he calls his own. But might not the "wayward ones" be rethought as a more inclusive formation that would encompass not just the young Baillie on leave from his ship, welcoming a woman's comfort, but all those who, like him, decide to drift down errant paths, producing images along the way? If the cinema of narrative shoots straight like an arrow, theirs searches for other shapes, other movements, far from the crowd.

Manugaitzak
Erika Balsom

J.P. Sniadeckiren *We Was Here* (2022) obran –Bruce Baillieren erretratu bat, 2015 eta 2020 artean errodatua zinemagilearen Camano uharteko etxean eta inguruetan–, Baillie agurea agertzen da Garbiñe Ortega komisarioarekin, bere trastelekuko gauzen artean ikusmiran. Paper zimurren artean ageri dira 16 mm-ko bobinak, haien edukiaren berri ematen dutela gordailu dituzten lata herdoilduetan eta kolore hori biziko Kodak kutxetan eskuz idatzitako etiketek. Bizi oso bat pelikuletan, bizi oso bat zinemarako. Badira amaitutako lanen kopiak, baina baita artean errebelatu gabeko negatiboak ere, filmatu bai baina sekula erabili ez diren metrajeak. Bailliek altxatzen du gora hori, ikus dezan Sniadeckiren kamerak, eta baita Ortegak ere, bere kamera digitalarekin ari baita argazki bat ateratzen, han dagoenaren lekukotasuna uzteko. Keinu horrekin, zinemagileak aditzera ematen du objektuak kokatzen dituela lortzeko moduan «dokumentazio perfektu bat, zeina baita genero gisa atsegin ez dugun zerbait».

Baliteke «dokumentazio perfektuak» izateko arrazoia edukitzea artxiboen kontserbazioan; ez, ordea, Baillieren obran. Haren filmak errealitatean errotuta badaude ere eta bulkada etnografikoa ezaugarri dutela esan ohi bada ere, uko egiten diete, maiz, arrazoiz nahiz arrazoirik gabe, genero dokumentalarekin lotu ohi diren objektibotasunarekiko eta komunikazio instrumentalarekiko asoziazioei. Aitzitik, munduarekin modu liriko eta inpresionistan lotzen duen sentiberatasun bat lantzen du Bailliek gehiago. Eguneroko bizitzako testura sentsualek eta gertaera txikiek bat egiten dute zinematografiaren eraldaketa-gaitasunekin, eta kolokan jartzen dute informatiboa denaren erregimena. Lehen pertsonan datorren zinema hori ez da edertasunaren beldur, eta irmo erabakita dago hura aurkitzera gehiengoari haren presentzia oharkabean igaroko litzaiokeen tokietan.

Baillieren film asko Estatu Batuetako zinema esperimentalaren obra transzendentaltzat hartu ohi dira: adibidez, *All My Life* (1966), *Castro Street* (1966) eta *Valentín de las Sierras* (1968). Zer gertatzen da, ordea, hemen kutxetan bildutako material horrekin, ezkutuan gordeta jarraitzen duten irudi argitaragabe horiekin guztiekin? Hil baino pixka bat lehenago filmatu zuen *We Was Here* Bailliek (2020an hil zen, laurogeita zortzi urte zituela), eta bertan iradokitzen du agian norbaitek gustura baliatuko lukeela berak metatu baina obra amaitu bihurtzea lortu ez zuen material hori: «Inork ez dio jaramonik egiten, eta ez da amaitzen ari, eta horixe du izateko arrazoia: jaiotzea, bizitza hartzea». Bobinak ilauntzen ari dira, umeki baten egoera latentean, bizitza publikoan sartu zain: bizitza bat, zeina hasiko bailukete, hastekotan, atzerapenez eta zeinak beharko bailuke nahitaez emagin baten lana, kolaboratzaile batena.

Material horiek galbahetzea Baillieren zinema gaur egunera hedatzea litzateke. Baina ez da modu bakarra Baillie jada ez dagoelarik haren bizitzako obrari jarraipena emateko; ez da modu bakarra haren sentiberatasunak eta sinesteak proiektatzeko haien halako premia duen garai batera. Esan liteke irudi mugimendudunaren esparruko zenbait artistak horretan dihardutela jada, gaur egun, eta Baillieren uberan igeri doazela, bizitzaren jitoari eta misterioari arreta ematen dien praktika batean oinarritzen den zinematografia-tradizio pertsonal bat zabaltzen. «Somewhere from here to heaven» erakusketaren bidez, Baillieren legatuari emanik jarraitzen du Ortegak, profil horrekin bat datozen lau irudi elkartuta: Apichatpong Weerasethakul, Ben Rivers, Ana Vaz eta Eduardo Williams. Hain zuzen ere, gonbidatzen ditu Baillieri erantzutera –egokien irizten dioten gisan, modu gutxi-asko zuzenean–; eta, hala, proiektuak iradokitzen du zinemagile zenduaren obra aktibatzeko beste modu bat: alegia, haren obrara hurbiltzea, bere mezuarekin zenbait hamarkada zeharkatzeko pronto dagoen inspirazio-gordailu bat balitz bezala.

«Gaur egungo munduan, abstrakzio gehiegi dago», zioen Bailliek *We Was Here* lanean. Agian, zinemagileak errealitatearen izaera zehatzari ematen zion arreta gogoan harturik idatziko zuen Apichatpong Weerasethakulek Baillieren ikuspegia «oinarritzen dela presentzian». Orainaldi iragankor baten inguruabar oharkabe eta kontingenteekiko bateratasunezko sentsazio hori indar biziz sumatzen da *For Bruce* instalazioan, zeinetan ikusten baita zubitxo bat erreka baten gainean, Apichatpongek COVID-19tik osatzen ari zen garaian Peruko oihanean egindako txango batean topatua. Apichatpongek zubiaren eta inguruen ikuspegi sorta bat konbinatzen du, zatien artean ezarriz tarte beltzak eta etengabe erabiliz gainjartzeak —Bailliek *Castro Street*en eraginkortasun gorenaz erabilitako estrategiak biak ala biak, eta hemen nabarmen ageri direnak, film hartako Kaliforniako paisaia industrialetik urrun—. Zubiek espazio desberdinak uztartzen dituzten atalasetzat hartuak dira, oro har: hor daude, zeharkatzeko, norabait iristeko. Funtsezkoa da Apichatpongek uko egiten diola gai horrek iradoki lezakeen aurrerapen-asmo orori eta erabakitzen duela, aitzitik, tarteko espazio urtar batean gelditzea. Zubiaren ustezko funtzioak ez du interesik. Argitasuna eta testura dira axola dutenak, argiaren eta materiaren bibrazioa. Hor zehar dabiltza zapaburu, tximeleta, intsektu, landare eta txoriak, bizitzaren burrunbaren parte denak ere. Apichatpongen eztulak ere aditzera ematen du, sotilki bada ere, filmak interesa duela katramila humanoetan, eta ez soilik humanoetan. Soinu bandan behin erregistratuta, eztul horrek erakusten ditu gorputz iragazkor hori nahigabeko anfitrioi bihurtu duen birusaren ondorio iraunkorrak.

Nola azal liteke eragina? Erraza da batzuetan; beste batzuetan, ez hainbeste.

Apichatpongek maiz aipatu du Art Institute of Chicagon ikasle zebilen garaian Baillieren filmek zer-nolako inpaktua izan zuten beragan. Eragina izan daiteke kontzientea, adierazia, eta eraman lezake omenaldi-ekintza batera, *For Bruce* lanean bezala, esaterako; baina orobat izan daiteke zehazten zaila.

Un GIF larguísimo lanean, lausoago ikusten da Eduardo Williamsek Baillierekin duen erlazioa; baina, beste behin ere, *Castro Street*ekin lotu litezke irekitze eta gainjartze zirkularrak. Espazio zentralean, giza urdail eta hesteen barneko irudiek berriro dakarte gogora gorputzaren iragazkortasuna, zeina kontuan hartzen baita, orain, ez infekzio biral baten ikuspegitik, kontsumo- eta digestio-prozesuen harira baizik. Zirkulu handi horren alde bietan, horizontalean mugitzen dira bi egitura biribildu, beren posizioa trukatuz, konposizioak osatuz, halako eran non, elkarren gainka jarririk espazio zentralarekin eta elkarrekin, eratzen baitute halako palinpsesto moduko bat. Albo-kanal horietako bakoitzaren barruan, kanpoko munduaren irudi heterogeneoak ikusten dira, kontraste bizia eginez erdian nagusi diren barnealde haragitsuekin. Triptiko mugikor horretan, abstrakziotik sartu-irtenean dabil irudi figuratiboa.

Kontuan hartuta Baillieren obrari erantzuteko enkargu gisa eskatu zitzaiola Williamsi *Un GIF larguísimo*, alegoria bati bide ematen diola

Los díscolos
Erika Balsom

En la obra de J.P. Sniadecki *We Was Here* (2022), un retrato de Bruce Baillie filmado entre 2015 y 2020 en la casa del cineasta en la isla de Camano y sus alrededores, se ve al anciano Baillie con la comisaria Garbiñe Ortega hurgando entre los objetos de su trastero. Entre hojas de papel arrugado se acurrucan rollos de 16 mm, cuyo contenido se identifica gracias a las etiquetas escritas a mano que aparecen en las latas oxidadas y las cajas de Kodak amarillo chillón que los albergan. Toda una vida en películas, una vida entera para el cine. Hay copias de trabajos terminados, pero también negativos sin revelar; metraje filmado pero nunca utilizado. Esto último lo levanta Baillie para que lo vea la cámara de Sniadecki, y también para Ortega, que con su cámara digital hace una foto para dejar constancia de lo que hay allí. Con ese gesto, el cineasta declara que coloca los objetos para «una documentación perfecta, algo que no nos gusta como género».

Puede que la «documentación perfecta» tenga su razón de ser en la conservación de archivos, pero no en la obra de Baillie. Aunque sus películas se anclan en la realidad y se suele decir que se caracterizan por un impulso etnográfico, renuncian a las asociaciones con la objetividad y la comunicación instrumental que con frecuencia se relacionan, con razón o sin ella, con el género documental. Baillie cultiva, más bien, una sensibilidad que lo relaciona de forma lírica e impresionista con el mundo. Las texturas sensuales y los pequeños acontecimientos de la vida cotidiana se unen a las capacidades transformadoras del medio cinematográfico para cuestionar el régimen de lo informativo. Su cine en primera persona no teme a la belleza y está decidido a encontrarla en lugares donde la mayoría no lograría detectar su presencia.

Muchas de las películas de Baillie se consideran obras trascendentales del cine experimental estadounidense, entre otras, *All My Life* (1966), *Castro Street* (1966) y *Valentín de las Sierras* (1968). Sin embargo, ¿qué pasa con ese otro material que aquí se atisba en cajas, todas esas imágenes inéditas que siguen ocultas, almacenadas? En *We Was Here*, filmada poco antes del fallecimiento de Baillie en 2020 a los ochenta y ocho años, el cineasta sugiere que quizá a alguien le podría gustar servirse del material que acumuló y que no logró convertir en obras acabadas: «Nadie le presta ninguna atención y no se está terminando, y esa es su razón de ser: nacer, cobrar vida». Los rollos languidecen en el estado latente de un feto, aguardando su entrada en la vida pública: una vida que solo comenzaría con retraso y que necesariamente tendría que depender de la labor de una partera, de un colaborador.

Cribar esos materiales sería una forma de extender el cine de Baillie hacia el presente. Pero no es esta la única manera de continuar la obra de su vida en su ausencia, de proyectar sus sensibilidades y convicciones a una época que tanto las necesita. Se podría decir que en la actualidad diversos artistas de la imagen en movimiento ya están entregados a esa tarea, y que surcan las ondas de la estela de Baillie, ampliando una tradición de cinematografía personal anclada en una práctica que presta atención al flujo y el misterio de la vida. Con la exposición *Somewhere from Here to Heaven*, Ortega continúa su entrega al legado de Baillie reuniendo a cuatro figuras de ese perfil: Apichatpong Weerasethakul, Ben Rivers, Ana Vaz y Eduardo Williams. Al invitarlos a responder a Baillie —como les parezca oportuno, de formas más o menos directas—, el proyecto apunta una segunda manera de activar la obra del difunto cineasta, aproximándose a ella como si fuera un depósito de inspiración listo para cruzar las décadas con su mensaje.

«En el mundo actual hay demasiada abstracción», declara Baillie en *We Was Here*. Quizá sea la atención del cineasta al carácter concreto de la realidad lo que Apichatpong Weerasethakul tenga en mente al escribir que el enfoque de Baillie se «centra en la presencia». Esta sensación de sintonía con los pormenores inadvertidos y contingentes de un ahora efímero se aprecia poderosamente en *For Bruce*, una instalación que muestra un puentecillo sobre un curso de agua que Apichatpong se encontró durante una excursión por la selva peruana, en una época en la que se estaba recuperando del COVID-19. Apichatpong combina un abanico de vistas del puente y de sus alrededores, colocando entre los fragmentos intervalos negros y utilizando constantemente superposiciones —dos estrategias que Baillie utiliza con gran eficacia en *Castro Street*, y en las que aquí se insiste lejos del paisaje industrial californiano de ese filme—. Normalmente se considera que los puentes son umbrales que conectan espacios distintos: existen para cruzarlos, para conducir a algún sitio. Lo esencial es que Apichatpong renuncia a cualquier pretensión de avance que pueda sugerir ese motivo, y más bien decide permanecer en un espacio acuático intermedio. La supuesta función del puente carece de interés. Lo que importa es la luminosidad y la textura, la vibración de la luz y la materia. Por ahí andan renacuajos, mariposas, insectos, plantas y pájaros, parte del zumbido de la vida. En la tos de Apichatpong también se apunta sutilmente el interés de la película en los enredos humanos, y no solo humanos. Registrada en una ocasión en la banda sonora, esa tos evidencia los efectos persistentes del virus que ha convertido este cuerpo permeable en su anfitrión involuntario.

¿Cómo se puede explicar la influencia? A veces es fácil, otras no tanto. Apichatpong se ha referido en muchas ocasiones al importante impacto que las películas de Baillie tuvieron en él cuando estudiaba en el Art Institute of Chicago. La influencia puede ser consciente, declarada, y conducir a un acto de homenaje como el de *For Bruce*, pero también puede ser algo difícil de precisar.

En *Un GIF larguísimo* la relación de Eduardo Williams con Baillie es más difusa, aunque, una vez más, también se podrían conectar las aperturas y superposiciones circulares con *Castro Street*. En un espacio central, imágenes del interior de un estómago y de intestinos humanos vuelven a evocar la permeabilidad del cuerpo, que ahora no se considera desde el punto de vista de la infección viral, sino respecto a procesos de consumo y digestión. A ambos lados de este gran círculo, dos estructuras redondeadas se mueven en sentido horizontal, intercambiando su posición, formando composiciones que, al superponerse con el espacio central y entre sí, crean una especie de palimpsesto. Dentro de cada uno de esos canales laterales se ven imágenes heterogéneas del mundo exterior, que contrastan vivamente con los interiores carnosos que dominan el centro. En ese tríptico móvil, lo figurativo entra y sale de la abstracción.

Teniendo en cuenta que *Un GIF larguísimo* se encargó para que fuera una respuesta a la obra de Baillie, la creación de Williams se presta a una alegoría: la influencia como forma de digestión. Cuando un cineasta encuentra —o digamos que ingiere— las imágenes de otro, ¿cuáles metabolizará convirtiéndolas en alimento y cuáles desechará en forma de excremento? El formato digital al que alude el título de la

esan daiteke: eragina, digestio-modu gisa. Zinemagile batek topatzen dituenean —edo, esan dezagun, irensten dituenean— beste baten irudiak, zein metabolizatuko ditu eta bihurtuko ditu elikagai, eta zein erauziko ditu gorozki modura? Instalazioaren izenburuak erreferentzia egiten dion formatu digitala eta gorputzaren barnealdearen argazkiak ateratzeko erabilitako kamera ñimiñoa Baillierengandik nabarmen urrun dauden une historiko bati eta irudiak sortzeko metodo bati lotuta daude. Irudi du Williamsek disjuntzio bat azpimarratu nahi duela. Hala ere, Baillieren ikur gisa ezagutzen den ezaugarri bat bada *Un GIF larguísimo*n: lehengai gisa errealitatearen hondakin anitzak hartu, eta eragiketa formal harrigarriez baliatzen da metraje hori bihurtzeko gure ikusmenarekin lotura izugarri arin bat besterik ez duten agerraldietan, heldulekurik gabe. Kamera baten bidez ikusmenaren irudimen-ahalmenak eta ahalmen plastikoak arakatzean, Williamsek gogorarazten du Baillieren jardueraren espiritutik zerbait, zeinak lotzen baititu bi egileak, halaber, zinemaren izaera artistikoa itxuren kopia mimetikoarekiko loturak haustearen baitan kokatzen duten zinemagile eta teorialarien tradizio luze batekin.

Scott MacDonaldek adierazi duenez, Bailliek hainbat irudi-geruza konbinatzeko zuen interesa —teknika hori berreskuratu dute Apichatpongek eta Williamsek– «esperientziaren konplexutasuna adierazteko modu bat zen». Metodo formal bat eskaintzen zuen zeinaren bidez transmiti baitzitekeen aurkikuntza hau: «Errealitatea ez da pertzepzioaren eta inteligentziaren bidez atzeman daitekeen gainaldeen multzo soil bat, gainaldearen eta espirituaren arteko konbinazioa baizik». Aldi berean, bada Baillieren obraren garrantzi handiko beste dimentsio bat, eskatzen duena munduaren agerpenaren distiraren lekukotasuna uztea, zorroztasunez eta zintzotasunez. Har dezagun, adibidez, *All My Life*n perfekzioa: ekorketa bakar bat ezkerrera, hesi bat eta zuhaixka batzuk zeharkatuz, eta, gero, zeruaren urdin distiratsuan barneratzea. Edo gogora gaitezen *Valentín de las Sierras*eko pasarteez: zantzuen bidez osatutako erretratu bat, mugimendu eta keinuetara hurbiltzeko bidea ematen duena, sekula menderatu gabe bere objektua begirada autoritario edo kosifikatzaile batez. Film horiek Baillieren uste sendo bat iradokitzen dute, esperientziaren konplexutasuna aditzera emateko desirari egokiturik ere, beste bitarteko batzuen bidez bada ere: behar besteko arreta jarriz gero, ikusiko dugu arrunta dena eta magikoa dena nola ez dauden elkarrengandik hain urrun.

Hain zuzen ere, Baillieren espirituaren alderdi hori azalera ateratzen da, indar isilpeko batez, Ana Vazen *A Árvore* (Zuhaitza) lanean. Baillie ez, zinemagilearen aita, Guilherme Vaz, da obra horren gainetik. Vazek esan bezala: «*A Árvore*n, nire mamuei egin nahi diet omenaldia, ezezagun bati baino gehiago. Filma ez da Bruce Baillierentzako elegia bat, haren obrari eusten dion guztiari buruzko gogoeta baizik: muga, elkartzeko irrika, metamorfosia, Amerikak». Filma errodatzeko lau urte behar izan zituen; lau herrialdetako sei tokitan jardun zuen, eta egunerokotasuneko esperientziaren iskanbila osatzen duten gertaera ugari eta askotarikoak ditu oinarri. Hasierako pasartetik bertatik –Roland Barthesen *Kamera argitsua: argazkilaritzari buruzko oharrak* lanaz mintzo zaigu offeko ahots bat, ikusten diren bitartean fosilen irudiak– erakutsi zuen Vazek finitutasunak, memoriak eta galerak osatzen duten sarearekiko interesa, eta desagertuko den horren arrasto iraunkorrak kontserbatzeko fotokimika erabiltzeko aukerekikoa. Formalki, bizitza batean gertatzen dena erregistratzen du eguneroko zinematografikoak, baina dokumentalaren behaketa-izaera tarteka ezaugarritu izan duen objektibotasunerako asmo horretaz gabeturik. Funtsezkoak dira kokapena eta subjektibotasuna, eta haiek zehazten dute kamerak nola kontserbatzen dituen denbora-xafla horiek, horietan setatuz lehen pertsonan egindako askotariko adierazpenak balira bezala. Horrelaxe gertatzen da *A Árvore*n, zeina baita film bat landua egunen joanarekin —elkarrizketekin, paisaiekin eta lekualdatzeekin—, baina baita desegiten den guztiaren aitortzarekin ere.

Ben Rivers da lauren artean bere ekarpena Baillieren obra zehatz batekin lotu duen zinemagile bakarra. Hain zuzen ere, Riversek lotzen du *The Minotaur* –haurrekin soilik irudikatzen duen historia klasiko baten berregitea– Bailliek mitoarekiko zuen interesarekin ez ezik *Here I Am* (1962) Baillieren obra aitzindari ez hain ezagunarekin. Bailliek East Bay Activities Centren filmatu zuen *Here I Am*, «nahasmen emozionalak dituzten haurrentzako eguneko zentro» batean, kredituetan ageri denez; eta alaitasunari eta duintasunari buruzko filma da, baztertuez erakutsi ohi den irudiaren aurrez aurre. Haur horiek atalase bikoitz batean daude: batetik, haurrak direlako helduen mundu batean; bestetik, «nahasmendunduntzat» hartzen direlako, Baillierentzat imanak badira ere. Nor da izenburuan presentzia aldarrikatzen duen «ni» hori, egilea ala hark erretratatzen dituenak? Hori zehazteko ezintasuna da Baillieren keinuaren gakoa. Neska-mutilak filmatu zituen elkarrekin, bere ikuspegia lerrokaturik haienarekin, ez haien zaintzaileenarekin. Are gehiago: zaintzaileak ez dira ia ageri filmean, eta, agertzen diren apurretan ere, ez daude arreta-fokuan. Bailliek haurren mailan enkoadratzen du irudia, halako eran non emakume heldu baten gorputza ageri baita sorbaldetatik moztuta: emakumearen lepoa eta burua hain daude gora, ez baitira ikusten. Irudiak ongi daki, beraz, nori zaion leial.

Haurrek ezaugarri dute tolesgabeak izatea, baina orobat izan daitezke basatiak eta ankerrak. Riversek alderdi horiek islatzen ditu *The Minotaur* obran, bi hamarkadaz sekula alboratu ez duen gai bati helduz beste behin ere: taldeko kide izatearen anbibalentzia, komunitatean ongi egokitzeko irrikaren eta konformismoak eragiten duen errezeloaren arteko tirabiraren sentsazioa. *The Minotaur* Menorca uharteko harrobi abandonatu batean filmatu zuen Riversek, eskuz, 16 mm-ko pelikulan. Pablo Picassok nahiz surrealista askok maite zuten mito baten hasierako fasera itzultzen da filma. Riversen minotauroa gehiago da erdi txekor erdi mutiko, erdi zezen eta erdi gizon baino: oraindik ez denez amildu labirintora –non azkenean hilko baitu Teseok–, saiatzen da bere adineko gizakiekin bizitzen. Eskuzko kamerak zirkuluak marrazten ditu, haurrek izaki kimeriko horrekin erlazionatzean egiten dituzten mugimenduei jarraituz, eta atzematen du, izaki ezezagun baten aurrean egoteak sortzen dien beldurraz eta jakin-minaz gainera, taldeak arerio bat identifikatzen duenean sor litekeen biolentzia. Une batez, materialtasun filmikozko orbanek eta distirek betetzen dute filma, atzean utziz minotauroaren adar odolduna eta neska bat odoletan. Kaltea gertatzen den unea ezin irudika daiteke: nahitako eraso-ekintza bat izan ote zen, edo autodefentsako keinu bat, gaizki amaitu zen iskanbila? Bost axola, minotauroak pairatuko ditu ondorioak: egotziko dute labirinto bateko erbestera, non agortuko baititu bere egunak bakardadean.

Riversen eskuetan, minotauroaren mitoa bihurtzen da tragediaren kontakizun, ez garaipenaren kontakizun. Baillie bezala, nabarmen identifikatzen da atalaseko pertsonaiekin, haur antzezleekiko interesak erakusten duenez, baita minotauroari heltzeko moduak erakusten duenez ere, irudikatuta baitago hemen enpatiaz, eta ez istorioaren amaieran ezabatuko den antropofago ankerra bezala. Riversek ostrazismora egotzitako izaki horrekin kontuz ibiltzeko eskatzeko erakusten duen nahia kidetasun normatiboarekiko errezeloan oinarritzen da, eta iradokitzen du ezarritako arauarekin ez lerrokatzea dela gauza baliotsua, are gauza ederra eta graziaren dohainak ukitua. Ez ote da hori Baillieren zinema nahiz «Somewhere from here to heaven» erakusketak biltzen dituen jarduerak non kokatzen diren ulertzeko modu bat? Zinema-industriaren ekoizpen sistematik eta lan-antolaketatik haratago, zeinak eskatzen baitu kapitala erruz, ekoizteko, ikusteko eta izateko forma dibergenteak aldarrikatzen dituzte Apichatpong, Rivers, Vaz eta Williamsen obra hauek.

Zinemagile horiek elkarren oso desberdinak izanik ere, esan liteke, alderdi horri dagokionez, Bailliek *We Was Here* lanean esaten duen zerbait baliatuz, guztiak direla «manugaitzak». Bailliek Sniadeckirekin izandako elkarrizketa batean, zeinetan kontatzen baitu itsas armadan egin zuen garaiko gertaera bat, espresio hori erabili zuen bereziki markatuz generoa, aipatzen ariko balitz bezala beretzat duen maskulinitate berezi bat. Baina, ezin ote liteke «manugaitzak» esapidea ere birformulatu, izaera inklusiboago batez hornitzeko, barne har dezan ez soilik baimenarekin dagoela emakume batek eskainitako kontsolamendua gogo onez hartzen duen Baillie gazte marinela, baizik eta hark bezala erabakitzen duten guztiak bide irregularretarantz desbideratzea, bide batez irudiak sortuz? Zinema narratiboa gezia bezain zuzen badoa, egile hauen zinemak bilatzen ditu, jendetzatik urrun, bestelako forma batzuk, bestelako mugimendu batzuk.

instalación y la cámara diminuta utilizada para fotografiar el interior del cuerpo están ligados a un momento histórico y a un método de creación de imágenes decididamente apartado de Baillie. Parece que Williams insiste en una disyunción. Sin embargo, *Un GIF larguísimo* sí que hace algo por lo que se conocía bien a Baillie: toma como materia prima restos múltiples de la realidad y se sirve de sorprendentes operaciones formales para metamorfosear ese metraje en apariciones que solo tienen una levísima relación con nuestra vista, carente de asideros. En su indagación de las capacidades imaginativas y plásticas de la visión mediante una cámara, Williams recuerda algo del espíritu que anima la práctica de Baillie y que vincula a ambos autores con una larga tradición de cineastas y teóricos, para los que el carácter artístico del cine depende de la ruptura con la copia mimética de las apariencias.

Como ha señalado Scott MacDonald, el interés que tenía Baillie en combinar múltiples capas de imágenes —una técnica que retoman Apichatpong y Williams— constituía «una forma de expresar la complejidad de la experiencia». Proporcionaba un método formal de trasmitir «el descubrimiento de que la realidad no es un mero conjunto de superficies susceptible de captación por la percepción y la inteligencia, sino una combinación de superficie y espíritu». Al mismo tiempo, hay otra importante dimensión de la obra de Baillie, que conlleva dejar constancia, con aplomo y franqueza, del resplandor de la aparición del mundo. Tomemos, por ejemplo, la perfección diamantina de *All My Life*: un solo barrido hacia la izquierda, que cruza una valla y unos arbustos, para después adentrarse en el azul restallante del cielo. O pensemos en los fragmentos que componen *Valentín de las Sierras*: un retrato arrancado a base de atisbos, que proporciona la proximidad a movimientos y gestos, sin dominar nunca su objeto con una mirada autoritaria ni cosificadora. Estas películas, aun adaptadas al deseo de expresar la complejidad de la experiencia, aunque sea por otros medios, ejemplifican una convicción de Baillie: si ponemos la suficiente atención, veremos que lo ordinario y lo mágico no están tan alejados.

Es precisamente este aspecto del espíritu de Baillie lo que emerge con callada fuerza en *A Árvore*, de Ana Vaz. En lugar de Baillie, es el padre de la cineasta, Guilherme Vaz, quien más sobrevuela esta obra. Como expresa Vaz: «En *A Árvore*, más que rendir homenaje a un desconocido, pretendo rendírselo a mis fantasmas. La película no es una elegía para Bruce Baillie, sino una reflexión sobre todo lo que sustenta su obra: la frontera, el deseo de encontrarse, la metamorfosis, las Américas». Rodado durante cuatro años en seis lugares de cuatro países distintos, el filme se enraíza en la multitud de sucesos que constituyen el bullicio de la experiencia cotidiana. Desde el fragmento inicial, en el que una voz en *off* habla sobre *La cámara lúcida: notas sobre la fotografía*, de Roland Barthes, mientras se ven imágenes de fósiles, Vaz apunta su interés en el entramado que forman la finitud, la memoria y la pérdida, y en las posibilidades de utilizar la fotoquímica para conservar rastros duraderos de lo que desaparecerá. Formalmente, el diario cinematográfico registra lo que ocurre en una vida, pero de una manera carente de la pretensión de objetividad que en ocasiones ha determinado el carácter observacional del documental. La ubicación y la subjetividad son esenciales, y determinan cómo conserva la cámara esas rebanadas de tiempo, insistiendo en ellas como si fueran múltiples manifestaciones en primera persona. Así es en *A Árvore*, una película labrada con el transcurso de los días —con conversaciones, paisajes y desplazamientos—, pero también con el reconocimiento de todo lo que se desvanece.

Ben Rivers es el único cineasta de los cuatro que relaciona su aportación con una obra concreta de Baillie. Vincula *The Minotaur*, recreación de una historia clásica que él representa únicamente con niños, no solo con el interés de Baillie en el mito, sino con *Here I Am* (1962), una obra primeriza menos conocida. Filmada en el East Bay Activities Centre, un lugar que en los créditos se califica de «centro de día para niños con perturbaciones emocionales», *Here I Am* es un filme sobre la alegría y la dignidad, que se opone a cómo se suele representar a los marginados. Esos pequeños se sitúan en un doble umbral: primero, porque son niños en un mundo adulto; segundo, porque se les considera «perturbados», aunque para Baillie sean imanes. ¿Quién es ese «yo» que proclama su presencia en el título, es el autor o aquellos a los que retrata? La imposibilidad de determinarlo constituye el núcleo del gesto de Baillie. Filma a chicos y chicas relacionándose entre sí, y alinea su perspectiva con la de ellos, no con la de sus supervisores. A estos apenas se los ve, y ni siquiera cuando aparecen son el foco de atención. Baillie mantiene el encuadre a la altura de los niños, de manera que el cuerpo de una mujer adulta aparece cortado por los hombros; su cuello y su cabeza están tan arriba que no aparecen, de modo que la imagen sabe a quién es fiel.

Los niños son criaturas que se caracterizan por su inocencia, aunque también puedan ser salvajes y crueles. Rivers perfila estos aspectos en *The Minotaur*, volviendo sobre un tema que durante unas dos décadas nunca ha abandonado: la ambivalencia de la pertenencia al grupo, la sensación de debatirse entre el deseo de encajar en la comunidad y el recelo que suscita el conformismo. Filmada en una cantera abandonada de la isla de Menorca en película de 16 mm, revelada a mano por Rivers, *The Minotaur* vuelve sobre una fase inicial de un mito querido tanto por Pablo Picasso como por muchos surrealistas. El minotauro de Rivers es menos mitad toro y mitad hombre que mitad ternero y mitad muchacho: como aún no ha sido arrojado al laberinto donde Teseo acabará matándolo, trata de vivir junto a los seres humanos de su edad. La cámara de mano describe círculos, siguiendo los impredecibles movimientos que realizan los niños al relacionarse con este ser quimérico, y no solo capta su miedo y su curiosidad al tener delante a un desconocido, sino la violencia que puede sobrevenir cuando el grupo identifica un oponente. Manchones y destellos de materialidad fílmica inundan momentáneamente el filme, dejando tras de sí el ensangrentado cuerno del minotauro y a una muchacha sangrando. El momento en que se produce el daño no puede representarse: ¿fue un acto premeditado de agresión, un gesto de autodefensa, un alboroto que acabó mal? Poco importa, ahora el que sufrirá las consecuencias será el minotauro, arrojado al exilio en un laberinto en el que consumirá sus días en soledad.

En manos de Rivers, el mito del minotauro se convierte en un relato de tragedia, no de triunfo. Al igual que Baillie, manifiesta una fuerte identificación con personajes liminares, patente en su interés en los actores infantiles y en cómo aborda el minotauro, al que aquí se representa con empatía, no como un feroz antropófago que será eliminado al final de la historia. El deseo que muestra Rivers de solicitar cuidado con esta criatura arrojada al ostracismo descansa en el recelo hacia la pertenencia normativa, y sugiere que no asimilarse a la norma establecida es algo valioso, incluso hermoso y tocado por la gracia. ¿No es acaso esto una forma de entender dónde se sitúa tanto el cine de Baillie como las prácticas que comprenden la muestra *Somewhere from Here to Heaven*? Lejos del sistema de producción y de división del trabajo de la industria cinematográfica, que tanto capital requiere, estas obras de Apichatpong, Rivers, Vaz y Williams proclaman formas divergentes de producir, ver y ser.

Por diferentes que sean entre sí estos cineastas, se podría decir que, a este respecto, y por utilizar algo que dice Baillie en *We Was Here*, son «díscolos». Durante una conversación con Sniadecki, en la que relata un suceso de su época en la marina, Baillie utiliza esa expresión marcando especialmente el género, como si nombrara un tipo especial de masculinidad que él considera suya. Pero ¿acaso no se podría también reformular la expresión «díscolos» para darle un carácter más inclusivo, que abarcara no solo a un joven marinero Baillie que, de permiso, acoge de buen grado el consuelo que ofrece una mujer, sino a todos aquellos que, como él, deciden desviarse hacia caminos irregulares, produciendo de paso imágenes? Si el cine narrativo discurre tan recto como una flecha, el de esos autores busca, lejos de la multitud, otras formas, otros movimientos.

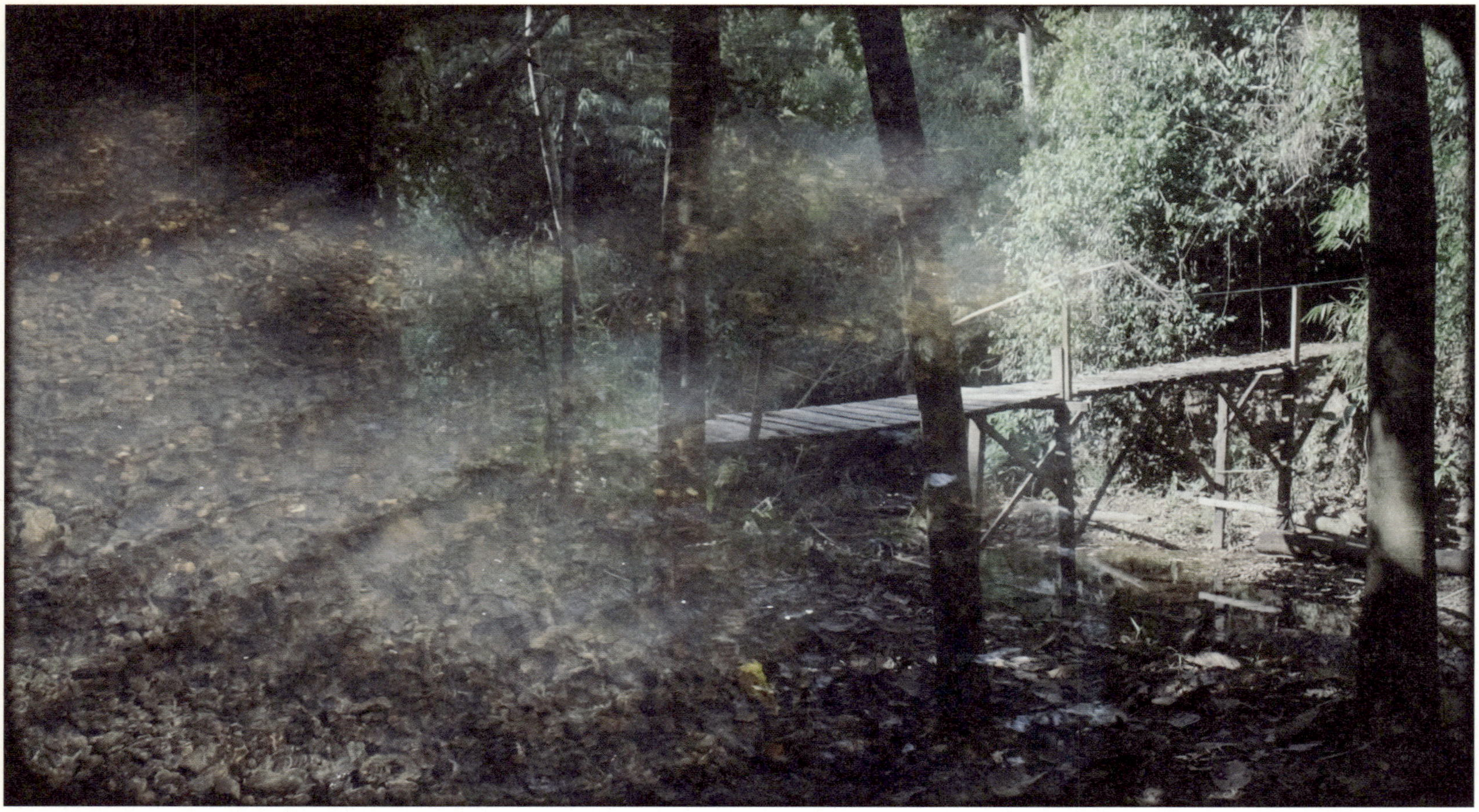

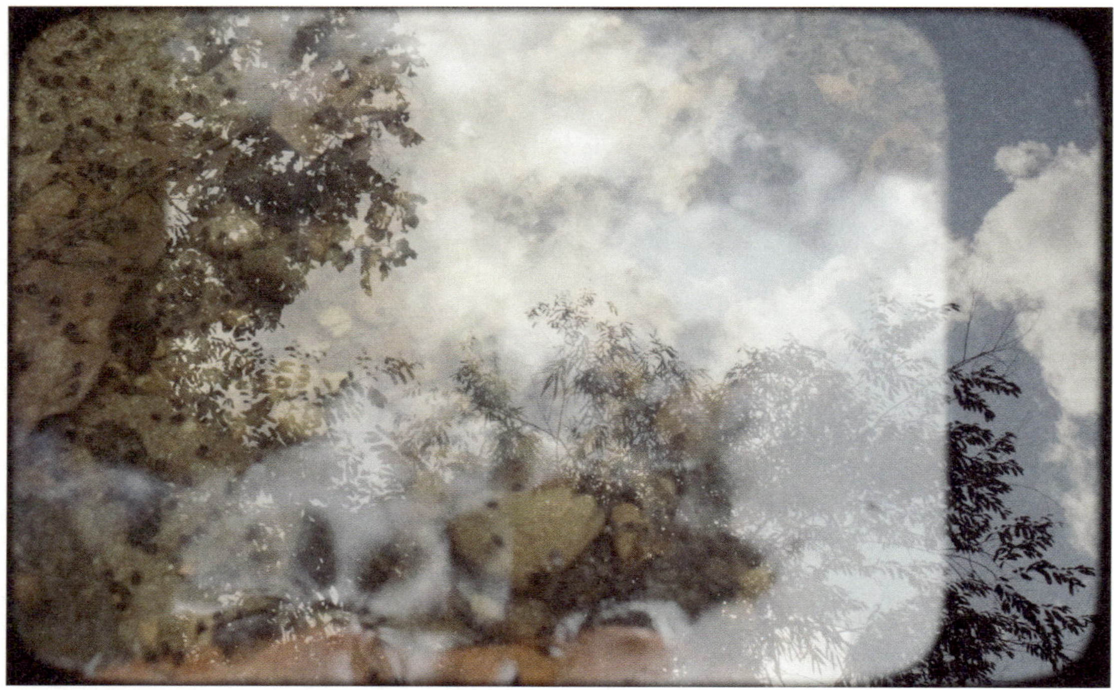

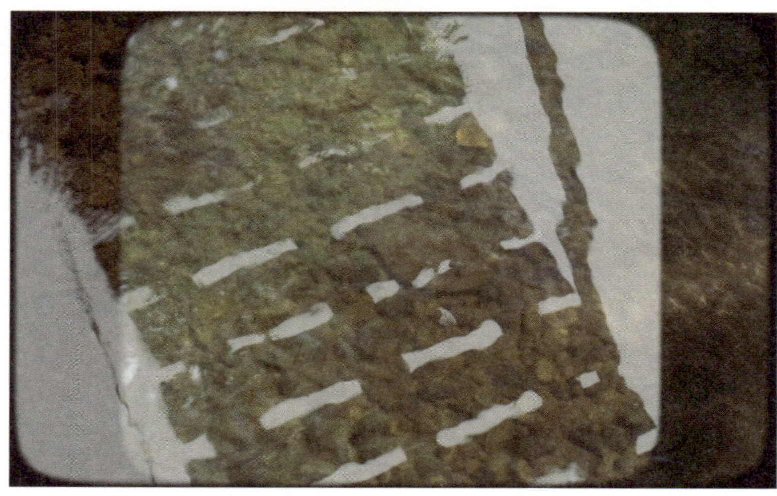

For Bruce
Apichatpong Weerasethakul

Bruce, I was nearing the end of my journey in Peru, recovering from COVID with a tired chest, as I trekked in an Amazonian jungle. The intensity of the colors, fragrances, and movements awoke my senses. The ants, birds, and monkeys were thriving in their own cycles and habitats high in the trees and down in the earth's passages. It was late in the morning when I came upon a little creek that twisted like a sleepy snake. It wound its way through the deep jungle to an open clearing with a wooden bridge baking in the sun. The light flickered as it passed through the river beneath. I sat in the shade, greeting curious bugs and enjoying the warm air. The simple bridge was silent, as if it were listening in on the entities around it. Bruce, the bridge was you, an observer who cast shadows and connected the spaces. You had a conversation with the sun. I took out my camera and attempted to be a part of the conversation.

Nobody knew when the bridge was built. It has been repaired across the generations. There used to be Indigenous communities deep in the jungle who built this bridge as part of a trail to access the major river, the Rio Madre de Dios, which runs across Peru and Bolivia. The trail served as a means of trade, communication, and colonization. This forest near the river bank was formerly a farm, a school, and a hospital as part of the Spanish establishment. Not far from the bridge, there are still buildings, grain silos, a ship's propeller, and a wrecked steamboat that inspired Werner Herzog's *Fitzcarraldo* (1982).

Despite all of the stories surrounding the site, I noticed that the bridge elicits no memories. It has no beginning and no end; it unifies. One crosses it in order to get somewhere, but the structure itself has no destination. As a stranger, I had no place to call home on either side; the forest and the port held no meaning for me. A sense of oneness drew me to this bridge and to you, the filmmaker whose approach is centered on presence.

During the wet season, the bridge is submerged under water. It sways and dances alongside the fish. After a few months, it elevates itself to greet the sun, trees, and birds. It vibrates and scatters light in every direction. I filmed in this non-place and felt as if I had vanished inside you. I wanted to offer this portrait of you as a gift, as a nod to your non-seeking spirit and as a thank you for seeing.

For Bruce
Apichatpong Weerasethakul

Bruce, Peruko bidaiaren amaierara hurbiltzen ari nintzen, COVIDetik suspertzen, bularrean mina nuela, Amazoniako oihan batetik nenbilela. Koloreen bizitasunak, lurrinek eta mugimenduek zentzumenak piztu zizkidaten. Inurriak, txoriak eta tximinoak beren ziklo eta habitatetan hazten eta eboluzionatzen ziren zuhaitzen goialdean eta lurrean, lurrezko bideetan. Berandu zela, erreka txiki bat aurkitu nuen, lokartutako suge bat bezala bihurritzen zena. Oihan sakonetik igarotzen zen, soilgune batera iritsi arte, eguzki kiskalgarriaren azpian zurezko zubi bat zegoen lekura. Argiak dirdai egiten zuen azpitik igarotzen zen ibaia zeharkatzean. Itzalean eseri nintzen, zomorro jakin-nahiei agur eginez eta aire epelaz gozatuz. Zubi xumea isilik zegoen, inguruko guztia entzuten ari balitz bezala. Bruce, zeu zinen zubia, itzalak proiektatzen eta espazioak lotzen zituen behatzailea. Eguzkiarekin hizketan ari zinen. Nire kamera atera eta saiatu nintzen bertan parte hartzen.

Inork ez zekien noiz eraiki zuten zubia. Belaunaldiz belaunaldi konpondu dute. Oihanaren sakonean komunitate indigenak egon ohi ziren, eta bidezidor gisa eraiki zuten ibai nagusira iristeko, Peru eta Bolivia zeharkatzen dituen Madre de Dios ibaira. Bidezidorra merkataritza, komunikazio eta kolonizazio bide baten gisakoa zen. Oihan horretan, ibaiaren ertzetik gertu, etxalde bat, eskola bat eta ospitale bat izan ziren lehenago, Espainiako establezimendu batekoak. Zubitik ez oso urrun, badira oraindik eraikinak, ale-siloak eta itsasontzi-helize bat, baita hondoratuko bapore bat ere, Werner Herzog-en inspirazio iturri izan zena *Fitzcarraldo* (1982) filmean.

Inguruko istorio guztiak gorabehera, ohartu nintzen zubiak ez duela oroitzapenik sortzen. Ez du ez hasierarik ez amaierarik; bateratu egiten da. Norabait iristeko gurutzatzen duzu, baina egiturak berak ez du helmugarik. Atzerritar gisa, ez nuen etxea deitzeko moduko lekurik ez alde batean ez bestean. Oihanak eta portuak ez zuten esanahirik niretzat. Batasun-sentsazio batek erakarri ninduen zubi horretara eta zugana, bere planteamendua presentzian ardazten duen zinemagile gisa.

Urtaro hezean, urak zubia gainditzen du. Kulunkatu eta arrainen ondoan dantzatzen du. Handik hilabete batzuetara, eguzkirantz, zuhaitzetarantz eta txoriengana goratzen da. Dardara egin eta argia barreiatzen du norabide guztietan. Ez-leku horretan filmatu nuen eta sentitu nuen zure barruan desagertua nintzela. Zure erretratu hau eskaini nahi nizun opari gisa, bilaketarik ez egiteko zure izpirituari egindako keinu gisa eta esker onez ikusteagatik.

For Bruce
Apichatpong Weerasethakul

Bruce, me acercaba al final de mi viaje a Perú, recuperándome del covid con dolor en el pecho, mientras caminaba por una selva amazónica. La intensidad de los colores, las fragancias y los movimientos despertaron mis sentidos. Las hormigas, los pájaros y los monos crecían y evolucionaban en sus propios ciclos y hábitats en lo alto de los árboles y en el suelo, en los caminos de tierra. Ya era tarde cuando me topé con un pequeño arroyo que se retorcía como una serpiente adormecida. Se abría paso a través de la profunda selva hasta llegar a un claro con un puente de madera bajo el sol abrasador. La luz parpadeaba al atravesar el río que transcurría por debajo. Me senté a la sombra, saludando a los bichos curiosos y disfrutando del aire templado. El sencillo puente permanecía en silencio, como si estuviera escuchando todo aquello que lo rodeaba. Bruce, el puente eras tú, un observador que proyectaba sombras y conectaba espacios. Mantenías una conversación con el sol. Saqué mi cámara e intenté formar parte de ella.

Nadie sabía cuándo se construyó el puente. Se ha ido reparando generación tras generación. En las profundidades de la selva solía haber comunidades indígenas que lo construyeron como parte de un sendero para acceder al río principal, el río Madre de Dios, que atraviesa Perú y Bolivia. El sendero servía como vía de comercio, comunicación y colonización. En este bosque próximo a la orilla del río hubo anteriormente una granja, una escuela y un hospital, pertenecientes a un establecimiento español. No muy lejos del puente aún quedan edificios, silos de grano y una hélice de barco, así como un barco de vapor naufragado que sirvió de inspiración a Werner Herzog en su película *Fitzcarraldo* (1982).

A pesar de todas las historias que rodean el lugar, observé que el puente no suscita recuerdo alguno. No tiene principio ni fin; se unifica. Lo cruzas para llegar a algún sitio, pero la estructura en sí carece de destino. Como extranjero, no tenía ningún lugar al que llamar hogar a ninguno de ambos lados. El bosque y el puerto carecían de significado para mí. Una sensación de unidad me atrajo a este puente y a ti, como cineasta que centra su planteamiento en la presencia.

Durante la estación húmeda, el agua sobrepasa el puente. Se balancea y baila junto a los peces. Al cabo de unos meses, se eleva hacia el sol, los árboles y los pájaros. Vibra y dispersa la luz en todas direcciones. Filmé en este no lugar y sentí que me había desvanecido dentro de ti. Quería ofrecerte este retrato tuyo como un regalo, como un guiño a tu espíritu de no búsqueda y como un agradecimiento por ver.

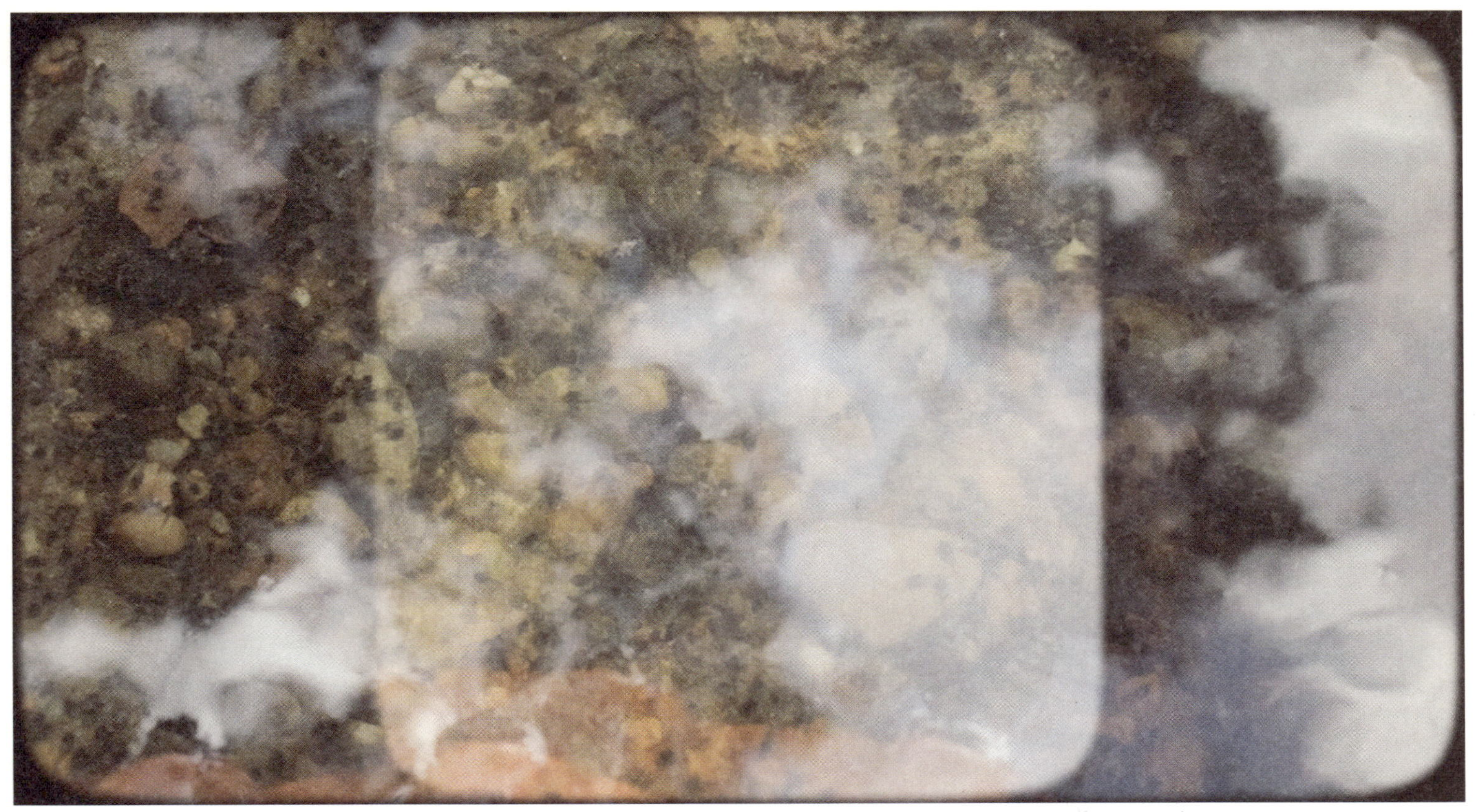

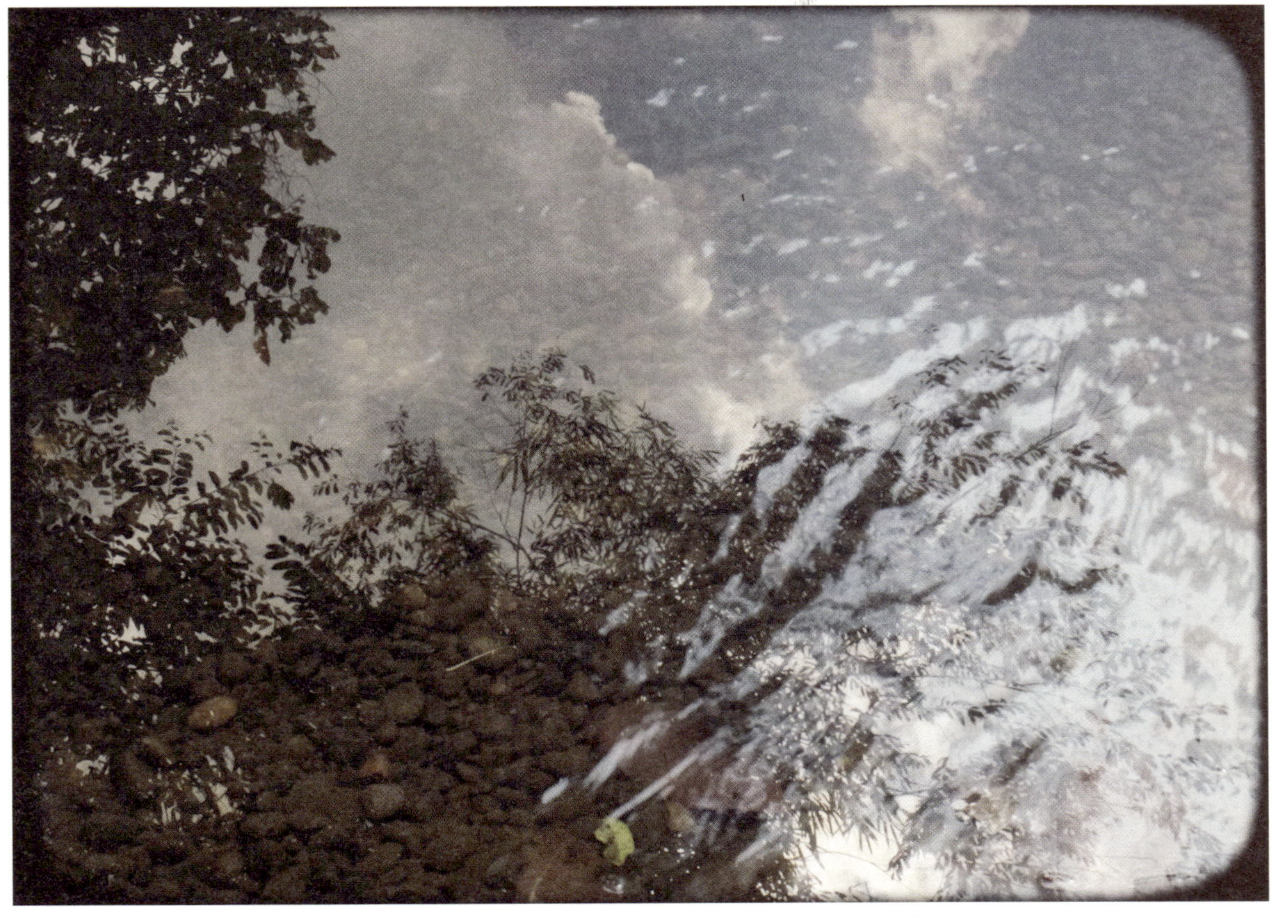

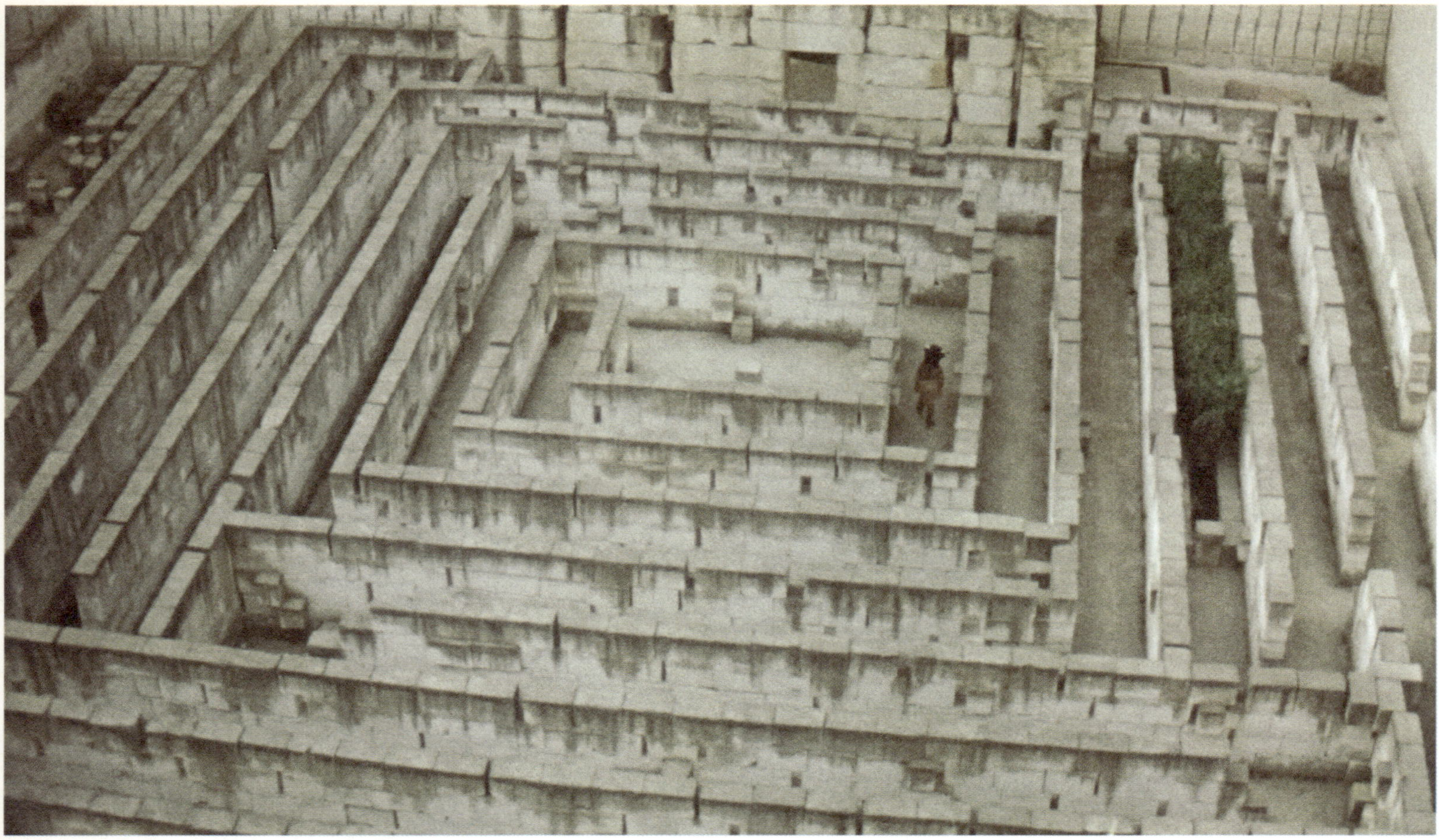

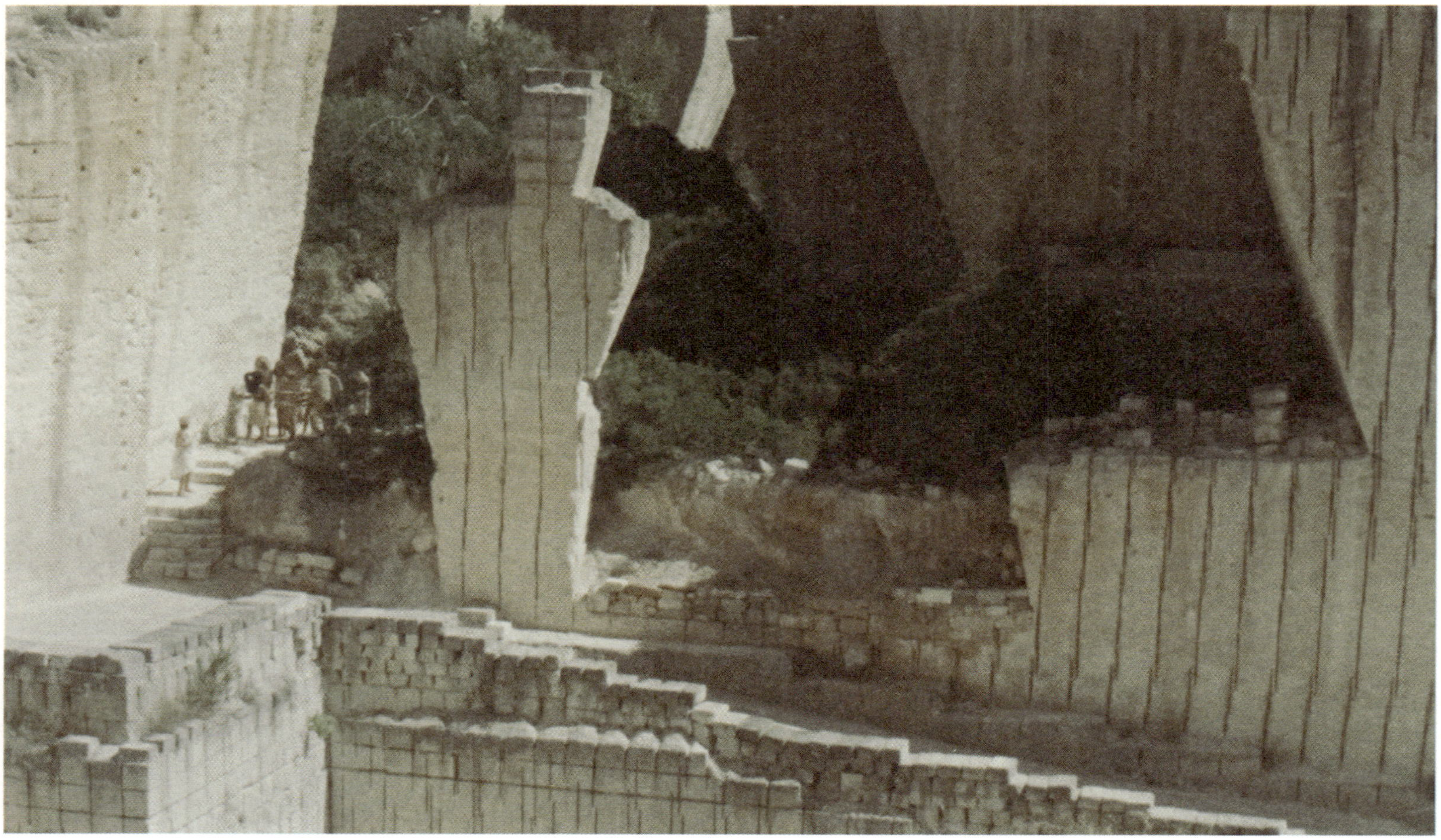

The Minotaur
Ben Rivers

I made *The Minotaur* with Bruce Baillie's spirit hovering close by as I ran around in the heat making shots, gesturing wildly, getting eaten by mosquitos, having fun with my young cast who couldn't understand my language but understood the idea. Filmed around the site of Lithica, an abandoned and transformed quarry on the island of Menorca, the film tells the tale of the young Minotaur, and his failed attempts to befriend children his age: the time before he became the beast he is known for. This tragedy is partly inspired by Bruce's love of mythology and silent film storytelling, sunlight and movement, as well as his film, *Here I Am* (1962), a beautiful portrait of children in a specialist school in California.

The film begins with a Menorcan folk song about a man riding a donkey, then falling off, which was one of those serendipitous things that I'm always hoping for when making a film. The song was suggested by one of the young actors and I liked the sound of it, and then she told me the meaning and I thought of the donkey and the song in *Valentin de las Sierras*, and everything came together. The song is followed by a shot of the Minotaur walking along in the countryside, me holding the camera behind his bobbing head, a mirror of the shot of the donkey's head walking along in *Valentin*.

Eventually, *The Minotaur* would become a part of a longer film made in a world with only children, going about their lives, rituals, game playing, and journeys.

The Minotaur
Ben Rivers

The Minotaur filmatu nuenean, Bruce Baillieren espiritua nuen gogoan erabat, nigandik gertu-gertu zegoen, bero sapa hartan korrika nindoala, harraldiak egiten, etengabe imintzioka, eltxoek zeharo ziztatuta, eta aktore gazteekin jostatzen, ez baitziren gai nire hizkera ulertzeko, baina ideia bai. Lithicako hondarretan filmatu nuen pelikula, Menorca uharteko harrobi abandonatu eta eraldatu batean; eta Minotauro txikiaren istorioa kontatzen du, eta bere adineko haurren lagun izateko egin zituen saiakera alferrikakoak. Denok ezagutzen dugun animalia bihurtu aurreko garaia da. Neurri batean, tragediaren oinarrian dago Brucek mitologiarekiko eta zinema mutuaren narrazio-moduarekiko zuen grina, eguzkiaren argiarekiko eta mugimenduarekiko pasioa, eta, bestetik, *Here I Am* (1962) filma, Kaliforniako ikastetxe berezi bateko haurren erretratu ederra dena.

Filmaren hasieran Menorcako herri-abesti bat entzuten da, da, asto baten gainean doala astotik erortzen den gizon bati buruzkoa dena; kasualitate horietako bat, film bat egiten dudanean suerta dadin beti espero dudana. Aktore gazteetako batek aipatu zidan abestia, eta soinua gustatu zitzaidan; gero, esanahia azaldu zidan, eta astoa erabili nuen gogoan eta *Valentín de las Sierras*eko kantua ere bai, eta ederki egokitu zen dena. Abestiaren ondoren, Minotauroaren harraldi bat dago, belarditik oinez doala; ni kamerari eusten noa haren buru kulunkariaren atzean, eta horrek nolabaiteko lotura du *Valentín* lanean dabilen astoaren buruaren irudiarekin.

Azken batean, *The Minotaur* film luzeago baten parte ere izango da, haurrak bakarrik bizi diren mundu batean egina, non haurrak beren bizitza bizitzen, eta erritualak, jolasak eta bidaiak egiten egoten diren.

The Minotaur
Ben Rivers

Rodé *The Minotaur* teniendo presente el espíritu de Bruce Baillie, que se cernía muy cerca de mí mientras corría bajo el calor realizando tomas, gesticulando sin parar, siendo devorado por los mosquitos y divirtiéndome con el joven reparto, que no podía comprender mi idioma, pero sí la idea. El filme, que se rodó en las ruinas de Lithica, unas canteras abandonadas y transformadas de la isla de Menorca, narra la historia del pequeño Minotauro y sus fallidos intentos de hacerse amigo de los niños de su edad. Es la época anterior a su conversión en el animal que todos conocemos. En parte la tragedia se basa en la pasión de Bruce por la mitología y la forma de narrar del cine mudo, por la luz del sol y el movimiento, así como en su película *Here I Am* (1962), un precioso retrato de los niños de un colegio especial de California.

El filme comienza con una canción popular menorquina sobre un hombre que va en burro y se cae del animal, una de esas casualidades que siempre espero que se produzcan cuando hago una película. De la canción me habló una de las jóvenes actrices y me gustó cómo sonaba, después me explicó su significado, y pensé en el burro y en la canción de *Valentín de las Sierras*, y todo encajó. Después de la canción viene una toma del Minotauro caminando por el campo, y yo voy sujetando la cámara detrás de su cabeza basculante, algo que remite a la imagen de la cabeza del burro que camina en *Valentín*.

En última instancia, *The Minotaur* también formará parte de un filme más largo, realizado en un mundo solo habitado por niños dedicados a vivir su vida, sus rituales, sus juegos y sus viajes.

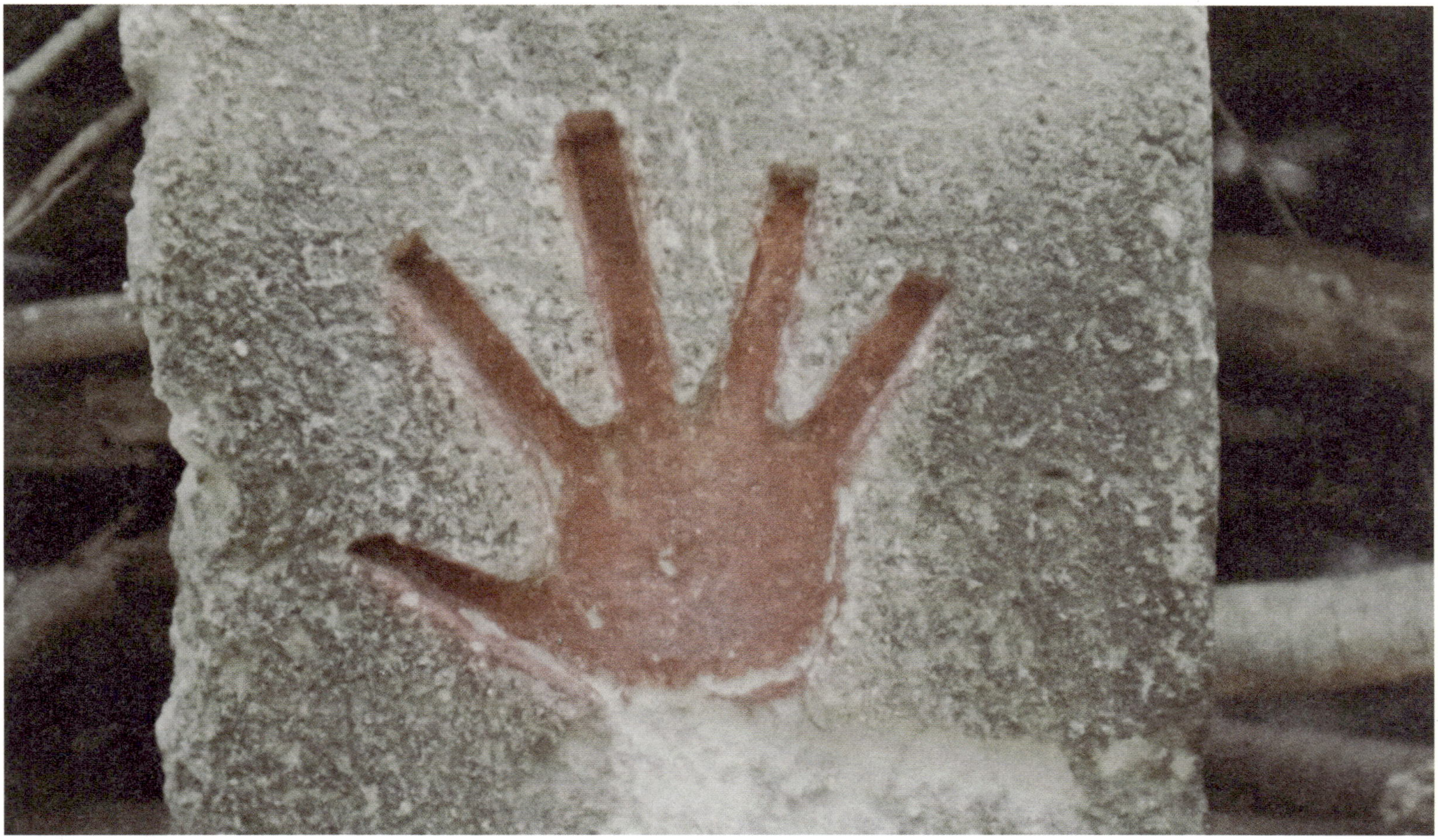

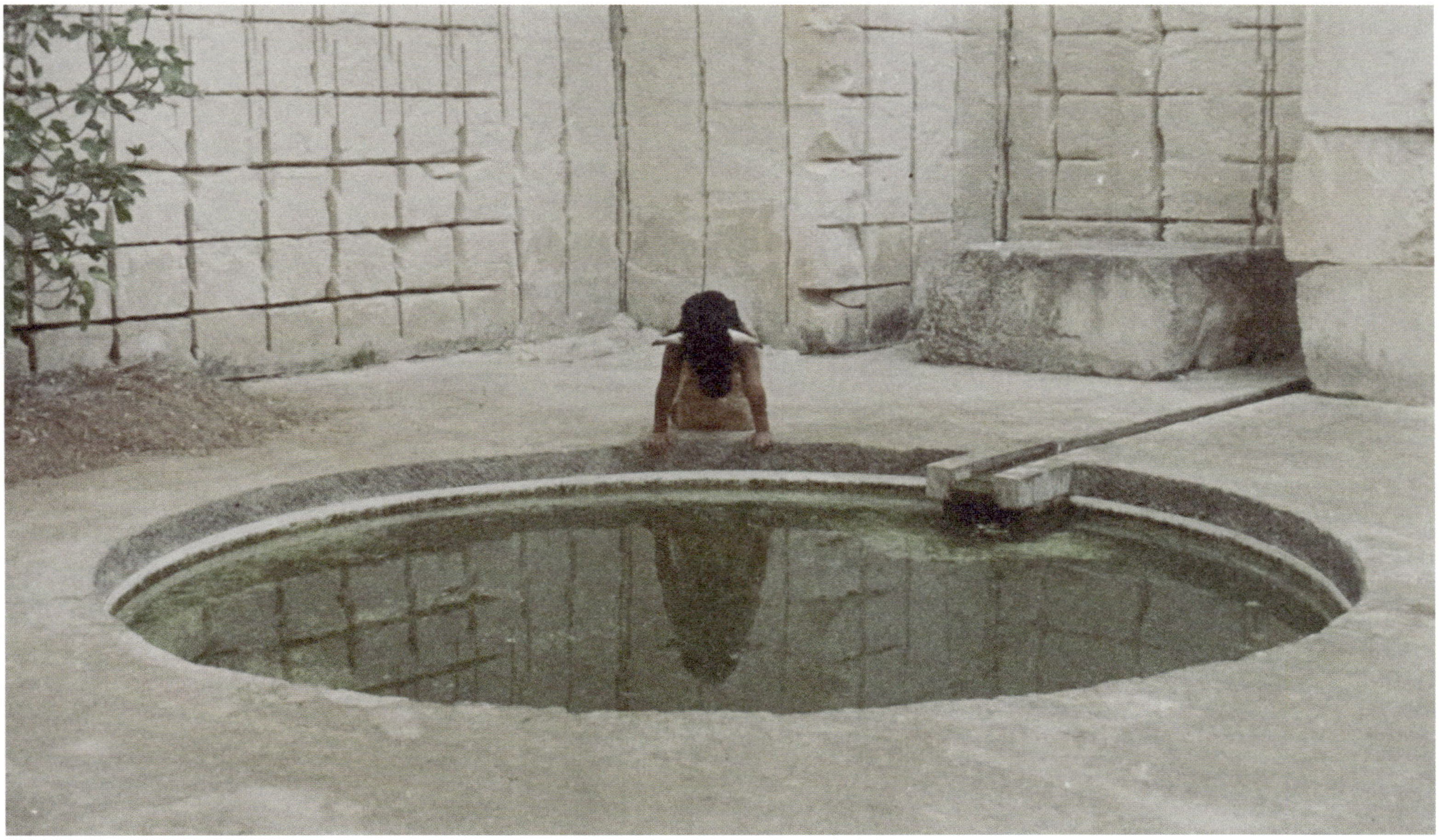

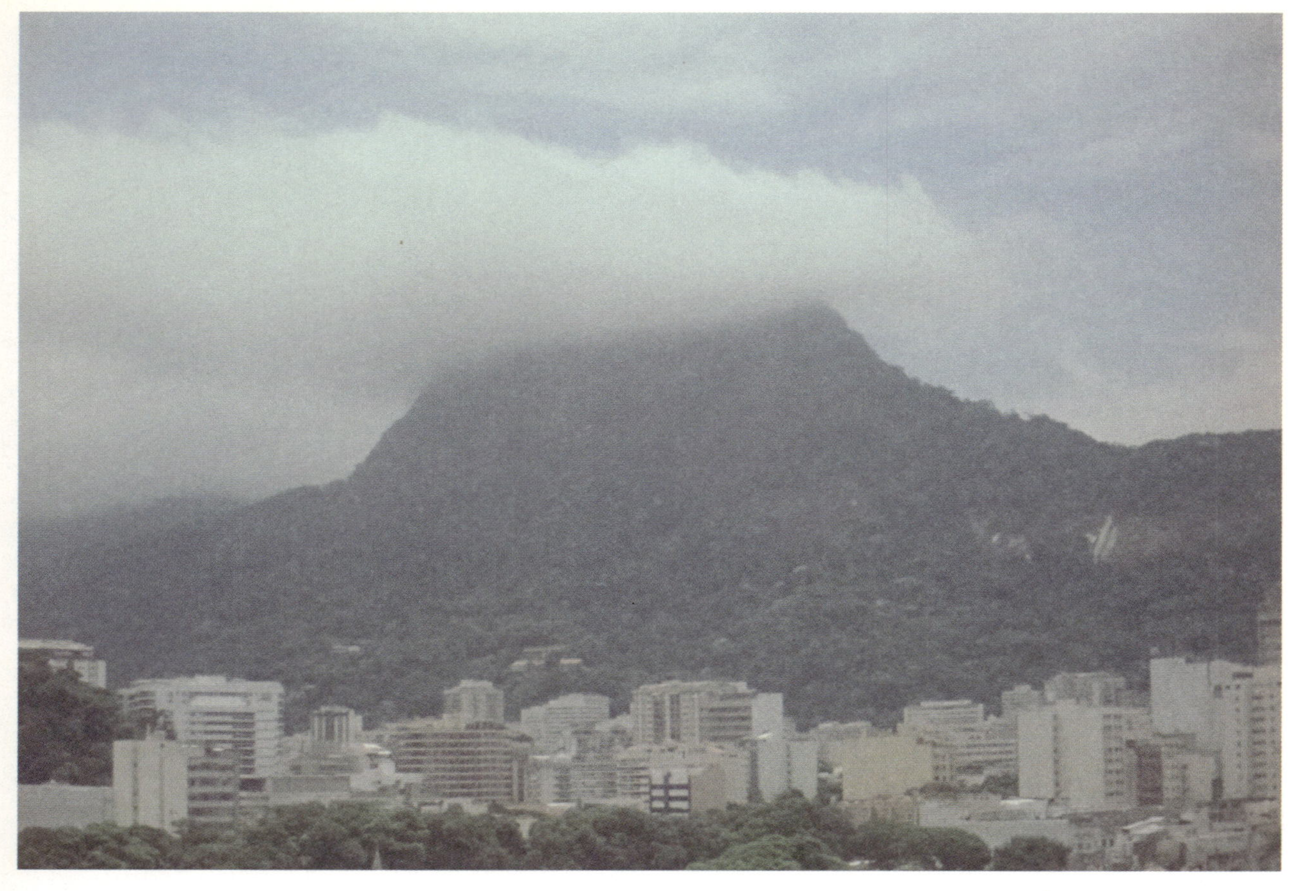

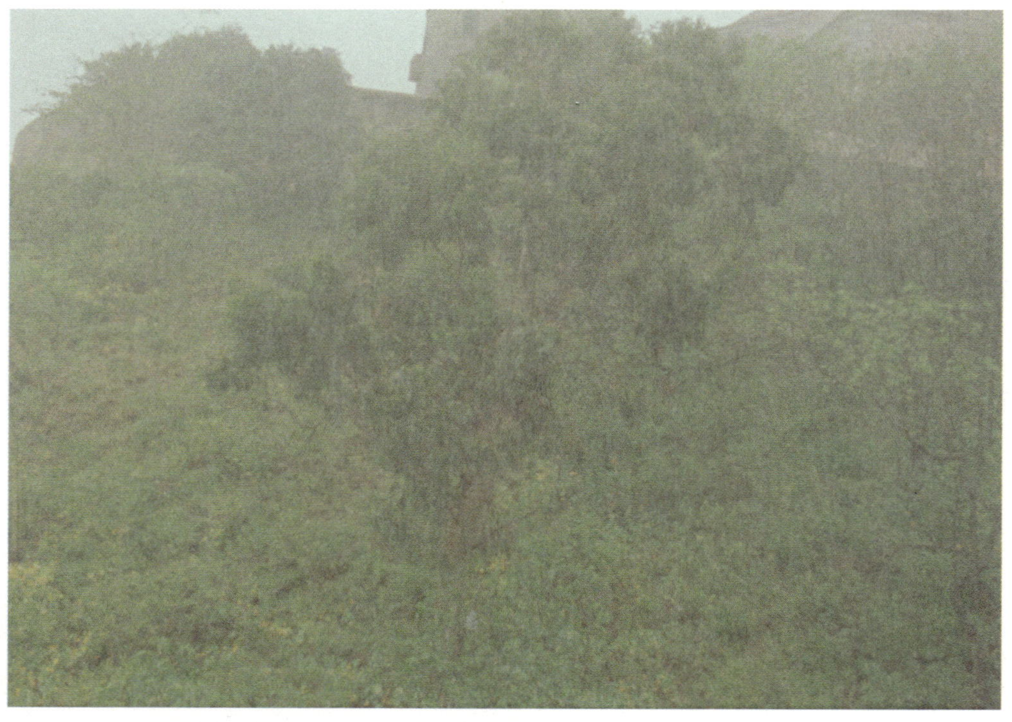

A Árvore to G. Vaz Ana Vaz

IPSA SONANT ARBUSTA[1]

In October 2018, a year of overwhelming political, personal and existential transformations, I decided to start filming a diary. I wanted to free myself from cinematographic practice as a constant exercise of projection and representation, and find a living cinema that would reflect the extraordinary quotidian side of life, with everything that usually remains on the side-lines, on the edges of a film. I found myself searching more and more for what I would call a *cinema of manifestations*, rather than a *cinema of representations*. Without scripts, without projections, without writing, the camera would become an accomplice of some moments of life that would remain stored on celluloid until the day they would be revealed—a kind of metabolism of the image, where the practice of filming would be nothing more than a vital metabolic exercise. The images would thus become a mere capture of energies—spectral, historical, emotional - in the form of visual representations.

With these ideas in mind, over the last few years I have been filming these little flashes that capture the moment where celluloid meets life in a series of small film-rituals. It has turned into a not very regular and quite instinctive practice. In 2020 I made my first film from the initial images-rituals recorded for the diary. To my surprise, the film became a first rite of metamorphosis. In *Pseudosphynx* (2020), a shattering political event [the 2018 elections that brought the extreme right into power in Brazil] was intersected by the appearance of a dozen fire caterpillars preparing to turn into *witches*[2] and also to transform the entire political horizon with their animalistic spell, stitching together the places I passed through: Paris, Brasilia, Serra dos Pirineus and Lisbon.

The film became a brief and intense trance, in which everyday life is turned into a ritual by a magical act. It is worth remembering that magic is nothing more than the transformation of what we call *real* into something

1 *Até as árvores cantam.* Phrase engraved on the cover of the album *O Anjo sobre o Verde* by Guilherme Vaz (non-commercial album released by the artist), 2001.

2 The Portuguese word for butterflies in Brazil.

that was not there before (although perhaps it was latent, dormant or invisible before the magical act-ritual took place). Today I believe that maybe these diaries are a kind of magical exercise in everyday life, à la Bruce Baillie, I would later think.

It was then, at the time of these everyday magic exercises, that I accepted Garbiñe Ortega's invitation to think about, film, and honour the memory of the beloved Baillie on the occasion of the exhibition *Somewhere from Here to Heaven*. With his generosity, poetry and conviviality, Bruce transformed the cinema of an avant-garde and intellectual generation into a corporeal, intimate and almost journalistic cinema. A cinema that does not deny *the first person*. In his films, Bruce is always *there*, exactly where his characters are: fences, cowboys, Indians, bees, donkeys, children, letters or motorbikes, he is always *standing by what he films*. Thinking about Bruce, I believe this is his most outstanding quality: the ability to give himself over to the world he films, to embody each frame, place or impression.

A *First-person cinema* is something that the rationality of the last century flatly rejected in favour of distance as a privileged way of existing and observing others and the world.

When I received the invitation, I decided to watch all his films again. As I let myself be carried away by each shot, it was impossible for me to imagine that for such a worthy figure as Bruce Baillie, the poet of the image, one could start from a single film or pay tribute to him in the form of an elegy. I suppose he would hate that: to be seen as an icon, a monument, a hero. It was something he constantly rejected through the films he made. So instead of an elegy, I decided to focus my reflection on the form of his soul and his cinema, and on the simplicity of his gestures, to think of a film shot *alongside* Bruce Baillie rather than in front of or behind him.

For this new film, I appeal to the historical synthesis of the perfect drama, *All My Life*; to the mourning and lament of *Mass for the Dakota Sioux*; to the love for a dancing body of *Tung*; to the mystical portrait of *Mr. Hayashi;* to the impossible frontier of *Valentin de las Sierras;* and to the desire to advance the western frontier in the revelatory *Quixote.* All these films seem to irrupt and converse with the nascent *A Árvore*, a ritual-film about my father—the artist, musician and mystic of the forest—Guilherme Vaz, a man who also lived and reflected on the frontier, on the fatal advance of modernity over the peoples of the earth, a man who wrote music instinctively, who thought of cinema as his "spiritual father" and, above all, whose lived life was his greatest work. I quote here a passage from a very beautiful text he wrote in the spring of 2007 in Rio de Janeiro, *Três ventos: dois vácuos e uma espada*:

1. CINEMA AS A MARTIAL ART

Between two winds there is a void. The gaze of the sword slides through it. This is the movement that founds the equipment of cinema, before the genesis of things. We say that cinema exists before everything, because there has always been a wind between two voids or a void between two things and a widespread archaic philosophy. Between two volumes or two winds is the primordial territory of the gaze, and the notion of the *cinematic storm*, of the mind that sees. If the mind circles around objects, it does not see them. It only does so when it *enters the void* they possess. Seminals. An object can be a society and must have a void at its centre. The more compact the object, the more hidden is the void. But they all possess it. To unite these images in a single gesture, one must know how to *glue the voids together.* The bound voids form a single gesture in which the warrior performs a full swing with his long sword in a single circle. The sequences of these circles of decapitation, evacuation and baptism produce a sequence of meanings, *quipos,*[3] from the work.[4]

And so is born

A Árvore: a meditation-film in 30-second sequences that links geographies, times, the living and the dead with a metal sword—the montage—joining voids—internal presences in the sequences.

A Árvore: a film about the metamorphosis of a giant.

A Árvore: a dialogue with the father through the voids.

A Árvore: orbital planes that seek to connect the places we have passed through, where our ancestors may have passed through.
A Árvore: Rio de Janeiro, Brasilia, Porto, Lisbon, Belém.
A Árvore: portrait of the father who is not there and is there.
A Árvore: cinema films absences, it is fundamentally phantasmagorical.
A Árvore: following traces, trusting in the movement and metamorphosis of all things.
A Árvore: a chapter of a long living film that walks alongside all the others, that walks with ghosts.
A Árvore: cinema of the sword, cinema as martial art.
A Árvore: if the traveller already knows the way, it is because he has lost his way.
A Árvore: second chapter in a series of gestures that are linked together.
A Árvore: a diary in which the first person is inside and not outside the world—the *self* leads to the world and not the other way around.
A Árvore: crosses, absences, ghosts.

In *A Árvore* I seek to honour my ghosts rather than a stranger. The film is not an elegy to Bruce Baillie, but a reflection on everything that underpins his work: the frontier, the desire for encounter, metamorphosis, the Americas.

3 "According to experts, the curious knotted Inca cords known as *quipos* were probably used by chiefs and accountants for collecting taxes. They conveyed both numerical and textual information. The colored cords have confused researchers since they were first described by the Spanish conquistadors 500 years ago. Most experts agree that they represent some kind of accounting but no one has been able to decipher them. On the website of the *Periódico de la Universidade de São Paulo*, journalist Marcello Rolemberg says, "But what does the work *quipos* really mean? This word means "knot" in the language of the Peruvian ancestors. And these knots were used to record important data: knots of different thicknesses and colours, forming messages interpreted by the *quipucamayocs*, experts in this type of writing in Inca society." Cited in *Guilherme Vaz: Uma Fração do Infinito*, *CCBB* (Centro Cultural Banco do Brasil), 2016.

4 Emphasis mine.

A Árvore G. Vaz-i Ana Vaz

IPSA SONANT ARBUSTA

2018ko urrian, aldaketa politiko, intimo eta existentzial izugarrien urtean, egunkari bat filmatzen hastea erabaki nuen. Praktika zinematografikotik askatu nahi nuen, etengabeko proiekzio- eta antzezpen-ariketa den aldetik, eta topo egin nahi nuen bizitza bere egunerokotasun apartan gauzatuko zuen zinema bizi batekin, normalean bazterrean, pelikula baten ertzean geratzen den guztiarekin. Gero eta gehiago bilatzen nuen nik, *antzezpenen zinema* deitu beharrean, *adierazpenen zinema deituko* nuena. Gidoirik gabe, proiekziorik gabe, idazketarik gabe, errebelatu arte zeluloidean gordeta geratuko ziren bizitzako une batzuen konplize bihurtuko zen kamera – irudiaren metabolismo moduko zerbait, non filmatzea bizi-ariketa metaboliko bat besterik ez zen izango. Horrela, irudiak irudi-itxurako energien –energia espektral, historiko, afektiboen– hartze huts bihurtuko lirateke.

Ideia horiek gogoan, azken urteotan filmatu izan ditut zeluloidearen eta bizitzaren arteko topaketa markatzen duten distira txiki horiek, zine-erritual txiki batzuetan. Ariketa oso praktika erregularra eta aski instintiboa da. 2020an lehen filma muntatu nuen, egunkarirako grabatutako lehen irudi-errituak oinarri hartuta. Filma, nire harridurarako, metamorfosiaren lehen erritu bihurtu zen. *Pseudosphynx* lanean (2020), gertakari politiko suntsitzaile baten erdian [2018ko hauteskundeak, Brasilen eskuin muturra boterera eraman zutenak], hamar bat suzko beldar agertu ziren, *sorgin* bihurtzeko eta, beren animalia-sorginkeriarekin, zerumuga politiko osoa eraldatzeko prestatzen, zeharkatu nituen lekuak josiz: Paris, Brasilia, Serra dos Pirineus eta Lisboa.

Filma trantze labur eta bizia bihurtu zen, non ekintza magiko batetik abiatuta eguneroko bizitza erritu bilakatzen den. Gogoratu behar da magia zera baizik ez dela, *erreala* deitzen duguna eraldatzea lehen han ez zegoen zerbait bihurtzeko (agian han izango zen, ezkutuan, lotan edo ikusezin, ekintza-erritu magikoa gertatu arte). Gaur egun, nire ustez, egunkari horiek agian magia-ariketa moduko bat dira eguneroko bizitzan, Bruce Baillie besterik ez –pentsatuko nuke geroxeago–.

Orduan, eguneroko magia-ariketa horietatik abiatuta, Garbiñe Ortegaren gonbidapena onartu nuen, hainbeste maite nuen Bruce Baillieren oroimenaz pentsatu, filmatu eta ohoratzeko, *Somewhere from Here to Heaven* erakusketa zela-eta. Bere eskuzabaltasun, poesia eta elkartzeko nahiarekin, Brucek belaunaldi abangoardista eta intelektual baten zinema eraldatu, eta zinema gorpuzdun, intimo eta ia periodistiko bihurtu zuen. *Lehen pertsona* ukatzen ez duen zinema. Bere pelikuletan, Bruce beti egoten da *hor*, bere pertsonaiak dauden leku doian: hesiak, behizainak, indigenak, erleak, astoak, haurrak, gutunak edo motozikletak, bera beti egoten da *filmatzen duen zeraren ondoan*. Bruce gogoan, uste dut hori dela bere ezaugarririk handiena: filmatzen duen mundura entregatzeko gaitasuna, *frame*, leku edo inpresio bakoitza gorputzez hornitzeko gaitasuna.

Lehen pertsonako zinema da, eta azken mendeko arrazionaltasunak ukatu egin du hori, hala urruntzearen alde eginez, nola izateko eta bestea eta mundua, behatzeko modu pribilegiatu gisa.

Gonbidapena jaso ondoren, bere zinema guztia berriz ikustea erabaki dut. Plano bakoitzak eraman nazan utzi dut eta ezinezkoa iruditu zait Bruce Baillie —irudiaren poeta— bezalako pertsona duin baten film bakar batetik abiatzea edo omenaldi bat egin ahal izatea, elegia gisa. Nik uste dut berak gorrotatuko lukeela horrelako zerbait: ikono, monumentu, heroi gisa ikus dezaten uztea. Egin zuen zinemaren bidez etengabe ukatu zuen hori. Horregatik, elegia baten ordez, gogoeta egiten dut haren arimaren eta zinemaren formaz batez ere, eta haren keinuen sinpletasunaz, Bruce Baillieren *ondoan* —eta ez haren aurrean, ez atzean— filmatutako pelikula gogoan izateko.

Film berri honetarako, jotzen dut *All my life* drama perfektuko sintesi historikora, *Mass for the Dakota Sioux* filmeko dolu eta auhenera, *Tung* filmean dantzatzen duen gorputz batenganako maitasunera, *Mr. Hayashi* filmeko erretratu mistikora, *Valentin de las Sierras* filmeko ezinezko mugara eta *Quixote* argigarriko mendebaldeko muga aurrera egiteko desirara. Badirudi film horiek guztiak bat batean agertu eta hizketan ari direla *A Árvore* jaioberriarekin, nire aitarekin –artista, musikaria eta basoko mistiko Guilherme Vaz-ekin– elkartzeko film-erritualarekin. Gizon horrek mugan bizi eta gogoeta egin zuen mugaz, lurreko herrietan modernitateak izandako zorigaiztoko aurrerapenaz; arnasa hartzen zuen bezala idazten zuen musika, zinema bere "aita espiritual" gisa hartu zuen eta, batez ere, bere obrarik handiena balitz bezala bizi izan zuen bizitza. 2007ko udaberrian Rio de Janeiron idatzi zuen testu eder baten pasarte bat aipatuko dut hemen, *Três ventos: dois vácuos e uma espada:*

1 *Até as árvores cantam*. Guilherme Vaz-en *O Anjo sobre o Verde* diskoaren azalean grabatutako esaldia (disko ez komertziala, artistak argitaratua), 2001.
2 Brasilen tximeletei emandako izena.

A Árvore
a G. Vaz
Ana Vaz

IPSA SONANT ARBUSTA[1]

En octubre de 2018, año de abrumadoras transformaciones políticas, íntimas y existenciales, decidí empezar a filmar un diario. Quería liberarme de la práctica cinematográfica como ejercicio constante de proyección y representación, y encontrarme con un cine vivo que materializase la vida en su extraordinaria cotidianidad, con todo lo que habitualmente queda al margen, al borde de una película. Me sentí buscando cada vez más lo que yo llamaría un *cine de manifestaciones*, más que un *cine de representaciones*. Sin guiones, sin proyecciones, sin escritura, la cámara se convertiría en cómplice de algunos momentos de la vida que quedarían guardados en celuloide hasta el día en que se revelaran. Una especie de metabolismo de la imagen, donde la práctica de rodar no sería más que un ejercicio metabólico vital. Las imágenes se convertirían así en una mera captación de energías —espectrales, históricas, afectivas— en forma de imágenes.

Con estas ideas en mente, he rodado a lo largo de los últimos años estos pequeños destellos que marcan el encuentro del celuloide con la vida en una serie de rituales cinematográficos. El ejercicio se ha convertido en una práctica nada regular y bastante instintiva. En 2020 monté una película a partir de las primerísimas imágenes-rituales grabadas para el diario. La película se convirtió, para mi sorpresa, en un primer rito de metamorfosis. En *Pseudosphynx* (2020), un acontecimiento político demoledor (las elecciones de 2018 que llevaron a la extrema derecha al poder en Brasil) se vio atravesado por la aparición de una decena de orugas de fuego preparándose para convertirse en *brujas*[2] y transformar también, con su hechizo animalesco, todo el horizonte político, cosiendo los lugares por los que pasé: París, Brasilia, Serra dos Pirineus y Lisboa.

La película se convirtió en un breve e intenso trance, en el que la vida cotidiana se convierte en un ritual a partir de un acto mágico. Cabe recordar que la magia no es más que la transformación de lo que llamamos *real* en algo que anteriormente no estaba allí (aunque tal vez lo estaba de forma latente, durmiente o invisible, hasta que se produce el acto/rito mágico). Hoy pienso que estos diarios son quizá una especie de ejercicio de magia en la vida cotidiana, a lo Bruce Baillie, pensaría yo más tarde.

1 *Até as árvores cantam.* Frase grabada en la portada del disco *O Anjo sobre o Verde* de Guilherme Vaz (álbum no comercial, editado por el artista), 2001.

2 Nombre dado a las mariposas en Brasil.

Fue entonces, a partir de estos ejercicios de magia cotidiana, cuando acepté la invitación de Garbiñe Ortega para pensar, filmar y honrar la memoria del tan querido Bruce Baillie con motivo de la exposición *Somewhere from Here to Heaven*. Con su generosidad, poesía y deseo de encuentro, Bruce transformó el cine de una generación vanguardista e intelectual en un cine corpóreo, íntimo y casi periodístico. Un cine que no niega *la primera persona*. En sus películas, Bruce siempre está *ahí*, exactamente donde están sus personajes: vallas, vaqueros, indígenas, abejas, burros, niños, cartas o motocicletas, él siempre está *al lado de lo que filma*. Pensando en Bruce, creo que esta es su mayor cualidad: la capacidad de entregarse al mundo que filma, de dotar de cuerpo a cada *frame*, lugar o impresión.

Un *cine de primera persona*, algo que la racionalidad del último siglo ha negado tanto en favor del distanciamiento como forma privilegiada de ser y observar al otro, al mundo.

A partir de la invitación, decidí ver de nuevo toda su filmografía. Me he dejado llevar por cada plano y me ha sido imposible pensar que para una figura tan digna como Bruce Baillie, el poeta de la imagen, se podría partir de una sola película o rendirle un homenaje a modo de elegía. Supongo que él odiaría algo así: ceder a ser visto como un icono, un monumento, un héroe. Algo que negó constantemente a través del cine que realizó. Por ello, en lugar de una elegía, decidí reflexionar en la expresión de su alma y de su cine, y en la sencillez de sus gestos, para pensar en una película filmada *al lado de* Bruce Baillie y no delante ni detrás de él.

Para esta nueva película, apelo a la síntesis histórica del perfecto drama *All My Life*, al duelo y al lamento de *Mass for the Dakota Sioux*, al amor por un cuerpo que baila en *Tung*, al retrato místico de *Mr. Hayashi*, a la frontera imposible en *Valentín de las Sierras* y al deseo de avance de la frontera occidental en el revelador *Quixote*. Todas estas películas parecen irrumpir y conversar con la naciente *A Árvore*, película/ritual de encuentro con mi padre —el artista, músico y místico del bosque Guilherme Vaz—, un hombre que también vivió y reflexionó sobre la frontera, el avance fatal de la modernidad sobre los pueblos de la tierra, que escribía música como respiraba, que pensó el cine como su «padre espiritual» y, sobre todo, que vivió la vida como su mayor obra. Cito aquí un pasaje de un texto bellísimo que escribió en la primavera de 2007 en Río de Janeiro, *Três ventos: dois vácuos e uma espada*:

1. ZINEMA ARTE MARTZIAL GISA

Bi haizeren artean hutsune bat dago. Hortik irristatzen da ezpataren begirada. Mugimendu horrek sortzen ditu zinemako ekipoak, gauzak sortu aurretik. Zinema beste guztia baino lehenago existitzen dela diogu, beti egon delako haizea bi hutsuneren artean edo hutsunea bi gauzen artean eta zabal hedatutako filosofia arkaikoa. Bi liburuki edo bi haizeren artean dago begiradaren lurralde nagusia, eta *ekaitz zinematografikoaren* nozioa, ikusten duen gogoarena. Gogoa objektuen inguruan bueltaka badabil, ez ditu ikusten. Horiek duten *hutsunean sartzen* denean baizik ez du egiten. Seminalak. Objektu bat gizarte bat izan daiteke eta hutsune bat izan behar du erdigunean. Zenbat eta trinkoagoa izan objektua, orduan eta ezkutuago egongo da hutsunea. Baina denek daukate. Irudi horiek keinu bakar batean batzeko, *hutsuneak itsasten* jakin behar da. Itsatsitako hutsuneek keinu bakar bat osatzen dute, non gerlariak bira oso bat egiten duen bere ezpata luzearekin zirkulu bakar batean. Burua mozteko, ebakuatzeko eta bataiatzeko zirkulu horien sekuentziek obraren esanahien, quipoen sekuentzia bat sortzen dute.

Eta horrela sortu zen *A Árvore*: film -meditazioa, 30 segundoko sekuentziak dituena, bata besteari kateatuak, geografiak, denborak, biziak eta hilak metalezko ezpata batekin lotzeko –muntaia – hutsuneak batuz – sekuentzien barne-presentziak.

A Árvore: erraldoi baten metamorfosiari buruzko filma.
A Árvore: hutsuneen bidez aitarekin izandako elkarrizketa.
A Árvore: orbita-planoak, igaro garen lekuak, agian gure arbasoak igaroko ziren lekuak lotu nahi dituztenak.
A Árvore: Rio de Janeiro, Brasilia, Oporto, Lisboa, Belen.
A Árvore: ez dagoen eta han den aitaren erretratua.
A Árvore: zinemak absentziak filmatzen ditu, funtsean fantasmagorikoa da.
A Árvore: arrastoei jarraitzea, gauza guztien mugimenduaz eta metamorfosiaz fidaturik.
A Árvore: beste guztien ondoan, mamuekin dabilen bizi-film luze baten kapitulua.
A Árvore: ezpataren zinema, zinema arte martzial gisa.
A Árvore: bidaiariak bidea ezagutzen badu, bidean galdu delako da.
A Árvore: kateatzen diren hainbat keinuren bigarren kapitulua.
A Árvore: egunkarian lehen pertsona munduaren barruan dago eta ez kanpoan – Niak mundura eramaten du eta ez alderantziz.
A Árvore: gurutzatzeak, absentziak, mamuak.

A Árvore filmean nire mamuak ohoratu nahi ditut, ezezagun bat ohoratu beharrean. Filma ez da Bruce Baillieri egindako elegia bat, baizik eta gogoeta bat, bere obra mugitzen duen horretatik abiatuta: muga, elkartzeko nahia, metamorfosia, Amerikak.

3 "Adituek diotenez, korapiloz egindako eta quipo izeneko inken lokarri bitxiak, ziurrenik, buruzagiek eta kontulariek erabili zituzten zergak fiskalizatzeko. Zenbakizko eta testuzko informazioa transmititzen zuten. Koloretako lokarriek ikertzaileak nahastu dituzte, konkistatzaile espainiarrek duela 500 urte lehen aldiz deskribatu zituztenetik. Aditu gehienen ustez, kontularitza-motaren bat dira, baina inork ez du lortu horiek deszifratzea. Marcello Rolemberg kazetariak, Sao Pauloko Unibertsitateko egunkariaren webgunean, honako hau dio: "Baina, azken finean, zer dira quipoak? Hitzak "korapilo" esan nahi du perutarren arbasoen hizkuntzan. Eta korapilo horien bidez erregistratzen ziren, hain zuzen, daturik garrantzitsuenak: lodiera eta kolore desberdineko korapiloak, quipucamayoc-ek –inken gizartean idazkera-mota horretan adituak zirenek– interpretatuko zituzten mezuak osatuz." Hemen aipatua: *Guilherme Vaz: Uma Fração do Infinito*, CCBB (Centro Cultural Banco do Brasil), 2016.

4 Letra etzanak nik jarriak dira.

1. EL CINE COMO ARTE MARCIAL

Entre dos vientos hay un vacío. Por él se desliza la mirada de la espada. Este es el movimiento que fundan los equipos del cine, con anterioridad a la génesis de las cosas. Decimos que el cine existe antes que todo, porque siempre ha habido un viento entre dos vacíos o un vacío entre dos cosas y una filosofía arcaica muy extendida. Entre dos volúmenes o dos vientos está el territorio primordial de la mirada, y la noción de la *tormenta cinematográfica*, de la mente que ve. Si la mente da vueltas alrededor de objetos, no los ve. Solo lo hace cuando *entra en el vacío* que estos poseen. Seminales. Un objeto puede ser una sociedad y debe tener un vacío en su centro. Cuanto más compacto sea el objeto, más oculto estará el vacío. Pero todos lo poseen. Para unir estas imágenes en un solo gesto, es necesario saber *pegar los vacíos*. Los vacíos pegados conforman un solo gesto en el que el guerrero realiza un giro completo con su larga espada en un único círculo. Las secuencias de estos círculos de decapitación, evacuación y bautismo producen una secuencia de significados, quipos[3], de la obra[4].

Y así nace *A Árvore:* película-meditación en secuencias de 30 segundos que se encadenan para unir geografías, tiempos, vivos y muertos con una espada de metal —el montaje— uniendo vacíos, presencias internas a las secuencias.

A Árvore: película sobre la metamorfosis de un gigante.

A Árvore: diálogo con el padre a través de los vacíos.

A Árvore: planos orbitales que buscan conectar los lugares por donde pasamos, por donde pudieron haber pasado nuestros antepasados.

A Árvore: Río de Janeiro, Brasilia, Oporto, Lisboa, Belém.

A Árvore: retrato del padre que no está y está allí.

A Árvore: el cine filma ausencias, es fundamentalmente fantasmagórico.

A Árvore: seguir rastros confiando en el movimiento y en la metamorfosis de todas las cosas.

A Árvore: capítulo de una larga película vital que camina al lado de todas las demás, que camina con fantasmas.

A Árvore: cine de la espada, cine como arte marcial.

A Árvore: si el viajero ya conoce el camino es porque se ha perdido por el camino.

A Árvore: segundo capítulo de una serie de gestos que se encadenan.

A Árvore: diario en el que la primera persona está dentro y no fuera del mundo: el *yo* lleva al mundo y no al contrario.

A Árvore: cruces, ausencias, fantasmas.

En *A Árvore* busco honrar a mis fantasmas en vez de a un desconocido. La película no es una elegía a Bruce Baillie, sino una reflexión que parte de todo aquello que mueve su obra: la frontera, el deseo de encuentro, la metamorfosis, las Américas.

3 «Según afirman los expertos, los curiosos cordones incas elaborados con nudos y denominados quipos fueron probablemente utilizados por jefes y contables para fiscalizar impuestos. Transmitían tanto información numérica como textual. Los cordones de colores han venido confundiendo a los investigadores desde su primera descripción por los conquistadores españoles, hace quinientos años. La mayoría de los expertos coincide en que representan algún tipo de contabilidad, pero nadie ha conseguido descifrarlos. El periodista Marcello Rolemberg, en la web del *Periódico de la Universidad de São Paulo*, comenta: "Pero, en definitiva, ¿qué se entiende por quipos? Esta palabra significa nudo en la lengua de los ancestros de los peruanos. Y mediante estos nudos fue precisamente como se registraban los datos más importantes: nudos con diferentes grosores y colores, formando mensajes interpretados por los quipucamayocs, expertos de la sociedad incaica en este tipo de escritura"». Citado en Guilherme Vaz, *Uma Fração do Infinito*, CCBB (Centro Cultural Banco do Brasil), 2016.

4 Las cursivas son mías.

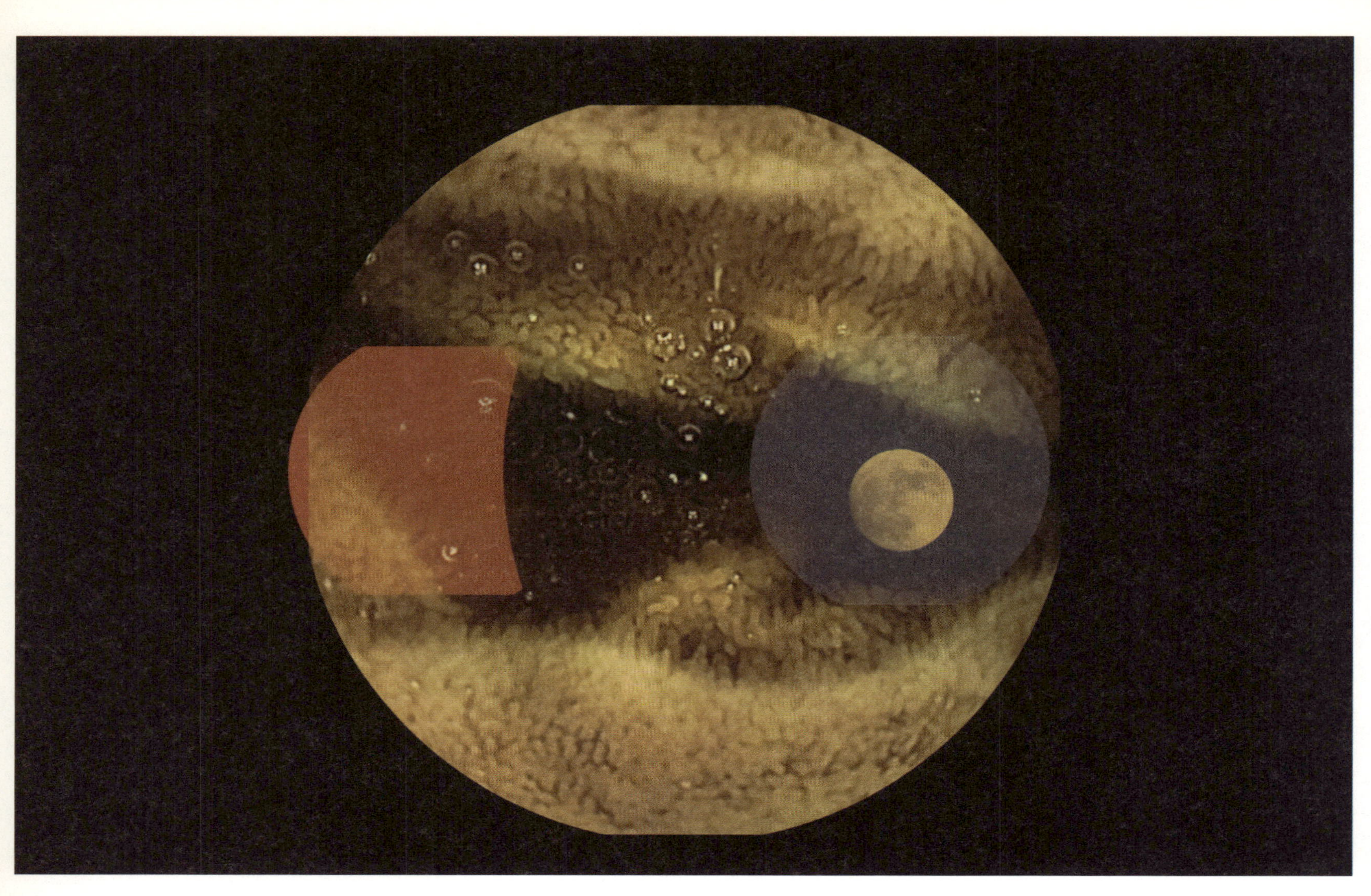

Un GIF larguísimo
Eduardo Williams

I have almost no information stored in my brain. Both my life and art are totally "non-informative." The film has a very strong critical theory and is made against contemporary society, buildings, contamination (and all those other things), and in favor of pleasure, which appears implied at least in nature, individuality, and humanity![1]

For some time now, thinking about digestion has served as a metaphor for me to understand how to absorb everything around me. Tired of institutions, of the need to verify what was or was not learnt through exams or explanatory texts, I decided to place my trust in what I consume and how I digest it. I believed that, in this way, films, texts, and experiences could be part of me in a more organic way. I don't want to remember films I've seen, or become conscious of how each film influenced me exactly. The fact that there are people who follow that school of thought is excellent, but equally good and necessary are those who are capable of making films or doing other works from a different perspective, of absorbing knowledge and experience in different ways. This is how I undertook this work in relation to Bruce Baillie's films. Watching them and reading his interviews, I let myself be carried away by sensations and intuitive thoughts, as well as thoughts that continue to develop over time. I didn't want to consciously and analytically connect his work to mine, but I hope that, once my video is finished, connections will be found by those who watch it. Going back to working alone was important for me to discover the video as I was making it, testing images and sound, reflecting and going back to test again, instead of thinking it out prior to producing it.

Well, I will simply find out how to make films myself.

Art and its myths are that which reflect our identity, process and history. We follow the poet's path: solitary paths within the dark and snow-white places of memory ... and an unknown horizon.

1 All extracts in italics are quotes from Bruce Baillie.

Un GIF larguísimo Eduardo Williams

Ia ez daukat informaziorik gorderik nire burmuinean. Hala nire bizitza nola nire artea guztiz dira "ez informatiboak". Filmak oso tesi kritiko gogorra du: gizarte garaikidearen, eraikinen, kutsaduraren (eta gainerako gauzen) aurka eginda dago eta gozamenaren (zeina, gutxienez, naturan, indibidualtasunean eta humanitatean inplikatuta agertzen baita) alde!

Aspaldi honetan, digestioan pentsatzeak eredu gisa hartzen dut inguratzen nauena xurgatzeko modu bat ulertzeko. Instituzioetan nekatuta, azterketen edo azalpen-testuen bidez zer ikasi zen eta zer ez egiaztatzeko beharraz, erabaki nuen fidatzea kontsumitzen dudanaz eta digeritzeko dudan moduaz. Horrela, filmak, testuak eta esperientziak modu organikoagoan nire parte izan daitezkeela sinestea. Ez ditut ikusi nituen filmak gogoratu nahi, ezta bakoitzak zehazki izan zuen eraginaz jabetu nahi ere. Oso ona da pentsamendu-sistema hori jarraitzen duen jendea egotea, baina, era berean, ona eta beharrezkoa da pertsona batzuk filmak edo beste lan batzuk beste nonbaitetik egitea. Ezagutza eta esperientzia xurgatzeko modu desberdinak. Horrela garatu nuen Bruce Baillieren obrarekin lotuta dagoen lan hau. Bere pelikulak ikusi eta elkarrizketak irakurri ondoren, sentsazio eta pentsamendu intuitiboek gidatu ninduten, baita denboran garatzen jarraitzen diren pentsamenduek ere. Ez nuen bere lana nirearekin modu kontziente eta analitikoan uztartu nahi izan. Espero dut, nire bideoa amaitutakoan, konexioak agerian egotea niretzat eta ikusten dutenentzat. Garrantzitsua izan zen niretzat berriz bakardadean lan egitea eta bideoa egiten ari naizen bitartean deskubritu ahal izatea, irudiak eta soinuak probatuz, hausnartuz eta berriz probatuz, ekoiztu aurretik pentsatu beharrean.

Tira, nik neuk jakingo dut filmak nola egin.

Artea eta mitoak dira gure identitatea, prozesua eta historia islatzen dutenak. Poetaren bideari jarraituko diogu: bide bakartiak oroimenaren gune ilun eta elur-antzekoen barruan... eta zerumuga ezezagun bat.

1 Testu honen letra etzanak Bruce Baillieren aipuak dira.

Un GIF larguísimo Eduardo Williams

Casi no tengo información almacenada en mi cerebro. Tanto mi vida como mi arte son completamente «no informativos». ¡La película tiene una tesis crítica enorme!: arremete contra la sociedad contemporánea, los edificios, la contaminación (y más cosas por el estilo) y está a favor del goce, que aparece implicado, al menos, en la naturaleza, la individualidad y la humanidad![1]

Desde hace algún tiempo, la reflexión sobre la digestión me ha servido de ejemplo para entender cómo absorber todo lo que me rodea. Cansado de la necesidad que tienen las instituciones de comprobar lo que se aprendió o no a través de exámenes o textos explicativos, decidí confiar en lo que consumo y cómo lo digiero. Estoy convencido de que así las películas, textos, experiencias pueden ser una parte de mí de una manera más orgánica. No quiero recordar las películas que vi ni ser consciente de cómo influyó cada una exactamente. Sin embargo, igual de buenos y necesarios son aquellos que son capaces de hacer películas o realizar otros trabajos desde una perspectiva diferente, de absorber el conocimiento y la experiencia de forma distinta. De esta manera entendí mi trabajo en relación con la obra de Bruce Baillie. Viendo sus películas y leyendo sus entrevistas, me dejé llevar por sensaciones y pensamientos intuitivos, así como por pensamientos que se siguen desarrollando en el tiempo. No quise unir su trabajo con el mío de manera consciente y analítica. Confío en que, una vez terminado mi vídeo, las conexiones se verán para mí y para quienes lo vean. Fue importante volver a trabajar en soledad e ir descubriendo el vídeo mientras lo estaba haciendo, probando imágenes y sonidos, reflexionando y volviendo a probar, en lugar de pensar antes de producir.

Bueno, simplemente descubriré yo mismo cómo hacer películas.

Lo que refleja nuestra identidad, nuestro proceso y nuestra historia son el arte y el mito. Lo que seguimos es el sendero del poeta: huellas solitarias en los negros y nevados lugares de la memoria y en un horizonte desconocido.

1 Las cursivas de este texto son citas de Bruce Baillie.

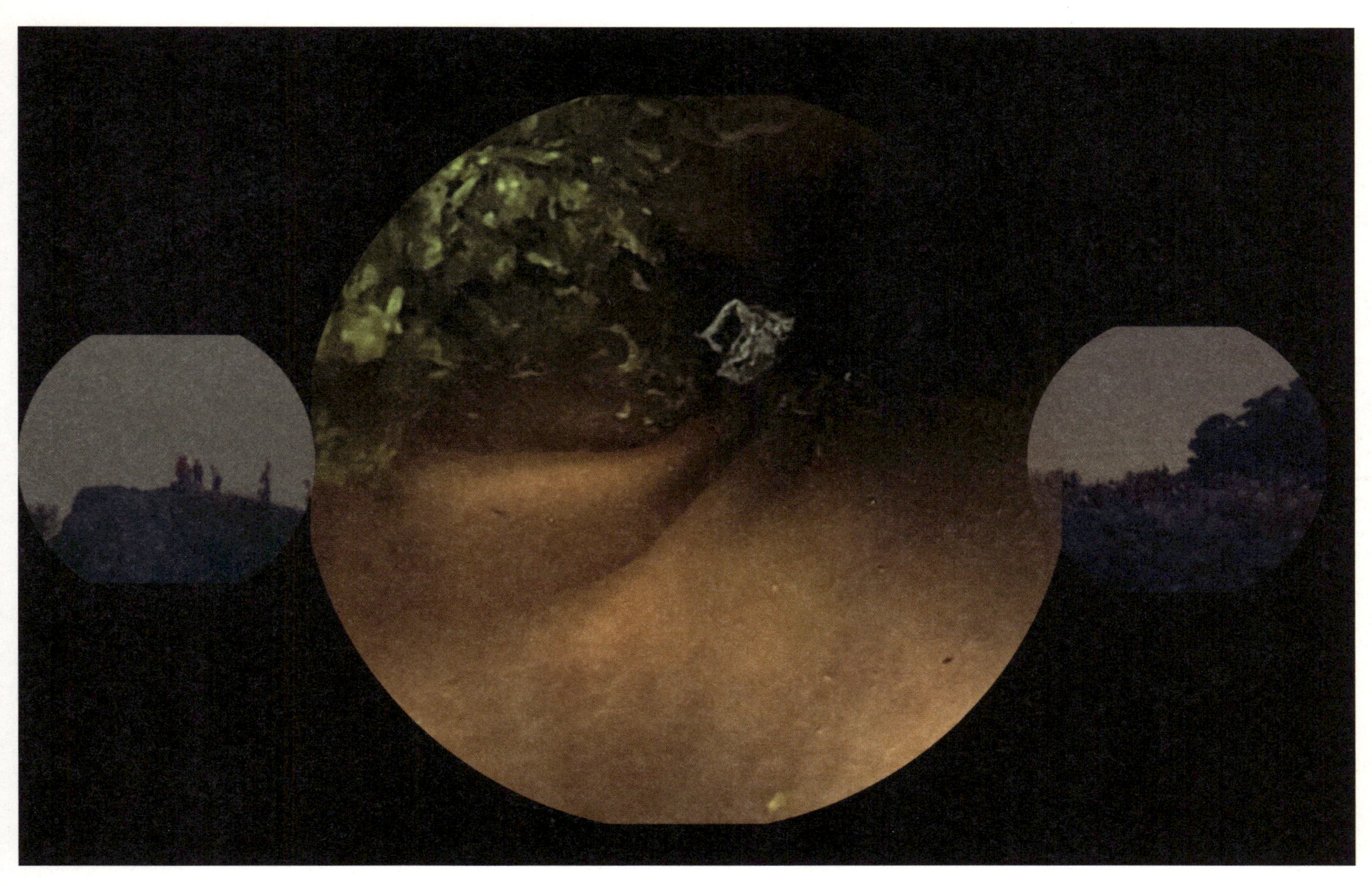

Renounce plans, fashion, intelligence, attitude, fear, self image; enter like the new-born. Naked, wide-eyed reverence—the beginnings of vision. Give yourself to the first strange encounter.

Bruce Baillie

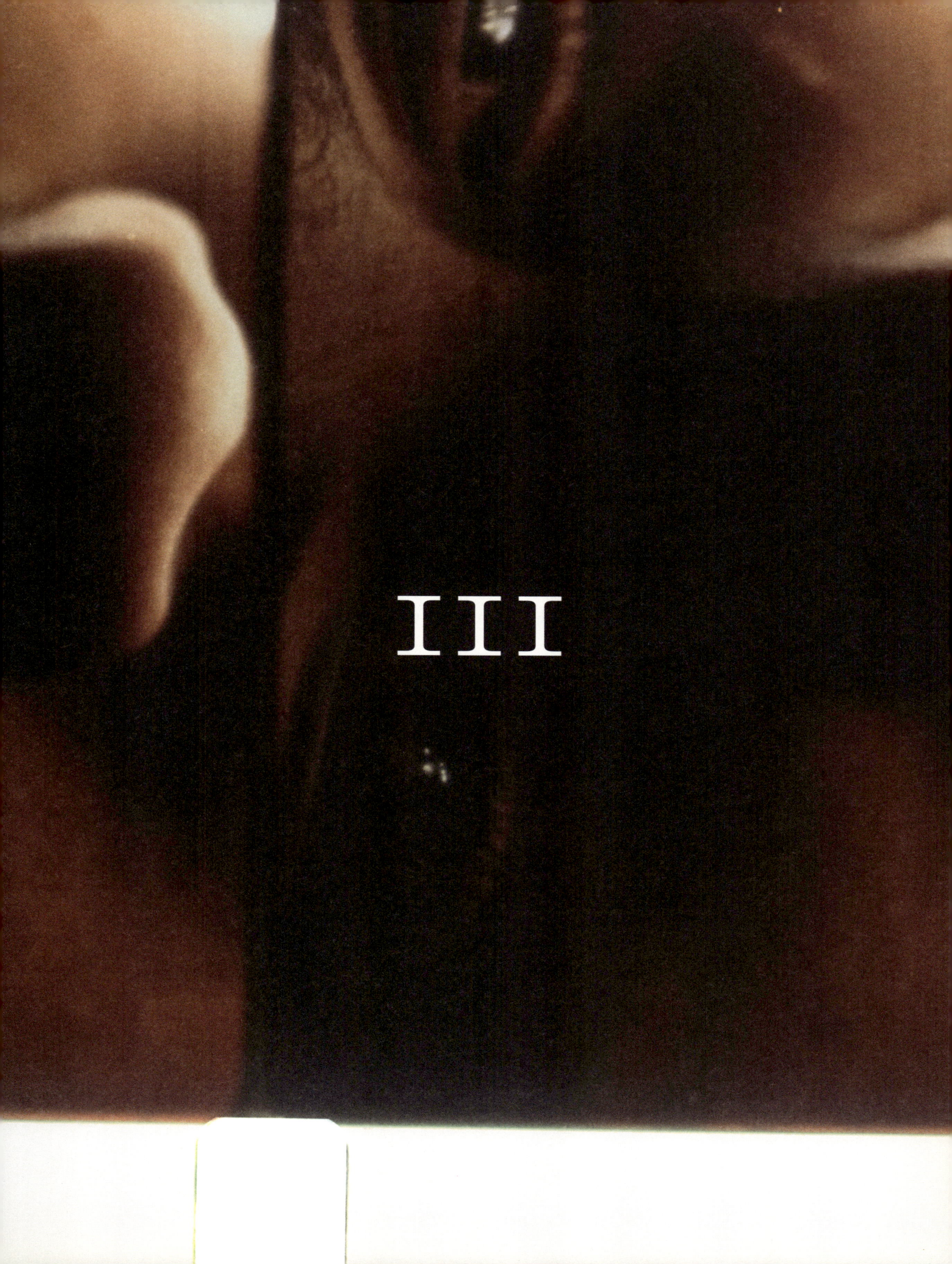

III

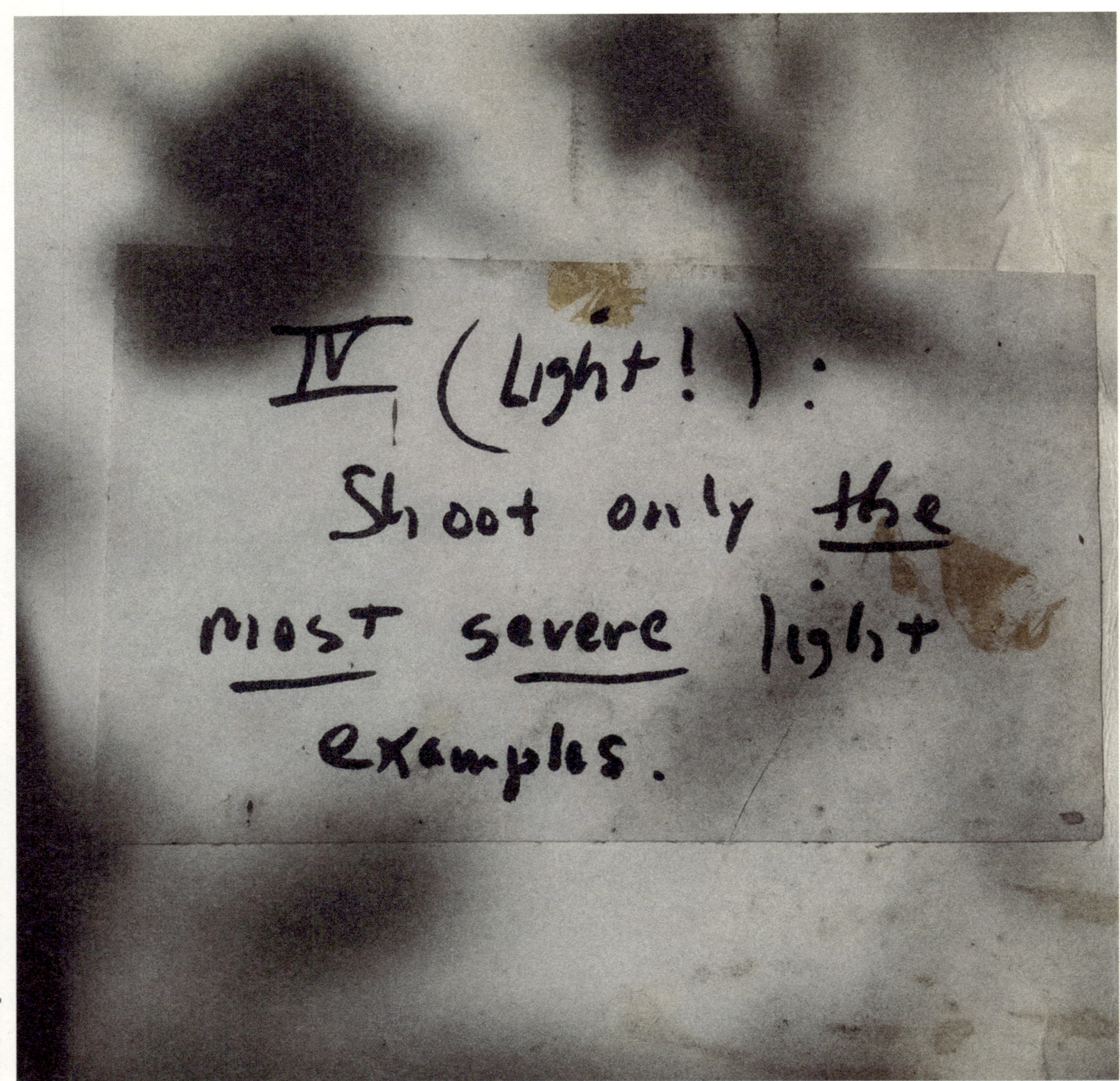

Handscript note of Bruce Baillie

Dear Bruce
Peter Hutton

Dear Bruce,

I don't know if you remember me, but we met several times in the 60s, and later in the early 70s. I'm writing you a long overdue letter to express my appreciation for your amazing body of work. I've been at Bard College since the mid-80s, where I last saw you. Jon Rubin drove me over from Massachusetts where I was teaching at Hampshire College. You were in a small house in the woods next to Manor House. I remember there was a dog. I was excited to see you, but you were very tired and told me "Peter, I'm really tired and need to take a nap." You curled up and went to sleep ... That was it. When I eventually returned to Bard in the mid-80s, the little house had collapsed on itself and was eventually cleared from the site. I thought at that time I should film it but never did—something I regret.

The Bard film program is thriving and remains experimental in spirit. We have a beautiful 16mm print of *All My Life* that I always show my beginner filmmaking students. It's the most sublime film we have. I bought a DVD of *Quixote* a few years ago and just yesterday showed it to my Landscape class. I've probably watched it twenty times and always marvel at both the beauty of your camera work and your poetic interventions with prisms and superimpositions, mattes and filters. To say it's a masterpiece is an understatement. The image of the two elder American Indians having a smoke and conversing in a café remains etched in my mind forever. Then there's the longshoreman guy with the stubby cigar who seems so angry he might explode. I always wondered how you got so close to all those crazy look-alike businessmen in the middle of America having a big dinner, intercut with the hogs chowing down and the skinny kid in the basketball game jumping around like a skitter bug. All such unforgettable images, and like *All My Life*, there's something so undeniably American about these films that I feel they should both be essential viewing for anyone studying the politics and culture of America during the 60s.

I'm so heartened to know that there's the chance of a traveling retrospective of your work planned for the future. Let me say here and now that I hope you come with the films. Even though the little house is gone, there remains an indelible impression of your presence here.

With respect and admiration
—Peter Hutton
Annandale-on-Hudson, NY
October 20th, 2015

Bruce maitea
Peter Hutton

Bruce maitea,

Ez dakit gogoratuko zaren nitaz, baina hainbat aldiz egon ginen elkarrekin 1960ko hamarkadan, eta, gero, 1970ekoan. Orain idazten dizudan gutun hau aspaldi idatzi behar nizun, zure lan harrigarri osoarekiko dudan begirunea adierazteko. 1980ko hamarkadaren erdialdetik Bard College-n ari naiz lanean, eta hor ikusi zintudan azkenekoz. Jon Rubin-ek Massachusetts-etik ekarri ninduen, orduan han ematen bainituen eskolak, Hampshire College-n. Etxetxo batean zeunden basoan, Manor House-tik gertu. Gogoan dut txakur bat zegoela. Ni hunkitu nintzen zu ikustean, baina zu neka-neka eginda zeunden eta zera esan zenidan: «Peter, neka-neka eginda nago, benetan, eta etzan beharra dut pixka batean». Uzkurtu eta lo hartu zenuen... Eta hori izan zen dena. 1980ko hamarkadaren erdialdean azkenik Bard-era itzuli nintzenean, etxetxoa behera erorita zegoen eta azkenean orubetik kendu zuten. Garai hartan pentsatu nuen filmatu behar nuela, baina sekula ez nuen egin, eta damu dut.

Bardeko zinema-programa ezin hobeto doa eta eutsi egiten dio bere espiritu esperimentalari. *All My Life* lanaren kopia bikain bat dugu, 16 mm-koa, eta beti proiektatzen diet zinematografiako lehen mailako ikasleei. Daukagun pelikularik bikainena da. Duela urte batzuk *Quixote* erosi nuen DVDan, eta atzo bertan jarri nuen Paisajismo eskolan. Seguruena hogei aldiz ikusita edukiko dut, baina beti liluratzen naute, hala zure kamera-lanaren edertasunak, nola zure esku-hartze poetikoek, prisma eta gainjartzeekin, mate eta iragazkiekin. Maisulana dela esatea gutxiestea da. Beti edukiko dut oroimenean iltzaturik bi agure indigenen irudia, zigarreta bat errez eta kafetegi batean hizketan. Zamaketaria ere hor dago, purutxoarekin; hain haserre, non lehertzeko zorian dagoela ematen baitu. Beti galdetu izan diot neure buruari nola lortu zinen hainbeste hurbiltzea Estatu Batuetako barnealdeko negozio-gizon absurdo horiengana, denek berdinak ematen baitute afari handi horretan; eta zuk txerrien irudiak tartekatzen dituzu, jatenaren gainera oldartzen, eta saskibaloi-partidako mutil argaltxoa ere bai, batetik bestera doana zomorro jauzilari baten gisa. Irudi ahaztezinak dira denak, *All My Life* bezala, zalantzarik gabe, amerikarra den zerbait dute, eta, nire ustez, 1960ko hamarkadako AEBetako politika eta kultura ikasten duen edonork ikusi beharko lituzke.

Izugarri pozten nau jakiteak agian etorkizunean aukera egongo dela zure obraren atzera begirako erakusketa ibiltari bat egiteko. Espero dut zure pelikulekin joan zaitezen. Etxetxoa jada ez dago, baina zure presentzia ezin ezabatuzko zirrara da oraindik.

Begirunez eta mirespenez,
—Peter Hutton
Annandale-on-Hudson, NY
2015ko Urriaren 20an.

Querido Bruce
Peter Hutton

Querido Bruce,

No sé si me recordarás, pero nos vimos varias veces en la década de 1960, y después en la de 1970. Te escribo una carta que debería haber escrito hace mucho tiempo para trasmitirte la consideración que me merece toda tu asombrosa obra. Desde mediados de la década de 1980 trabajo en Bard College, donde te vi por última vez. Jon Rubin me trajo desde Massachusetts, donde yo daba clase en Hampshire College. Estabas en una casita en el bosque, cerca de Manor House. Recuerdo que había un perro. A mí me emocionaba verte, pero tú estabas muy cansado y me dijiste: «Peter, estoy realmente cansado y necesito echarme un rato». Te hiciste un ovillo y te dormiste... Eso fue todo. Cuando por fin regresé a Bard a mediados de la década de 1980 la casita se había venido abajo y al final acabaron retirándola del solar. En esa época pensé que debía filmarla, pero nunca lo hice; algo de lo que me arrepiento.

El programa de cine de Bard va de maravilla y conserva su espíritu experimental. Tenemos una estupenda copia en 16 mm de *All My Life* que siempre proyecto a los estudiantes de cinematografía primerizos. Es la película más sublime que tenemos. Hace unos años compré *Quixote* en DVD y ayer mismo se la puse a mi clase de Paisajismo. Probablemente la haya visto veinte veces y siempre me maravilla tanto la belleza del trabajo de tu cámara como tus intervenciones poéticas, con prismas y superposiciones, mates y filtros. Decir que es una obra maestra es minimizarla. Siempre llevaré grabada en la memoria la imagen de los dos ancianos indígenas echándose un pitillo y conversando en un café. También está el estibador con su purito, que parece a punto de estallar de lo enfadado que está. Siempre me pregunté cómo lograste acercarte tanto a todos esos absurdos hombres de negocios del interior de Estados Unidos, que parecen todos iguales durante esa gran cena, y que tú intercalas con imágenes de cerdos lanzándose sobre la comida, y también al chaval flacucho del partido de baloncesto, que va de un lado a otro como un bicho saltarín. Todas son imágenes inolvidables que, al igual que *All My Life*, tienen algo innegablemente americano, y a mí me parece que cualquiera que estudie política y cultura estadounidense de la década de 1960 debería verlas.

Me anima muchísimo saber que quizá en el futuro exista la posibilidad de montar una retrospectiva itinerante de tu obra. Permíteme que te diga que espero que acudas con tus películas. Aunque la casita ya no esté, tu presencia sigue constituyendo una impresión imborrable.

Con respeto y admiración,
—Peter Hutton
Annandale-on-Hudson, NY
20 de octubre de 2015

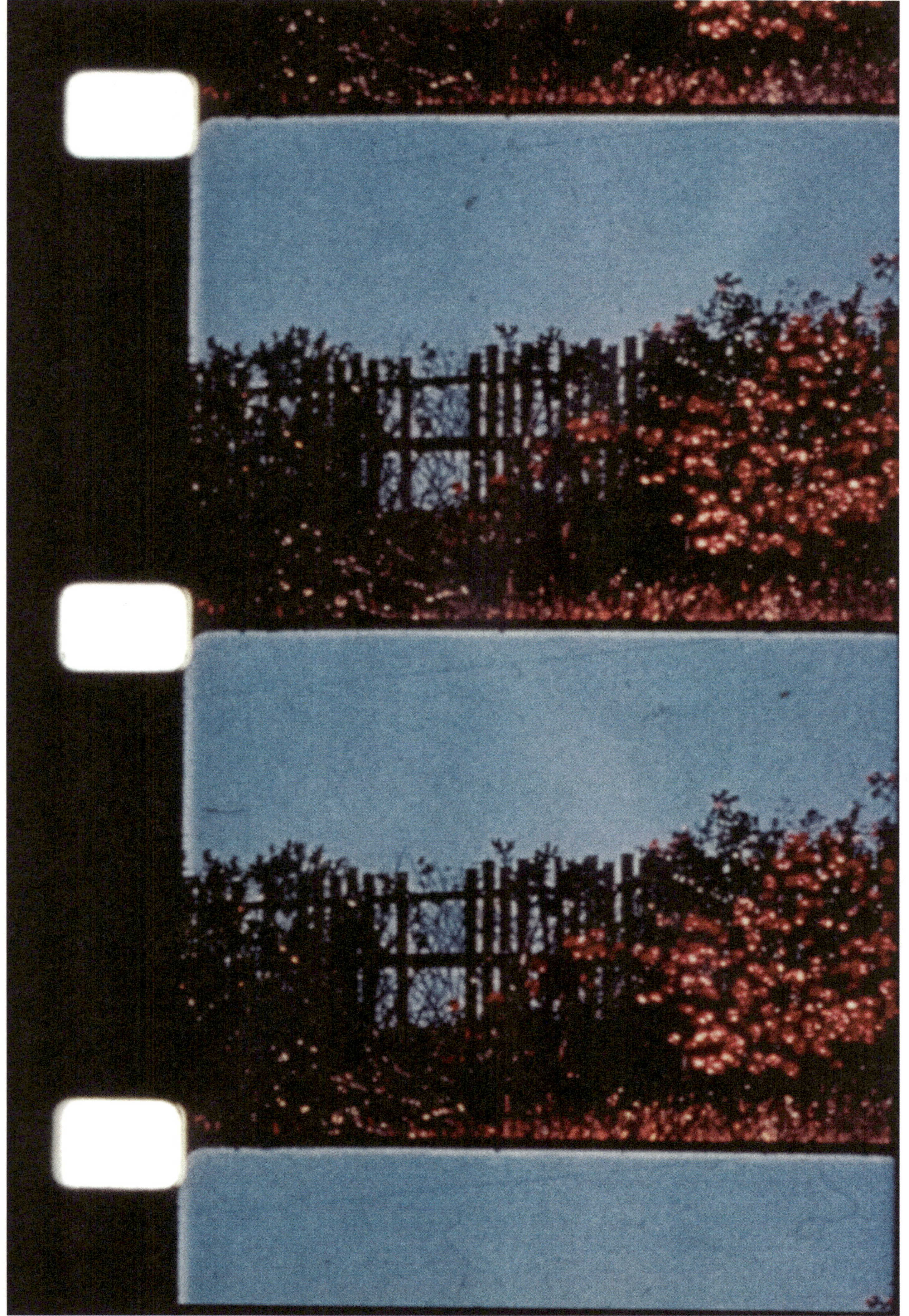

Film strip from *All My Life*, 1966

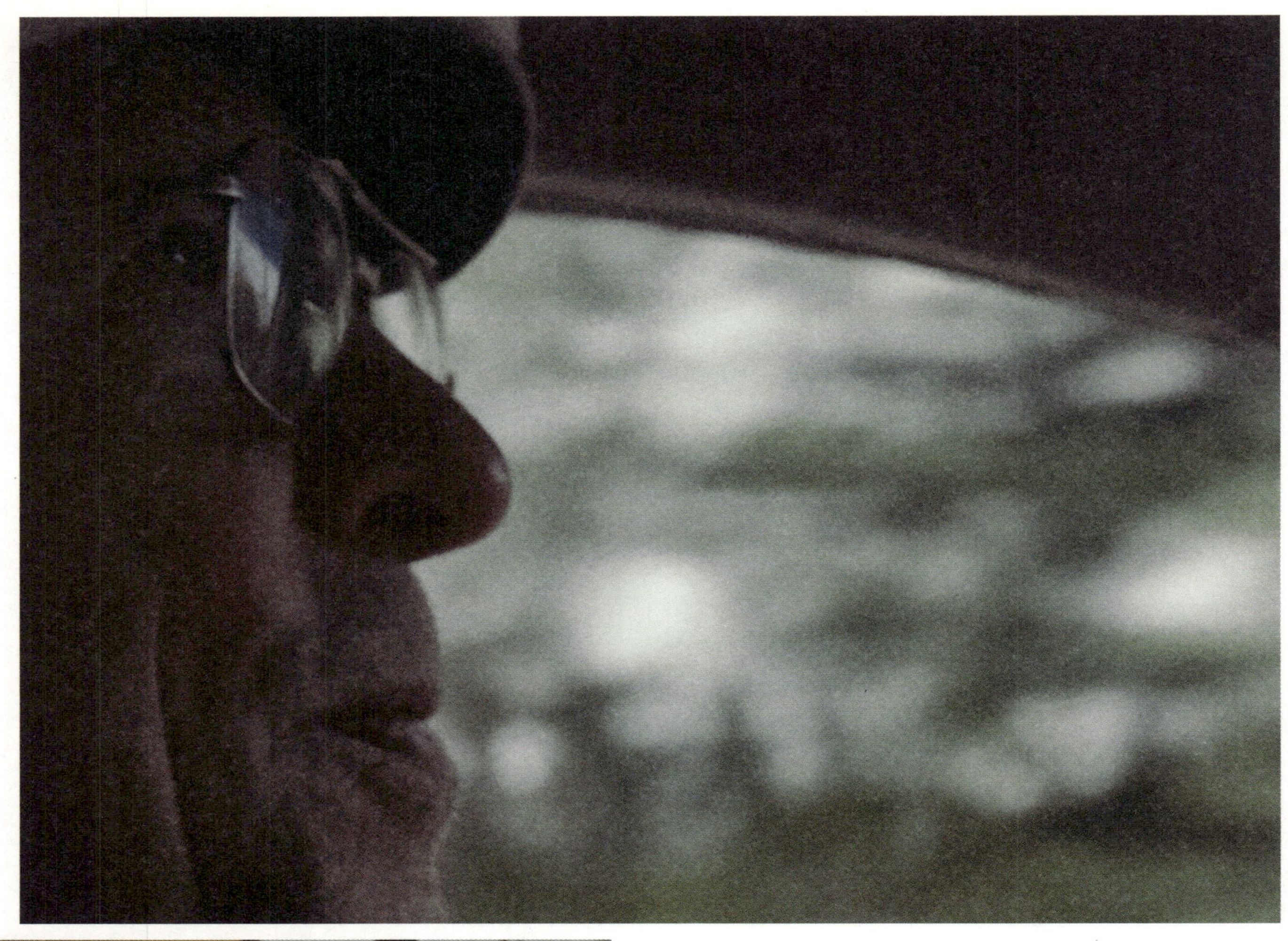

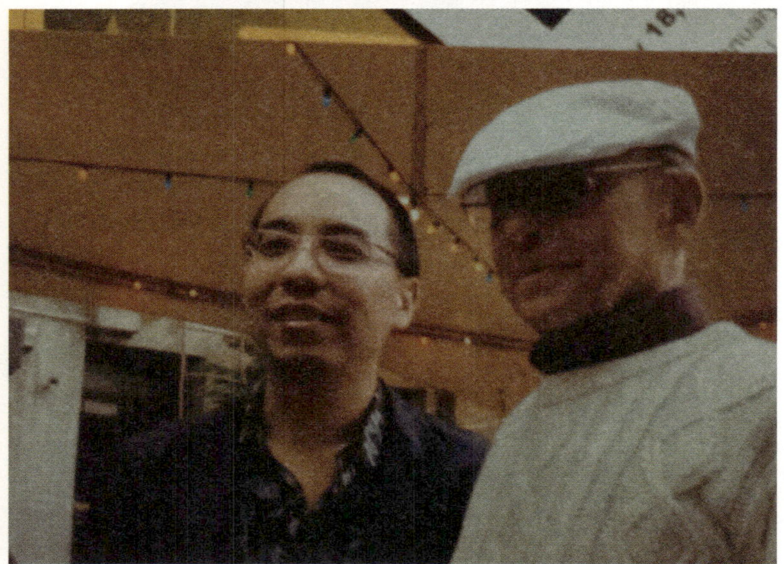

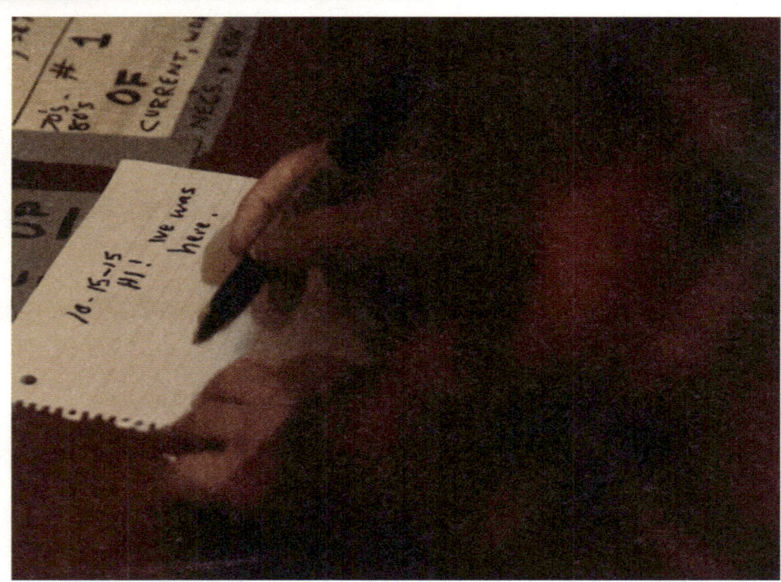
10.15.15
HI! We was
here.

We Was Here
J.P. Sniadecki

First, Bruce was one of my main inspirations. Then he became my friend. He excelled at many things, including friendship, and he nourished folks, human and nonhuman, around the world. He was also a visionary. Below is a short reflection focusing on these qualities.

It is impossible for me to adequately approach with words the cinematic and spiritual movements at play within the films of Bruce Baillie. I had first encountered the ecstatic—yet also deeply corporeal—power of Bruce's exploratory vision in the basement of the Carpenter Center on Harvard's campus in 2007. Film scholar Scott MacDonald projected for us on 16mm Bruce's 1971 gem of a film, *Valentin de la Sierras*, which flooded me with complete awe and uncanny resonance. The film magically teeters on experiential precipices, moving between acts of pure perceptual wonder and fledgling moments of grasping cognition. The dark, dripping negative space of a horse's shadow moving across baked earth and through gnarly brush finds its verbal counterpart during the sun-splashed birth into spoken language as children shuffle through *lotería* cards, sounding out the names of each thing depicted and labeled: here, "caballo." Eyes, fur, flesh, scales, manes, branches and blades and balls, everything pressed together musically in extended lenses, in close-up. Next in Scott's show came Bruce's iconic ode to light and color and joy, *All My Life,* which offers up his deep affection for the world in each frame. It also forms a masterclass in knowing your tools and executing a perfect 2 minutes and 40 second pan across tall amber flora and dancing flowers growing on a roadside fence and graceful tilt along the powerlines to the bright blue California sky. These two works—the single-shot, single-roll masterpiece *All My Life* and the dazzling *Valentin*—are often among the first films I share with students. They can unlock imagination and direct us to unknown horizons.

In 2015 I made the pilgrimage to visit Bruce for the first time at his home on Camano Island, WA, where he was living with his wife Lorie, son Keith (aka Bob), his herd of chickens, two cats, his dog Tully, a parakeet, and his alter ego Dr. Bish in a homestead overflowing with care for all life-forms punctuated by spontaneous bouts of laughter, mischief, and faith. Immediately upon meeting, we were engaged in embraces and schemes, and it was off to the races with memory and imagination. From that moment until his passing in April 2020, we had a lot of fun together, sharing experiences, breaking bread, and filming the indelible rhythms, ruminations, and recollections animating his life. Our efforts together proceeded unpredictably, like the weather. We spent as much time whirling with delight in Dr. Bish's studio as we did bathing in the garden, taking in the afternoon sun. Stretches of productivity ensued whenever I could escape Chicago and make it out to Camano Island, and these would be sustained during periods of geographic distance by phone calls, audiograms, and a deepening friendship.

Together, we recorded quite a number of Bruce's preferred recollections, and yet there were always more to tackle, as one can imagine would be the case when considering a well-lived life like his. So that part of our time and work together was always popping. But I was unsure about his request to complete his unfinished works, ranging from the feature-length *The Cardinal's Visit* to a short untitled piece about "a woman washing clothing in the river, singing the most beautiful notes," as Bruce described it. The short unknown film of a simple moment of beauty, I agreed to. But the others, I hesitated. I think this was, in part, due to my wish that Bruce himself would finish them, that he would live on and somehow escape the chronic fatigue he first experienced with *Castro Street* and was forced to live with since. Not to mention the immensity of the undertaking, of having the hubris to wrap up a Baillie film. What would such a request entail? During that first trip in 2015, Bruce, curator Garbiñe Ortega and I had uncovered camera roll negatives and unfinished films, including *The Cardinal's Visit*, in Bruce's rented storage space in nearby Stanwood, WA, although we did not find the footage and audio for the short film of the woman singing and bathing in the river. We made an accounting of what was there, and Bruce wielded a sharpie marker to date and annotate the box: "We Was Here, October 2015."

There are a lot of stories to share about the lovely warmth and percolating chaos of Bruce's presence, but I will leave that for another time. Here, now, I want to end with the artist's own definition of himself. Bruce was a self-proclaimed "fictionalist," a term he crafted from the Buddhist insight that all phenomena are ephemeral and illusory. It describes his past, present, and future work, and even his very way of being in the world. The term "fictionalist" also points to the curiosity and playfulness of his process, a relentless compulsion to create, and his glee in spinning possibilities unburdened by a fixed reality. His world was saturated with ideas, surrounded by poetry, music, literature, philosophy, and spiritual teachings, and these all become, like the shadow of a horse or a voice sounding a name, the concrete materials for his constant fount of imagination through which he invites us to swim in a river of the new, the adored, and the as-yet-undefined.

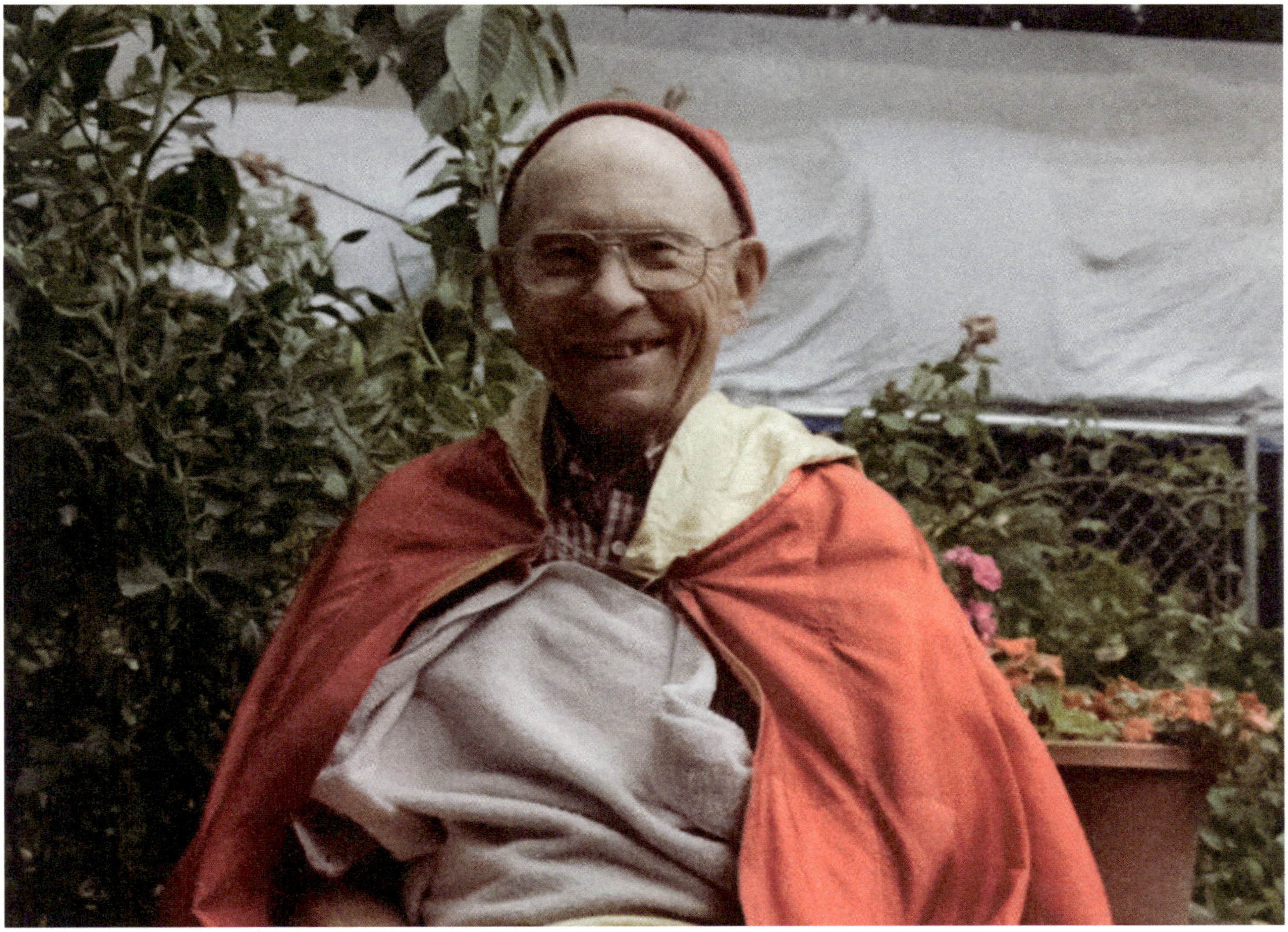

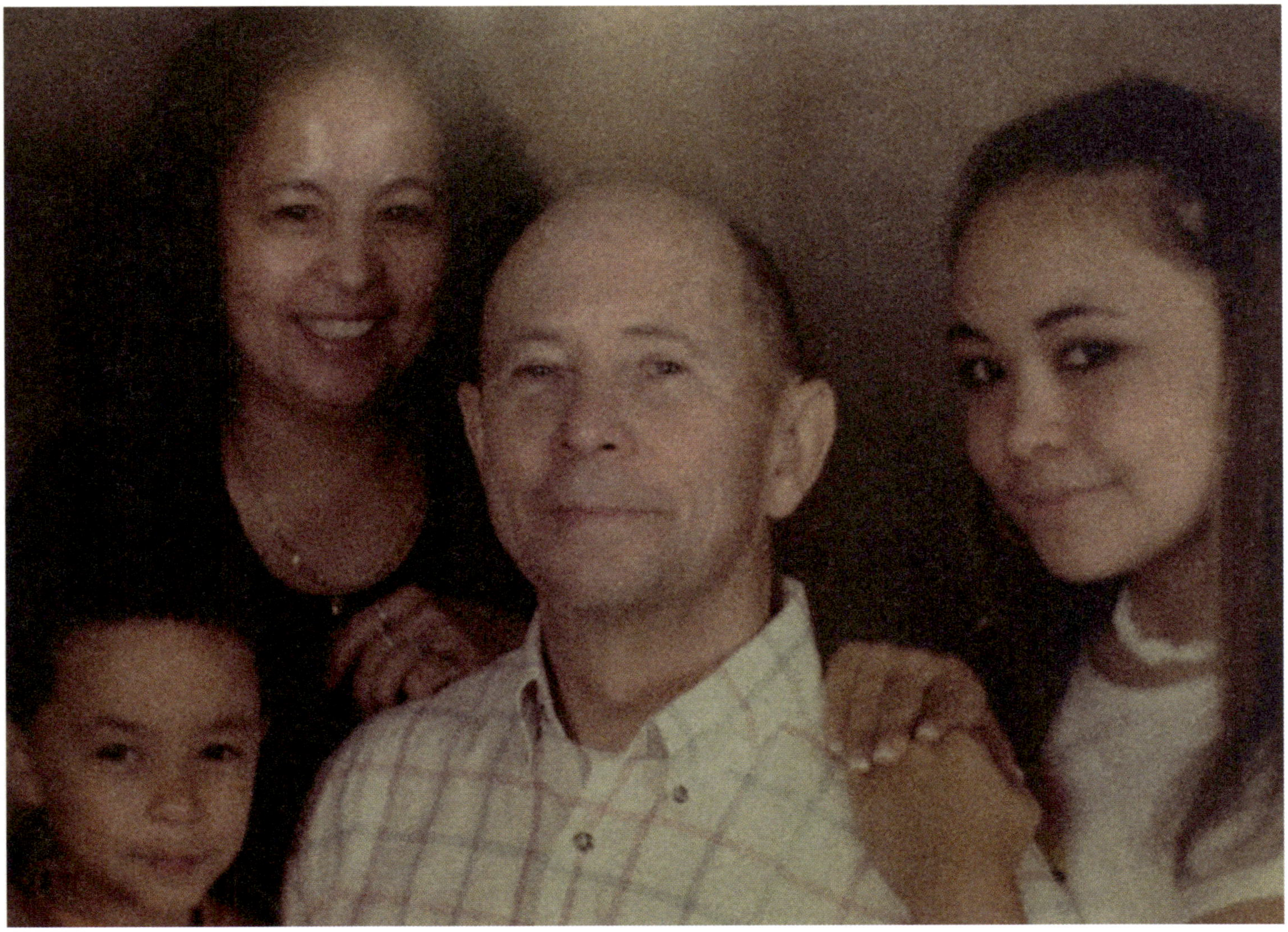

We Was Here
J.P. Sniadecki

Hasieran, Bruce nire inspirazio nagusietako bat izan zen. Gero, eta hauxe da garrantzitsuena, lagunak egin ginen. Bruce alderdi askotan nabarmentzen zen, besteak beste, adiskidetasunean; mundu osoan zaindu zituen beste izaki batzuk, gizakiak eta gizakiak ez zirenak. Ameslaria ere bazen, eta, jarraian, gogoeta labur bat egingo dut Bruceren alderdi horiei buruz.

Ezinezkoa egiten zait Bruce Baillieren filmetan dauden mugimendu zinematografikoak eta espiritualak hitzez era egokian adieraztea. Harvard-eko campuseko Unibertsitateko Carpenter Center-eko sotoan egin nuen topo lehenbiziko aldiz 2007an Bruceren esplorazio-ikuspegiaren potentzia estasizko eta, aldi berean, guztiz gorpuzdunarekin. Scott MacDonald zinema-irakasleak 16 mm-tan proiektatu zigun *Valentín de las Sierras* izeneko Bruceren harribitxia, eta erabat txunditurik eta oihartzun harrigarriz beterik utzi ninduen. Filma era magikoan kulunkatzen da esperientziaren amildegien ertzean, pertzepzio huts eta harrigarriko ekintzen eta ezagutza hartzeko une berrien artean zabuka. Lur kiskali batean, zuhaixka adabegitsuen artean mugitzen den zaldi baten itzalak proiektatzen duen espazio negatibo ilun eta blai eginak bere hitzezko korrelatua aurkitzen du, eguzkiaren argiaz zipriztinduta, hizkuntza argitara ematen denean, haurrek loteria-jokoaren kartak jaurti, eta irudikatzen duten gauza bakoitzaren izenak esaten hasten diren unean: kasu honetan, «zaldia». Begiak, animalia-larrua, haragia, musika-eskalak, adarrak, lanabes zorrotzak eta pilotak, dena musikalki trinkotuta lente handitzaileekin, lehen planoan. Gero, Scottek *All My Life* proiektatu zuen, Brucek argiari, koloreari eta alaitasunari egindako oda ikonikoa, harraldi bakoitzean munduarekiko maitasun sakona erakusten duena. Era berean, ikasgai magistrala da lanabes propioen ezagutzaz eta 2 minutu eta 40 segundoko ekorketa perfektua egiten du: bide bat inguratzen duen hesi baten ondoan kulunkatzen diren zuhaixka garai eta loretsuak zeharkatu ondoren, dotore makurtzen da linea elektrikoari jarraituz, Kaliforniako zeruaren urdin distiratsura iritsi arte. Bi pieza horiek –harraldi bakarreko eta argazki-bobina bakarreko maisulana den *All My Life* eta *Valentín* liluragarria– izaten dira ikasleei proiektatzen dizkiedan lehen filmetakoak. Irudimena piztu eta zerumuga ezezagunetara eraman ahal gaituzte.

2015ean, lehen aldiz joan nintzen Washingtongo Camano uhartera, Bruce bere etxean bisitatzera, han bizi baitzen Lorie emaztearekin, Keith semearekin (Bob ere deitua), oiloekin, bi katurekin, Tully txakurrarekin, papagaitxo batekin eta *alter egoa* zuen Bish doktorearekin. Etxaldeak adeitasunez gainezka hartzen zuen bizitza-modu oro eta bat-bateko barre itoz eta bihurrikeriaz eta fedez beterik zegoen. Elkar ezagutu eta berehala, hasi ginen elkarri besarkadak ematen eta gauzak antolatzen, oroimena eta irudimena erabat askaturik. Une horretatik 2020ko apirilean hil zen arte, asko dibertitu ginen elkarrekin, esperientziak eta mahaia partekatuz, eta bere bizitza bultzatzen zuten erritmo, gogoeta eta oroitzapen ezabaezinak filmatuz. Gure proiektu bateratuek ezin aurreikusizko moduan egiten zuten aurrera, eguraldiak nola. Bueltaka ematen genuen denbora, pozez zoratzen, Bish doktorearen estudioan, edota lorategian bainatzen, arratsaldeko lehen orduan. Chicagotik ihes egin eta Camano uhartera hurbiltzeko aukera nuen bakoitzean, produktibitate-aldiak izaten ziren ondoz ondo, eta iraun egiten zuten telefono-deiei, *audiogramei* eta gero eta estuagoa zen adiskidetasunari esker.

Bruceren oroitzapenik gogokoenetako asko filmatu genituen elkarrekin, baina beti zegoen jorratzeko moduko gauza gehiago, berarena bezalako bizitza batean imajina daitekeen bezala, alegia, osoki bizi izandako bizitza batean. Beraz, elkarrekin emandako gure denboraren eta lanaren zati hori beti ari zen sortzen. Hala ere, zalantzak nituen hark amaitu gabe utzitako lanak osatzeko izandako eskaeren aurrean: *The Cardinal's Visit* film luzearekin hasi eta izenbururik gabeko pieza labur bateraino, zeinak deskribatzen baitzuen «ibaian arropa garbitzen ari zen emakume bat, doinu eder-ederrak abesten», Bruceren esanetan. Edertasun-une xume bati buruzko film labur ezezagun baten kasuan, onartu egin nuen eskaera. Baina gainerako kasuetan, zalantza egin nuen. Neurri batean, uste dut hala zela desiratzen nuelako Brucek berak buka zitzan, bizitzen jarrai zezan eta nolabait aurre egin ziezaion neke kronikoari, zeina *Castro Street*ekin jasan zuen lehen aldiz eta harekin bizi behar izan baitzuen harrezkero. Ez aipatzeagatik, bestalde, zein etsigarri iruditzen zitzaidan egitekoaren handitasuna, Baillieren film bat amaitzeak zekarren harrokeria aitortzea. Zer ekarriko ote zuen halako eskaera batek? 2015eko lehen bidaia hartan, Brucek, Garbiñe Ortega kuradoreak eta hirurok negatibo-bobinak eta amaitu gabeko filmak aurkitu genituen —besteak beste, *The Cardinal's Visit* lanekoak—, Brucek han inguruan, Stanwooden, Washingtonen, alokatuta zeukan trastelekuan. Alabaina, ez genuen aurkitu ibaian abesten eta bainatzen ari zen emakumearen film laburraren metrajea, ez soinua. Han zegoenaren zenbaketa egin genuen, eta Brucek Sharpie errotuladore bat atera zuen kutxa datatzeko eta hau idatzi zuen bertan: «Hemen izan ginen, 2015eko urria».

Gauza asko konta daitezke Bruceren aurrean iragazten zen berotasun eta kaos xarmagarriari buruz, eta beste une baterako utziko ditut. Hemen eta orain, artistak bere buruaz egin zuen definizioarekin amaitu nahi dut. Brucek «fikzionalistatzat» jotzen zuen bere burua, fenomeno guztiak iragankorrak eta ilusiozkoak direla dioen ideia budistatik abiatuta; termino horrek bere iraganeko, oraingo eta etorkizuneko obra deskribatzen du, baita munduan egoteko zuen modua bera ere. «Fikzionalista» terminoak, halaber, aditzera ematen du bere prozesuaren izaera jostaria eta jakin-mina, bulkada sortzaile etengabea, eta aukerak bihurritzeak sortzen zion poza, aurrez ezarritako errealitate baten pisurik gabe. Haren mundua gainezka eginda zegoen ideiez, inguratuta poesiaz, musikaz, literaturaz, filosofiaz eta irakaspen espiritualez, eta hori guztia —zaldi baten itzala edo izen bat ahoskatzen ahalegintzen den giza ahots bat bezala— material zehatza da, bere irudimen-jario etengaberako, eta, horrekin, gonbit egiten digu berri, ezezagun, maitatu eta oraindik definitu gabe dagoenaren ibaian igeri egiteko.

We Was Here
J.P. Sniadecki

Al principio, Bruce fue una de mis principales inspiraciones. Después, y esto es lo más importante, nos hicimos amigos. Bruce destacaba en muchos aspectos, entre ellos la amistad, y en todo el mundo cuidó de otros seres, humanos y no humanos. También era un visionario y a continuación reflexionaré brevemente sobre estos aspectos.

Me resulta imposible plasmar adecuadamente con palabras los movimientos cinematográficos y espirituales presentes en las películas de Bruce Baillie. La primera vez que me topé con la potencia extática, pero también profundamente corpórea, de la visión exploradora de Bruce fue en 2007, en el sótano del Carpenter Center del campus de Harvard. El profesor de cine Scott MacDonald nos proyectó en 16 mm esa joya de Bruce titulada *Valentín de las Sierras*, que me inundó totalmente de sobrecogimiento y de sorprendentes resonancias. El filme se tambalea mágicamente al borde de los precipicios de la experiencia, basculando entre actos de pura y asombrada percepción y momentos de incipiente captación del conocimiento. El oscuro y chorreante espacio negativo que proyecta la sombra de un caballo al moverse por una tierra calcinada, entre nudosos arbustos, encuentra su correlato verbal cuando, salpicado por la luz del sol, se produce el alumbramiento del lenguaje en el momento en que los niños van soltando cartas del juego de la lotería y prueban a decir los nombres de cada una de las cosas que representan: en este caso, «caballo». Ojos, piel animal, carne, escalas musicales, ramas, aperos cortantes y pelotas, todo musicalmente comprimido con lentes de aumento, en primer plano. A continuación, Scott proyectó *All My Life*, la icónica oda de Bruce a la luz, el color y la alegría, que en cada toma evidencia un profundo afecto hacia el mundo. También constituye una clase magistral sobre el conocimiento de las propias herramientas y la ejecución de un barrido perfecto de 2 minutos y 40 segundos, que, después de recorrer altos y floridos arbustos que se mecen junto a una valla que bordea un camino, elegantemente se ladea siguiendo el tendido eléctrico hasta alcanzar el azul brillante del cielo californiano. Estas dos piezas —esa obra maestra de una sola toma y un solo rollo que es *All My Life* y la deslumbrante *Valentín*— suelen ser de las primeras películas que proyecto a mis alumnos. Pueden desatar la imaginación y dirigirnos a horizontes desconocidos.

En 2015 peregriné por primera vez a la isla de Camano, en Washington, para visitar a Bruce en su casa, donde vivía con su esposa Lorie, su hijo Keith (también llamado Bob), sus gallinas, dos gatos, su perro Tully, un periquito y su *alter ego* el Dr. Bish, en una granja rebosante de atenciones a cualquier forma de vida y salpicada por espontáneos ataques de risa, travesuras y fe. Inmediatamente después de conocernos ya estábamos dándonos abrazos y maquinando cosas, con la memoria y la imaginación totalmente disparadas. Desde ese momento hasta su fallecimiento en abril de 2020 nos divertimos mucho juntos, compartiendo experiencias y mesa, y filmando los imborrables ritmos, cavilaciones y recuerdos que animaban su vida. Nuestros proyectos conjuntos avanzaban de manera impredecible, como el tiempo meteorológico. Pasábamos tanto tiempo dando vueltas, encantados, por el estudio del Dr. Bish, como bañándonos en el jardín al sol de primera hora de la tarde. Siempre que podía escaparme de Chicago y acercarme a la isla de Camano se sucedían periodos de productividad, mantenidos gracias a llamadas de teléfono, *audiograms* y una amistad cada vez más estrecha.

Juntos filmamos bastantes de los recuerdos preferidos de Bruce, pero siempre había más de los que ocuparse, como se puede imaginar en el caso de una existencia tan plenamente vivida como la suya. De manera que esa parte de nuestro tiempo y trabajo juntos nunca dejaba de surgir. Sin embargo, me suscitaba dudas la solicitud de completar sus obras inacabadas, que iban desde el largometraje *The Cardinal's Visit* hasta una pequeña pieza corta sin título sobre «una mujer que lava ropa en el río, entonando notas de lo más hermosas», según la describía Bruce. En el caso del corto desconocido sobre un sencillo momento de belleza sí acepté. Pero en los demás casos, dudé. En parte, creo que esto se debía a mi deseo de que fuera el propio Bruce quien los terminara, que continuara viviendo y que de alguna forma escapara a la fatiga crónica que había sufrido por primera vez con *Castro Street* y con la que desde entonces tuvo que convivir. Eso por no hablar de lo desalentadora que resultaba la inmensidad de la empresa, reconocer la soberbia que suponía acabar una película de Baillie. ¿Qué conllevaría una solicitud así? Durante ese primer viaje de 2015, Bruce, la curadora Garbiñe Ortega y yo habíamos descubierto rollos de negativo y filmes inacabados, entre ellos *The Cardinal's Visit*, en el trastero que Bruce tenía alquilado allí cerca, en Stanwood, también en Washington, aunque no encontramos ni el metraje ni el sonido del corto de la mujer que cantaba y se bañaba en el río. Hicimos recuento de lo que allí se albergaba y Bruce sacó un rotulador Sharpie para datar la caja y escribir en ella: «Aquí estuvimos, octubre de 2015».

Se pueden contar muchas cosas sobre la encantadora calidez y el caos que se filtraba en presencia de Bruce, y las dejaré para otro momento. Aquí y ahora quiero terminar con la propia definición que hizo el artista de sí mismo. Bruce se autoproclamaba «ficcionalista», con un término que, concebido a partir de la idea budista de que todos los fenómenos son efímeros e ilusorios, describe su obra pasada, presente y futura, e incluso su propia forma de estar en el mundo. El término «ficcionalista» también apunta a la curiosidad y el carácter juguetón de su propio proceso, a una incesante compulsión creadora y al regocijo que le producía retorcer posibilidades, ajeno al peso de una realidad predeterminada. Su mundo estaba saturado de ideas, rodeado de poesía, música, literatura, filosofía y enseñanzas espirituales, y todo eso se convierte, como la sombra de un caballo o una voz humana que prueba a decir un nombre, en los materiales concretos para el flujo constante de su imaginación, con la que nos invita a nadar en el río de lo nuevo, lo desconocido, lo adorado y lo aún por definir.

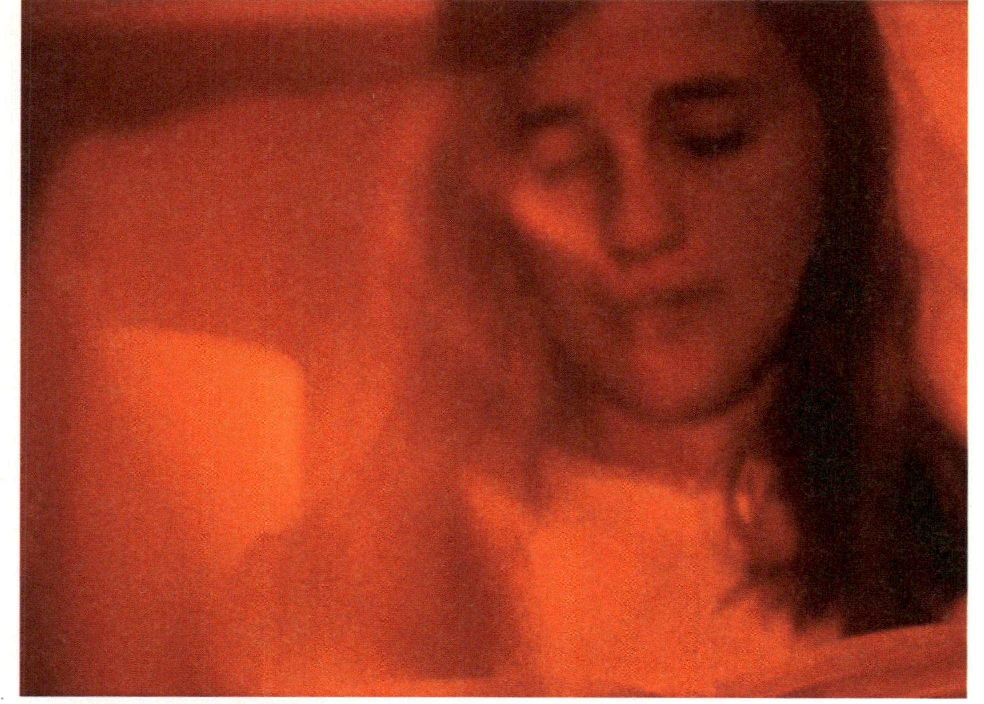

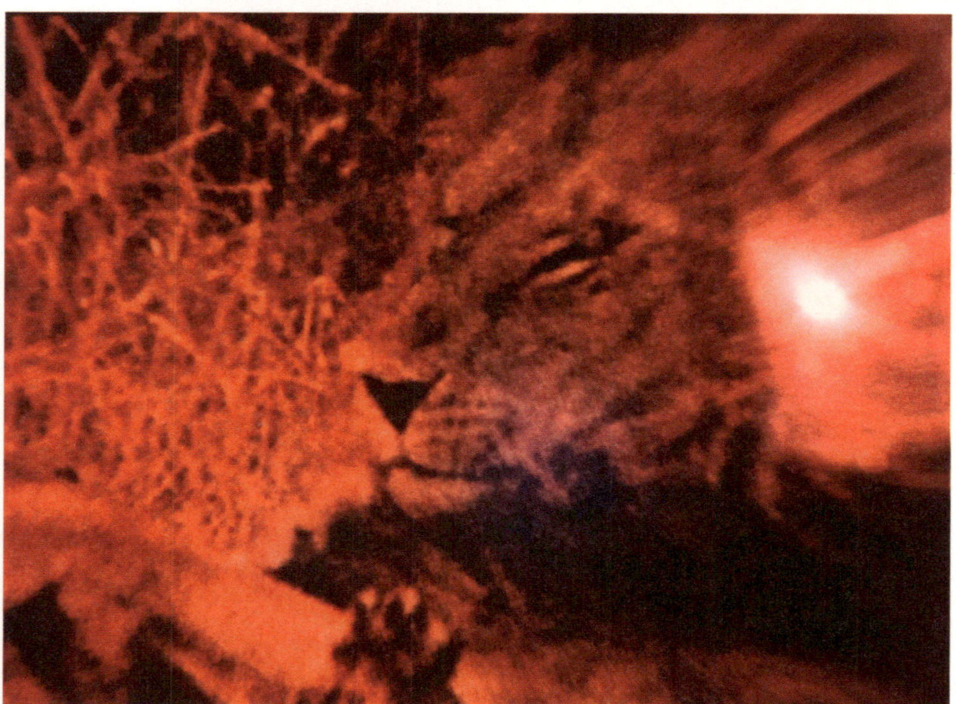

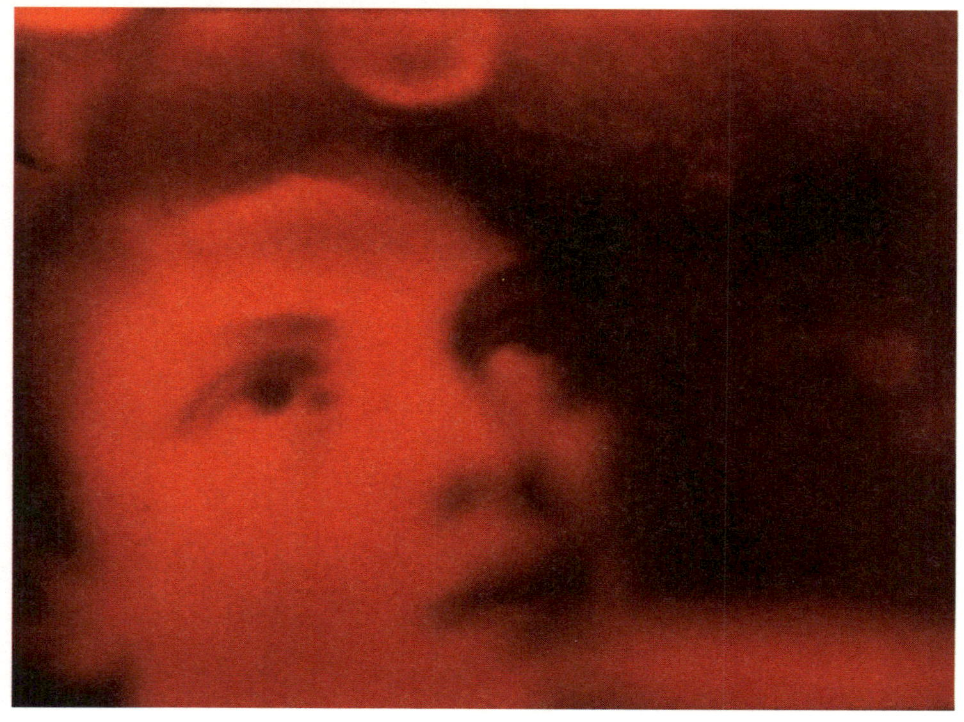

Quick Billy, 1970

Movie Journal
Jonas Mekas

In my filmmakers' Pantheon, Bruce Baillie takes a shining place. His work I can see again and again; it grows on me. *Quick Billy,* which is running now at the Whitney Museum, is his latest work. It crowns ten years of Baillie's lyrical and pastoral film sensibility.

Some have referred to Baillie as the most American of all the avant-garde filmmakers. There is in Bruce Baillie something that reminds us of the wide country, of the spaces of America. If we remember Brakhage films for certain formal qualities of images, if we remember Markopoulos's films because of the uncompromising purity of his filmic language, so, myself at least, I remember Baillie for certain images, certain almost pretty images that keep reappearing in my mind. Curiously enough, those images have always to do with travel, with cross-country rides, with wide spaces, with the huge American continent being crossed, the hugeness, which Baillie so perfectly symbolized with the images of the turtle slowly moving across the desert, somewhere in Arizona or some other place, in *Quixote.* I also remember the image of the grass violently shaking on the side of the railroad, from the power of the passing train, in *To Parsifal.* There are always trains moving across the country in Bruce Baillie's films, in *Quixote,* in *To Parsifal,* in *Castro Street.* There is the mystical motorcyclist riding in *Mass.* And Mr. Hayashi dies on the highway, run over by a car in *Mr. Hayashi.* In *Quick Billy,* at the end of the film, we see Bruce Baillie himself riding off into the unknown—the eternal rider, superimposed upon the map of the United States.

So he rides through the wide spaces of the country, through the wide spaces of his memories, dreams, childhood, friendships, and we who correspond sometimes with him, we do not even always know where he is. He seems to be always on the road. But in the images of his films, he seems to be very stable and very sure and always going after some definite and probably always the same image. With each film one feels he maybe found it. But no, the image, the dream is not yet caught, still somewhere else—so he makes another film, trying to come closer to it, from some other angle. In *Quick Billy* he may have caught it through the form of the film. The form of the film itself may have something to do with the eternal search of Baillie, the feeling of all the lost travelers of the world, of attaching oneself and going again, attaching oneself and letting go again (it is no accident that Baillie says *Quick Billy* has been structured upon the *Bardo Thodol, The Book of the Dead*—the greatest travel ever)—and when it's all over, he sort of opens the very end of the film and permits it very slightly, very casually to spill out into the open again; he never closes the form completely. Pradoxically, this way he may have achieved the most complete and most satisfactory film, which, through this mysterious openness permits us to project into it so many incomplete parts of ourselves.

There are fewer "pretty" images in this film, fewer individual memorable images; you see most of the time only brief and casual glimpses, all done in the most fluid lyrical-pastoral film language that I know. It's with mastery and grace that Baillie transcended the Brakhagean aesthetics and asserted clearly and gloriously his own creative individuality, presenting us with his own unique vision of the world. I do not expect that suddenly wide masses of people will rush to the Whitney to see *Quick Billy*. I am realistic enough to know that the majority of the film-going public are still milling in the hallways of Eternal Hollywood. The art of Bruce Baillie is for the lucky, or for the ready, few.

The Village Voice, 1971

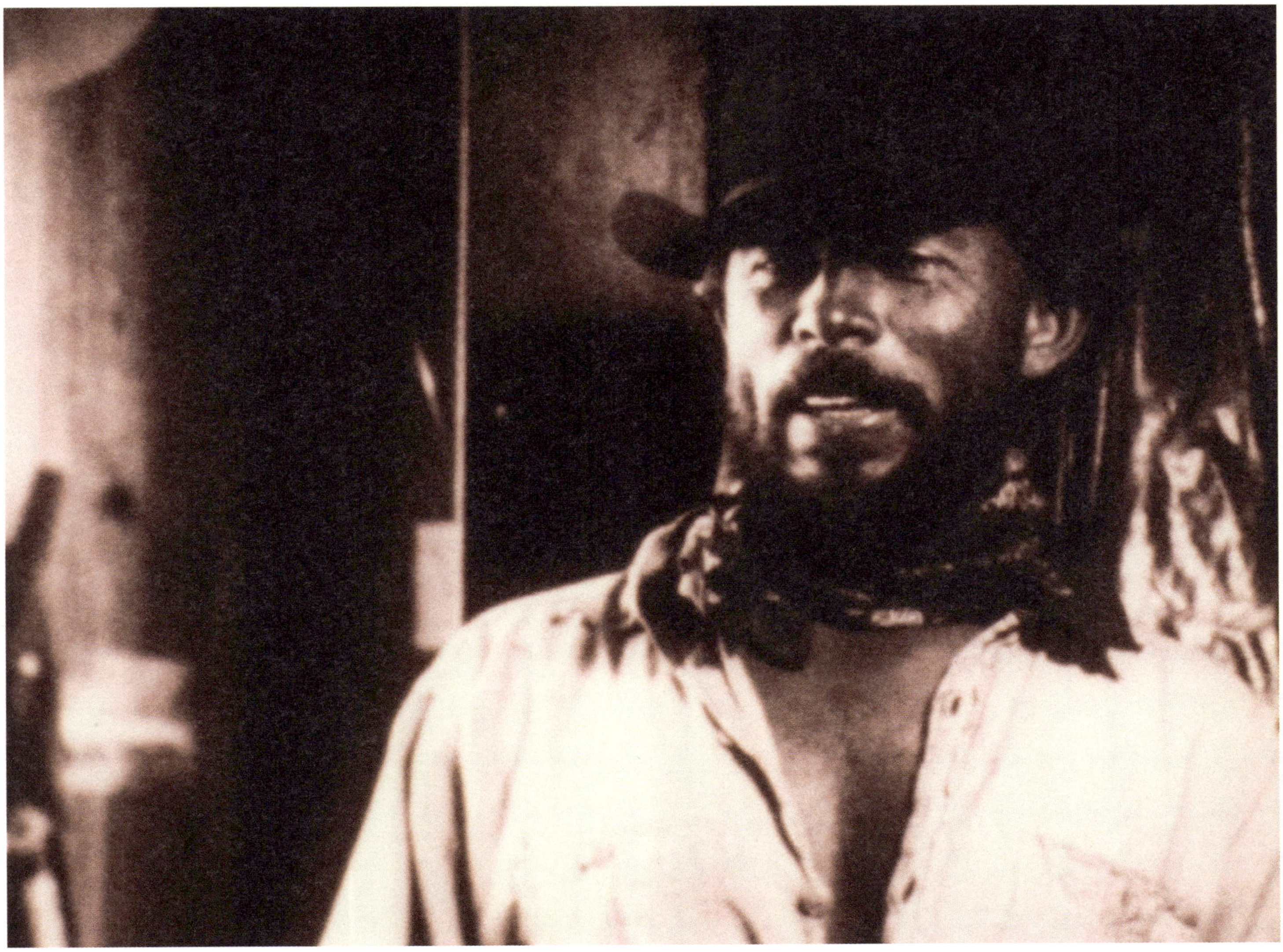

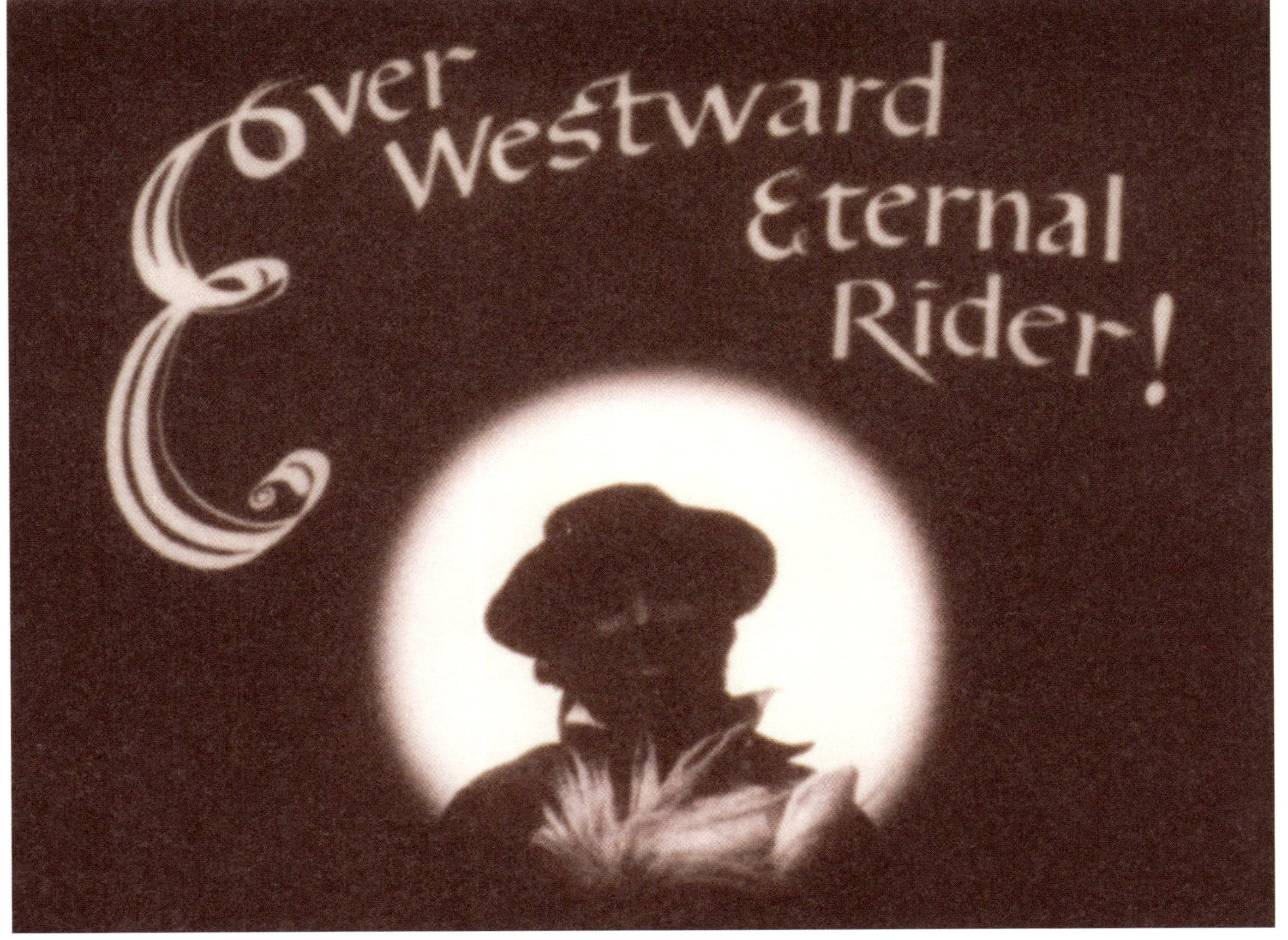

Quick Billy, 1970

"The village VOICE, April 1, 1971

movie JOURNAL

by Jonas Mekas

In my film-makers' Pantheon, Bruce Baillie takes a shining place. His work I can see again and again, it grows on me. "Quick Billy," which is running now at the Whitney Museum, is his latest work. It crowns 10 years of Baillie's lyrical and pastoral film sensibility.

Some have referred to Baillie as the most American of all the avant-garde film-makers. There is in Bruce Baillie something that reminds us of the wide country, of the spaces of America. If we remember Brakhage films for certain formal qualities of images, if we remember Markopoulos's films because of the uncompromising purity of his filmic language, so, myself at least, I remember Baillie for certain images, certain almost pretty images that keep reappearing in my mind. Curiously enough, those images have always to do with travel, with cross-country rides, with wide spaces, with the huge American continent being crossed, the hugeness, which Baillie so perfectly symbolized with the image of the turtle slowly moving across the desert, somewhere in Arizona or some other place, in "Quixote." I also remember the image of the grass violently shaking on the side of the railroad, from the power of the passing train, in "To Parsifal." There are always trains moving across the country in Bruce Baillie's films, in "Quixote," in "To Parsifal," in "Castro Street." There is the mystical motorcyclist riding in the "Mass." And Mr. Hayashi dies on the highway, run over by a car in "Mr. Hayashi." In "Quick Billy," at the end of the film, we see Bruce Baillie himself riding off into the unknown—the eternal rider, superimposed upon the map of the United States.

So he rides through the wide spaces of the country, through the wide spaces of his memories, dreams, childhood, friendships, and we who correspond sometimes with him, we do not even always know where he is. He seems to be always on the road. But in the images of his films, he seems to be very stable and very sure and always going after some definite and, probably, always the same image. With each film one feels he maybe found it. But no, the image, the dream is not yet caught, still somewhere else—so he makes another film, trying to come closer to it, from some other angle. In "Quick Billy" he may have caught it through the form of the film. The form of the film itself may have something to do with the eternal search of Baillie, the feeling of all the lost travelers of the world, of attaching oneself and going again, attaching oneself and letting go again (it is no accident that Baillie says "Quick Billy" has been structured upon the Bardo Thodol, The Book of the Dead—the greatest book of the greatest travel ever)—and when it's all over, he sort of opens the very end of the film and permits it very slightly, very casually to spill out into the open again, he never closes the form completely. Paradoxically, this way he may have achieved the most complete and most satisfactory film, which, through this mysterious openness, permits us to project into it so many incomplete parts of ourselves.

There are fewer "pretty" images in this film, fewer individual memorable images, you see most of the time only brief and casual glimpses, all done in the most fluid lyrical-pastoral film language that I know. It's with mastery and grace that Baillie transcended the Brakhagean aesthetics and asserted clearly and gloriously his own creative individuality, presenting us with his own unique vision of the world. I do not expect that suddenly wide masses of people will rush to the Whitney to see "Quick Billy." I am realistic enough to know that the majority of the film-going public are still milling in the hallways of Eternal Hollywood. The art of Bruce Baillie is for the lucky, or for the ready, few.

Egunkari zinematografikoa Jonas Mekas

Nire zinemagileen panteoian Bruce Bailliek leku gailena betetzen du. Etengabe ikus dezaket haren obra, gero eta gehiago gustatzen zait. Azken filma *Quick Billy* da, orain Whitney Museum-en proiektatzen dutena. Amaiera ematen dio Baillieren hamar urteko sentiberatasun filmiko liriko eta artzain-izaerakoari.

Batzuek Baillieri buruz esan dute abangoardiako zinemagilerik amerikarrena dela. Bruce Baillierengan dagoen zerbaitek gogora ekartzen digu Estatu Batuen zabaltasuna, herrialde horretako espazioak. Brakhageren filmak gogora ekartzen ditugu irudien zenbait ezaugarri formalengatik, Markopoulosen filmak haren hizkuntza zinematografikoaren garbitasun ezin hautsizkoagatik, eta Baillierenak, niri dagokidanez behintzat, irudi batzuengatik, ia politak diren irudi batzuengatik, etengabe erasaten bainaute. Harritzekoa bada ere, irudi horiek beti dute zerikusia bidaiekin, herrialdea zeharkatzen duten ibilbideekin, espazio ezin zabalagoekin, Amerikako kontinente erraldoia alderik alde gurutzatzearekin, eskergatasunarekin. Bailliek ondo baino hobeto sinbolizatu zuen hori *Quixote* filmean, Arizonako lekuren batean edo beste lekuren batean, basamortutik astiro aurrera doan dortokaren irudiarekin. Era berean, gogoan dut *To Parsifal* filmeko belarraren irudia, nola kulunkatzen zen bortizki trenbidearen ondoan, trenaren igarotze boteretsuaren aurrean. Bruce Baillieren filmetan beti ageri dira trenak herrialdea zeharkatzen: *Quixote*n, *To Parsifal*en, *Castro Street*en. *Mass*en, gidatzen duen motorzale mistikoa dugu. Eta *Mr. Hayashi* lanean, Hayashi autobidean hiltzen da, auto batek harrapatuta. *Quick Billy*ren amaieran, Bruce Baillie bera ikusten dugu, zaldiz, ezezagun den alderantz urruntzen: betiereko zalduna, Estatu Batuetako maparen gainean jarria.

Horrela, herrialdeko eremu ezin zabalagoetan barrena dabil zaldiz, bere oroitzapen, amets, haurtzaro eta adiskideen espazio neurrigabeetan barrena; eta batzuetan berarekin posta-trukea dugunok beti ez dakigu non dagoen ere. Badirudi beti ari dela bidaiatzen. Hala ere, haren filmetako irudietan ematen du oso egonkor dagoela, oso seguru, beti irudi jakin baten atzetik, ziurrenik beti bera den irudiaren atzetik. Film berri bakoitzarekin, irudipena dugu agian aurkitu egin duela. Baina ez, oraindik ez du harrapatu irudia, ametsa; oraindik hor jarraitzen du; beraz, berak beste film bat egiten du, beste angeluren batetik harengana hurbildu nahian. Beharbada *Quick Billy*n harrapatu egin du filmaren formaren bidez. Eta beharbada filmaren formak berak zerikusirik izango du Baillieren betiko bilaketarekin, munduko bidaiari galdu guztiek duten irudipenarekin, zerbaiti atxiki eta berriz alde egiten baitute, zerbaiti atxiki eta berriz uzten baitute (ez da kasualitatea Bailliek esatea *Quick Billy*ren egituraren oinarria *Bardo Thodol* dela, *Hildakoen liburu tibetarra* —bidaia-liburu guztien artean garrantzitsuena—). Dena amaitu denean, badirudi Bailliek filmaren amaiera zabalik uzten duela eta horrek aukera ematen diola, leunki, garrantzirik eman gabe, berriz isurtzeko ezkutatu gabe, sekula forma erabat itxi gabe. Paradoxa bada ere, agian horrela lortu du bere pelikularik osoena eta gogobetegarriena, irekiera misteriotsu horren bidez aukera ematen baitigu gure baitan ditugun eremu osatugabeetara proiektatzeko.

Film horretan irudi «polit» gutxiago dago, nabarmentzeko moduko irudi gogoangarri gutxiago, eta ia denbora guztian ikusten dira zantzu labur eta gorabeheratsuak, beti nik ezagutzen dudan hizkuntza filmiko jariakor, liriko eta artzain-izaerako batekin hartuak. Bailliek maisutasunez eta dotoreziaz gainditu zuen Brakhageren estetika, argi eta modu loriatsuan aldarrikatu zuen bere indibidualtasun sortzailea, eta munduaz zuen ikuskera berezia eskaini zigun. Ez dut uste bat-batean jende-oldeak joango direnik Whitneyra *Quick Billy* ikustera. Aski errealista naiz jakiteko zinema-ikusle gehienek betiereko Hollywoodeko atarietan pilatzen jarraitzen dutela. Bruce Baillieren artea zorionekoentzat da, edo prest daudenentzat, alegia, bakan batzuentzat.

The Village Voice, 1971

Diario cinematográfico Jonas Mekas

En mi panteón de cineastas Bruce Baillie ocupa un lugar resplandeciente. Puedo ver su obra sin cesar, cada vez me gusta más. Su última película es *Quick Billy*, que ahora proyectan en el Whitney Museum. Es el colofón a diez años de sensibilidad fílmica lírica y pastoril por parte de Baillie.

Algunos han dicho de Baillie que es el más americano de los cineastas de vanguardia. En Bruce Baillie hay algo que nos recuerda la amplitud del país, los espacios de Estados Unidos. Si recordamos las películas de Brakhage por ciertos rasgos formales de las imágenes, si recordamos las películas de Markopoulos por la inquebrantable pureza de su lenguaje cinematográfico, a Baillie por lo menos yo lo recuerdo por ciertas imágenes, ciertas imágenes casi bonitas que no dejan de asaltarme. Curiosamente, esas imágenes siempre tienen que ver con viajes, con trayectos que cruzan el país, con espacios inmensos, con el hecho de atravesar el enorme continente americano, con la enormidad, que Baillie simbolizaba con tanta perfección en la imagen de la tortuga que avanza lentamente por el desierto, en algún lugar de Arizona o de algún otro sitio, en *Quixote*. También recuerdo la imagen de la hierba meciéndose violentamente junto a las vías del ferrocarril ante el poderoso paso del tren en *To Parsifal*. En las películas de Bruce Baillie siempre hay trenes cruzando el país: en *Quixote*, en *To Parsifal*, en *Castro Street*. En *Mass* tenemos al motorista místico que conduce. Y en *Mr. Hayashi*, Hayashi muere en la autopista, atropellado por un coche. Al final de *Quick Billy* vemos al propio Bruce Baillie alejándose a caballo hacia lo desconocido: el jinete eterno, superpuesto sobre el mapa de Estados Unidos.

De manera que cabalga por los espacios inmensos del país, por los espacios inmensos de sus recuerdos, sueños, infancia y amistades, y los que a veces nos escribimos con él ni siquiera sabemos siempre dónde está. Parece que siempre esté viajando. Sin embargo, en las imágenes de sus películas parece muy estable, muy seguro, siempre en pos de alguna imagen concreta y, probablemente, siempre la misma. Con cada nueva película se tiene la sensación de que quizá la haya encontrado. Pero no, la imagen, el sueño, aún no se ha atrapado, sigue aún por ahí, así que él hace otra película, intentando acercarse a ella desde algún otro ángulo. Puede que en *Quick Billy* la haya atrapado mediante la forma del filme. Y puede que la propia forma de la película tenga algo que ver con la eterna búsqueda de Baillie, con la sensación que tienen todos los viajeros perdidos del mundo, que se apegan a algo y vuelven a marcharse, que se apegan y luego abandonan de nuevo (no es casual que Baillie diga que la estructura de *Quick Billy* se basa en la del *Bardo Thodol*, *El Libro tibetano de los muertos* —el principal libro sobre el viaje más importante de todos—) y, cuando todo ha terminado, es como si Baillie abriera el propio fin de la película y le permitiera muy ligeramente, sin darle ninguna importancia, derramarse de nuevo y sin ocultarse, sin nunca llegar a cerrar del todo la forma. Paradójicamente, puede que de esa manera haya conseguido la película más completa y satisfactoria, que a través de esta misteriosa apertura nos permite proyectarla hacia multitud de zonas incompletas de nosotros mismos.

En esta película hay menos imágenes «bonitas», menos imágenes memorables que resaltar, y casi todo el tiempo lo que se ve son atisbos breves y azarosos, siempre captados con un lenguaje fílmico de lo más fluido, lírico y pastoril que yo conozco. Baillie superó la estética de Brakhage con maestría y elegancia, proclamó de manera clara y gloriosa su propia individualidad creadora, y nos ofreció su propia y singular visión del mundo. No espero que de repente grandes masas de público se lancen al Whitney para ver *Quick Billy*. Soy lo suficientemente realista como para saber que la mayoría de los espectadores de cine sigue arremolinándose en los vestíbulos del eterno Hollywood. El arte de Bruce Baillie es para los afortunados, o para los que están listos, para unos pocos.

The Village Voice, 1971

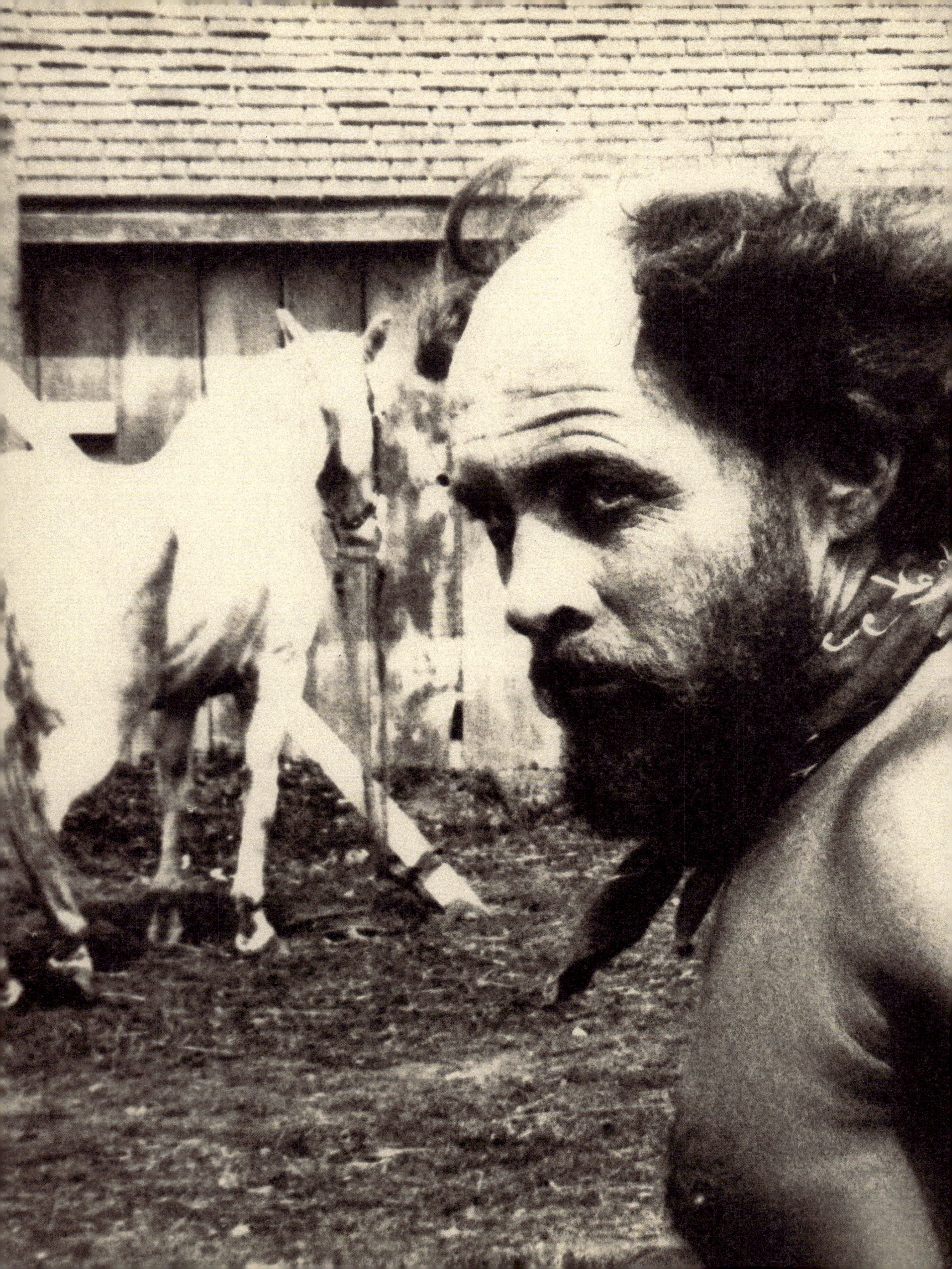

Filmography

On Sundays
1961, 27.5 minutes, b&w, sound, 16mm

Mr. Hayashi
1961, 3 minutes, b&w, sound, 16mm
Preserved by Berkeley Art Museum and Pacific Film Archive (BAMPFA), 1995.

The Gymnasts
1961, 8 minutes, b&w, sound, 16mm
Preserved by BAMPFA, 2012

Here I Am
1962, 11 minutes, b&w, sound, 16mm
Preserved by Anthology Film Archives

Have You Thought of Talking to the Director
1962, 15 minutes, b&w, sound, 16mm

The News #3 (The Peace Rally)
1962, 3 minutes, b&w, sound, 16mm
Preserved by BAMPFA, 2012

David Lynn's Sculpture (unfinished/unreleased)
1962, 3 minutes, b&w, sound, 16mm

Friend Fleeing (unfinished/unreleased)
1962, 3 minutes, b&w, sound, 16mm

Everyman
1962, 6 minutes, b&w, sound, 16mm

Cherry Yogurt (unfinished/unreleased)
1963, 3 minutes, color, silent, 16mm
Preserved by Academy Film Archive, 2012

To Parsifal
1963, 16 minutes, color, sound, 16mm
Preserved by BAMPFA, 2012

A Hurrah for Soldiers
1963, 4 minutes, color, sound, 16mm

Mass for the Dakota Sioux
1964, 20 minutes, b&w, sound, 16mm
Preserved by BAMPFA, 1995

The Brookfield Recreation Center
1964, 6 minutes, b&w, sound, 16mm
Preserved by BAMPFA, 2012.

Yellow Horse
1965, 9 minutes, color, sound, 16mm

Quixote
1965, 45 minutes, color and b&w, sound, 16mm
Preserved by BAMPFA, 1995

Tung
1966, 5 minutes, color and b&w, silent, 16mm
Preserved by BAMPFA, 1995.

Termination
1966, 5 minutes, b&w, sound, 16mm

Still Life
1966, 2 minutes, color, sound, 16mm
Preserved by Academy Film Archive, 2013.

Show Leader
1966, 1 minute, b&w, sound, 16mm

Little Girl
1966, 9 minutes, color and b&w, sound, 16mm
Preserved by Academy Film Archive, 2013.

Castro Street
1966, 10 minutes, color and b&w, sound, 16mm
Preserved by BAMPFA, 1995. Preserved by Academy Film Archive, 2000.

All My Life
1966, 3 minutes, color, sound, 16mm
Preserved by BAMPFA, 1995.

Port Chicago Vigil
1966, 9 minutes, b&w, sound, 16mm

The Holy Scrolls: Reel 1 (Licho) (unfinished/unreleased)
1967, 6 minutes, b&w, silent, 16mm
Preserved by BAMPFA, 2012

Valentin de las Sierras
1968, 10 minutes, color, sound, 16mm
Preserved by BAMPFA, 1995. Preserved by Anthology Film Archives.

Quick Billy
1970, 60 minutes, color and b&w, sound, 16mm
Preserved by BAMPFA, 1995. Quick Billy rolls preserved by Academy Film Archive, 2015

Roslyn Romance (Is It Really True?)
1974, 17 minutes, color, sound, 16mm
Preserved by Academy Film Archive, 2016.

Roy Eldridge
1986, 2 minutes, color, sound, video

Dr. Bish Remedies Show #1
1987, 55 minutes, color, sound, video

Dr. Bish Remedies Show #2
1988, 55 minutes, color, sound, video

I Wish I Knew
1989, 4 minutes, color, sound, video

The P-38 Pilot
1990, 15 minutes, color, sound, video

Will Hindle (with Wind Baillie)
1991, 18 minutes, color, sound, video

Commute (with Lorie Baillie)
1995, 57 minutes, color, sound, video

The Holy Scrolls (unfinished/unreleased)
ca. 1966-1998, 11 hours (approx.), color and b&w, sound and silent, 16mm and video:

- *Day Ashore*
  1966, 110 minutes

- *Reel I*
  1967-1969, 30 minutes

- *Reel I-A*
  1966, 7 minutes

- *Roslyn Romance (Is it Really True?) Intro I & II*
  1972- 1975, 18 minutes

- *Reel II (Romance)*
  1972-1973, 30 minutes

- *Reel III*
  1973-1975, 30 minutes

- *Spokane River*
  1974, 25 minutes

- *Mosebar's*
  1974, 18 minutes

- *Aspen*
  1975, 38 minutes

- *Reel IV*
  1977, 30 minutes

- *Reel IV-A*
  1977, 23 minutes

- *Reel V*
  1976-1983, 30 minutes

- *Reel VI*
  1972-1976, 45 minutes

- *Reel VI-A*
  1973, 12 minutes

- *Reel VII-A*
  1975, 12 minutes

- *Rokeby (NY)*
  1975, 35 minutes

- *Reel VIII*
  1978, 30 minutes

The Cardinal's Visit
ca. 1980, 2 hours (approx.):

- *Reel A*
  1980, 50 minutes

- *Reel B*
  1980, 54 minutes

Introduction to the Holy Scrolls
1998, 5 minutes, color, sound, video

Pietà
1998, 2 minutes, color, sound, 35mm
Made for the Viennale Film Festival.

Salute
1999, 20 minutes, color, sound, video

Robert Fulton
2011, 8 minutes, color, sound, video

Spring – The Laundry Lesson
2016, 19 minutes, color, sound, video

PUBLICATION
ARGITALPENA
PUBLICACIÓN

Publisher. Edizioa. Edición
La Fábrica
Azkuna Zentroa – Alhóndiga Bilbao

Works. Obrak. Obras
Bruce Baillie
Apichatpong Weerasethakul
Ben Rivers
Ana Vaz
Eduardo Williams

Texts. Testuak. Textos
Fernando Pérez
Garbiñe Ortega
Steve Anker
Scott MacDonald
Max Goldberg
Erika Balsom
Peter Hutton
J.P. Sniadecki
Jonas Mekas

Direction. Zuzendaritza. Dirección
Garbiñe Ortega

Coordinator. Koordinazioa. Coordinación
Miriam Querol (La Fábrica)
Sonia Marcos, Arantxa Pereda (Azkuna Zentroa–Alhóndiga Bilbao)

Design. Diseinua. Diseño
This Side Up

Translations. Itzulpenak. Traducciones
Jesús Cuéllar (Spanish)
Philip Sutton (English)
Hitzek. Itzulpen eta hizkuntza zerbitzua (Euskara)

Proofreading. Testuen zuzenketa. Corrección de textos
Isabel García Viejo (Spanish)
Melissa Larner (English)

Production Manager. Produkzioa. Producción
Adriana Rodríguez

Photographs. Argazkiak. Fotografías
Vicente Paredes

Pre-press. Aurreinprimatzea. Preimpresión
La Troupe

Printing. Inprimatzea. Impresión
Brizzolis

The typeface used in this book is Syncro and it has been printed on Munken Print 18 de 100g.

Liburu honetan erabilitako tipografia Syncro da eta 100 g-ko Munken Print 18 paperean inprimatuta dago

La tipografía usada en este libro es Syncro y ha sido impreso en papel Munken Print 18 de 100g

pp. 14-15: Film strip of *Little Girl*, 1966
pp. 66-67: Film strip of *Mass for the Dakota Sioux*, 1964
pp. 98-99: Film strip of *Valentin de las Sierras*, 1968
p. 116: Back cover of *Quick Billy*, 1970

ISBN 978-84-18934-45-2
DL M-30939-2022

Printed in Spain
Espainian inprimatua
Impreso en España

EXHIBITION
ERAKUSKETA
EXPOSICIÓN

Somewhere from Here to Heaven
Azkuna Zentroa – Alhóndiga Bilbao
28/10/2022 - 16/04/2023

Organiser. Antolatzailea. Organiza
Azkuna Zentroa – Alhóndiga Bilbao

Curator. Komisarioa. Comisaria
Garbiñe Ortega

Exhibition Design. Erakusketaren diseinua. Diseño expositivo
Baulan

Graphic Design. Diseinu grafikoa. Diseño gráfico
Dani Sanchis

Exhibition Set up. Erakusketaren muntaketa. Montaje expositivo
Giroa Gallery

Audiovisual Set up. Ikus-entzunezkoen muntaketa. Montaje audiovisual
Telesonic

LA FABRICA

President. Presidentea. Presidente
Alberto Anaut

Publishing Director. La Fábrica Editorial-eko zuzendaria. Director de La Fábrica Editorial
César Martínez-Useros

Editorial Content Manager. Argitalpen-zuzendaria. Directora Editorial.
Camino Brasa

Distribution Manager. Banaketa-zuzendaria. Director de Distribución
Raúl Muñoz

La Fábrica
Verónica, 13
28014 Madrid
T. +34 91 360 13 20
edicion@lafabrica.com
www.lafabrica.com

AZKUNA ZENTROA
ALHÓNDIGA BILBAO

Director. Zuzendaria. Director
Fernando Pérez

Cultural Program. Kultura-programazioa. Programación cultural
Rakel Esparza, Ainara Bilbao, Marina Urrutikoetxea, Iraia Olea

Marketing. Marketina
Bárbara Epalza

Communications. Komunikazioa. Comunicación
Itziar Ijalba, Maite Arberas

Mediateka BBK
Alasne Martín, Sonia Marcos

Customer Service. Erabiltzaileen arretarako zerbitzua. Atención a personas usuarias
Marina Aparicio

Maintenance and Logistics. Mantentze-lana eta logistika. Mantenimiento y logística
Iñaki Ayala, Sandra García

General Service. Zerbitzu orokorrak. Servicios generales
Jorge Landa

Azkuna Zentroa – Alhóndiga Bilbao
Plaza Arrikibar, 4
48010 Bilbao, Bizkaia
T. (+34) 94 014 014
www.azkunazentroa.eus

Acknowledgments/ Eskerrak/ Agradecimientos

Francisco Algarín Navarro
Steve Anker
Lorie Baillie
Erika Balsom
Antonella Bonfanti
Canyon Cinema
Circo 2.12
Light Cone
Iune del Conde Ortega
Rakel Esparza
Max Goldberg
Haden Guest
Denah Johnston
Brett Kashmere
Emmanuel Legrant
Scott MacDonald
Francisco Marise
Sebastian Mekas
Interior XIII
José Luis Ortega
María Palacios Cruz
Matías Piñeiro
Fernando Pérez
Inmaculada Postigo
Clara Sánchez-Dehesa
Jason Sanders
J.P. Sniadecki
Richard Serra
Special Collection Library, Stanford University
Jed Rapfogel

b. b.b. b.b. **b.b.** b.b. b.b. b.

Last breath
let me speak:

Are you more than
there
roaring
up there
Stars
of my last vision

---for a gull
(in exchange
for his gray
feather.)

b.b. b.b. b.b. b.b. b.b.

b.b. b.b. b.b. b.b. b.b.

Bruce Baillie